普通高等教育经管类专业"十三五"规划教材

初级会计学
（第二版）

郭继秋　孙艳春　主　编

清华大学出版社
北　京

内容简介

"初级会计学"是会计学科的入门课程,在会计学体系中具有重要地位,主要讲授会计学的基本理论、基本方法和基本操作技能。本书是依据2016年财政部修订的《企业会计准则》、《增值税会计处理规定》及有关法律法规、现行会计基础工作规范,在汲取同类教材优点的基础上,结合作者多年积累的课堂教学经验,以应用型高校学生动手能力的培养为出发点来编写的。本书突出体现了理论以够用为度、以适用为限,突出应用性、实践性和操作性的特点,并力求对会计基本理论的阐述深入浅出,对基本方法的讲解清晰明了。

为了方便学生自学,培养学生分析问题、解决问题和实际操作的能力,本书在每章的章首列出了学习目标,在章末列出了本章小结,同时还给出了复习思考题和练习题,对于巩固相关知识很有帮助。

本书适合应用型高等院校经济类、管理类专业本科会计教学使用,也可用作会计从业人员的培训辅导教材及财经类专业研究生的参考书。

本书对应的电子课件和习题答案可以到http://www.tupwk.com.cn网站下载。

本书封面贴有清华大学出版社防伪标签,无标签者不得销售。
版权所有,侵权必究。举报:010-62782989,beiqinquan@tup.tsinghua.edu.cn。

图书在版编目(CIP)数据

初级会计学 / 郭继秋,孙艳春主编. —2版. —北京:清华大学出版社,2017(2023.8重印)
普通高等教育经管类专业"十三五"规划教材
ISBN 978-7-302-47296-4

I. ①初… II. ①郭… ②孙… III. ①会计学—高等学校—教材 IV. ①F230

中国版本图书馆 CIP 数据核字(2017)第 123617 号

责任编辑:胡辰浩　马玉萍
封面设计:周晓亮
版式设计:妙思品位
责任校对:成凤进
责任印制:杨　艳

出版发行:清华大学出版社
　　网　　址:http://www.tup.com.cn, http://www.wqbook.com
　　地　　址:北京清华大学学研大厦A座　　邮　　编:100084
　　社 总 机:010-83470000　　邮　　购:010-62786544
　　投稿与读者服务:010-62776969,c-service@tup.tsinghua.edu.cn
　　质 量 反 馈:010-62772015,zhiliang@tup.tsinghua.edu.cn
　　课 件 下 载:http://www.tup.com.cn, 010-62794504
印 装 者:涿州市般润文化传播有限公司
经　　销:全国新华书店
开　　本:185mm×260mm　　印　张:20.75　　字　数:491千字
版　　次:2015年8月第1版　　2017年5月第2版　　印　次:2023年8月第4次印刷
定　　价:68.00元

产品编号:074381-02

前　言

本书是应用型本科教材，编者在编写体例及内容取舍方面均有所创新，力图更适合应用型高校学生动手能力的培养。在参考 2016 年财政部修订的《企业会计准则》的基础上，力求内容新颖、实用性强。特别是在会计凭证这一部分更体现了这一理念。本书中所用的会计凭证均来源于企业，做到了高度仿真，锻炼了学生识别会计凭证的能力，增强了本书的实用性。

本书的特色体现在以下几个方面。

(1) 内容新颖。在内容上，本书增加了新会计准则体系、会计法规体系等部分新会计理论，体现了会计准则、会计法律法规的最新精神。书中所用的会计科目、账务处理方法等内容与新会计准则的规定完全吻合。原始凭证采用企业实际经济业务中使用的凭证模板，增强了教材理论论述与实践相结合的程度。

(2) 实用性强。在应用上，增加了经济业务案例，突出了会计业务的账务处理等；在编写体例上，根据编者多年的教学经验，对某些章节的顺序和结构进行了调整，以有利于学生学习和教师教学。总之，在教材编写过程中，按照"浅、宽、精、新、用"的教学改革思想，试图充分体现"应用教育"的特色，以达到培养具备会计应用能力和基本素质的高等技术应用型人才的目的。

本书适合应用型高等院校经济类、管理类专业本科教学使用，也可用作财经类专业研究生的参考书及会计从业人员的培训辅导教材。教师可根据教学对象和授课学时不同，灵活选择相关内容进行重点教学。

本书由郭继秋教授和孙艳春副教授主编。全书共计十一章，由郭继秋教授总体策划，各章编写人员及其分工如下：吉林建筑大学郭继秋编写第一章、第二章、第三章和第四章；吉林建筑大学城建学院孙艳春副教授编写第五章、第六章、第十章和第十一章；第七章和第八章由山西职业技术学院任春茹高级会计师编写；第九章由秦皇岛职业技术学院王静坤编写；全书的课后习题(约 1.7 万字)由秦皇岛职业技术学院陈燕负责整理编写。

本书在编写过程中，参考了很多同类教材、著作和期刊等，限于篇幅，恕不一一列出，特此说明并致谢。

由于受资料、编者水平及其他条件限制，书中难免存在一些不足之处，恳请同行专家及读者指正。我们的邮箱是 huchenhao@263.net，电话是 010-62796045。

本书对应的电子课件和习题答案可以到 http://www.tupwk.com.cn 网站下载。

编　者

2017 年 2 月

目　　录

第一章　总论·················1
　第一节　会计的产生与发展·········1
　　一、会计的产生·············1
　　二、会计的发展·············2
　第二节　会计的内涵············5
　　一、两种观点··············5
　　二、会计的概念及特征··········6
　　三、会计的职能·············6
　第三节　会计基本假设···········9
　　一、会计主体··············9
　　二、持续经营·············10
　　三、会计分期·············10
　　四、货币计量·············11
　第四节　会计方法············12
　　一、会计核算方法···········12
　　二、会计核算方法应用程序······14
　　三、会计的其他方法··········14
　第五节　会计学及会计学科
　　　　　体系··············14
　　一、会计学··············14
　　二、会计学体系············15
　本章小结················16
　复习思考题···············16
　练习题·················17

第二章　会计要素与会计等式·······19
　第一节　会计对象············19
　　一、资金的投入············20
　　二、资金的循环和周转·········20
　　三、资金的退出············21

　第二节　会计要素············22
　　一、划分会计要素的意义········22
　　二、会计要素的确认··········22
　　三、会计要素的计量··········31
　第三节　会计等式············33
　　一、静态基本等式···········33
　　二、动态会计等式···········34
　　三、全部会计要素之间
　　　　的关系··············35
　本章小结················38
　复习思考题···············38
　练习题·················38

第三章　会计核算基础··········40
　第一节　权责发生制与
　　　　　收付实现制···········40
　　一、权责发生制原则··········41
　　二、收付实现制············41
　　三、权责发生制与收付实现制
　　　　确认收入和费用的方法
　　　　比较···············42
　第二节　会计信息质量要求·······43
　　一、可靠性··············43
　　二、相关性··············44
　　三、明晰性··············44
　　四、可比性··············45
　　五、实质重于形式···········45
　　六、重要性··············45
　　七、谨慎性··············46
　　八、及时性··············46

第三节　会计目标 ············ 46
　一、会计目标的含义 ············ 46
　二、会计目标的层次 ············ 47
本章小结 ······················ 48
复习思考题 ···················· 48
练习题 ························ 49

第四章　会计科目、账户与复式记账 ············ 50

第一节　会计科目 ············ 50
　一、设置会计科目的意义 ········ 50
　二、会计科目设置原则 ·········· 51
　三、会计科目分类 ·············· 52
第二节　会计账户 ············ 58
　一、会计账户的概念 ············ 58
　二、账户的结构和内容 ·········· 59
　三、账户的分类 ················ 61
第三节　复式记账法 ·········· 64
　一、复式记账法概述 ············ 64
　二、借贷记账法 ················ 65
　三、借贷记账法的运用 ·········· 69
　四、试算平衡 ·················· 77
本章小结 ······················ 80
复习思考题 ···················· 80
练习题 ························ 81

第五章　借贷记账法的具体运用 ······ 85

第一节　制造企业主要经济业务概述 ············ 85
第二节　资金筹集核算 ········ 87
　一、自有资金业务的核算 ········ 87
　二、借入资金业务的核算 ········ 91
第三节　供应过程核算 ········ 94
　一、固定资产购进业务的核算 ···· 94
　二、材料购进业务的核算 ········ 99
第四节　生产过程的核算 ······ 104
　一、账户设置 ·················· 104

　二、生产业务核算的会计处理 ···· 106
　三、产品成本的计算 ············ 109
第五节　销售过程的核算 ······ 116
　一、商品销售收入的确认与计量 ························ 116
　二、主要账户的设置 ············ 116
　三、销售业务核算的会计处理 ······················ 118
第六节　财务成果的核算和分配 ···················· 120
　一、利润形成的核算 ············ 120
　二、利润分配核算 ·············· 125
　三、利润分配的小结 ············ 127
本章小结 ······················ 128
练习题 ························ 129

第六章　会计凭证 ············ 134

第一节　会计凭证概述 ········ 134
　一、会计凭证的概念 ············ 134
　二、会计凭证的作用 ············ 135
　三、会计凭证的种类 ············ 135
第二节　原始凭证 ············ 138
　一、原始凭证的概念 ············ 138
　二、原始凭证的种类 ············ 138
　三、原始凭证的基本内容 ········ 144
　四、原始凭证的填制要求 ········ 145
　五、原始凭证的审核 ············ 146
第三节　记账凭证 ············ 147
　一、记账凭证的基本内容 ········ 147
　二、记账凭证的种类 ············ 148
　三、记账凭证的填制 ············ 151
　四、记账凭证的审核 ············ 156
第四节　会计凭证的传递与保管 ···················· 156
　一、会计凭证的传递 ············ 156
　二、会计凭证传递的意义 ········ 157

三、会计凭证传递的基本要求……157
四、会计凭证的保管……158
第五节 会计凭证处理举例……159
本章小结……164
复习思考题……165
练习题……165

第七章 会计账簿……169
第一节 会计账簿概述……169
一、会计账簿的含义……169
二、会计账簿与账户的关系……169
三、设置会计账簿的意义……170
第二节 会计账簿的分类……171
一、会计账簿按用途分类……171
二、会计账簿按外形特征分类……172
三、会计账簿按账页的格式分类……173
第三节 会计账簿的设置和登记……174
一、会计账簿的基本内容……174
二、日记账的设置和登记……178
三、分类账的设置和登记……181
第四节 对账、结账和错账更正……184
一、对账……184
二、错账更正……186
三、结账……188
第五节 会计账簿的更换和保管……190
一、会计账簿的更换……190
二、会计账簿的保管……190
本章小结……191
复习思考题……192
练习题……192

第八章 会计处理程序……197
第一节 账务处理程序概述……197
一、账务处理程序的意义……197
二、账务处理程序的种类……199
三、账务处理程序的要求……199
第二节 记账凭证账务处理程序……200
一、记账凭证账务处理程序的设计要求……200
二、记账凭证账务处理程序的基本内容……200
三、记账凭证账务处理程序的优缺点及适用范围……200
第三节 汇总记账凭证账务处理程序……201
一、汇总记账凭证账务处理程序的设计要求……201
二、汇总记账凭证及其编制方法……201
三、汇总记账凭证账务处理程序的基本内容……203
四、汇总记账凭证账务处理程序的优缺点及适用范围……203
第四节 科目汇总表账务处理程序……203
一、科目汇总表账务处理程序的设计要求……203
二、科目汇总表的填制方法……204
三、科目汇总表账务处理程序的基本内容……204
四、科目汇总表账务处理程序的优缺点及适用范围……205
第五节 日记总账账务处理程序……205

一、日记总账账务处理程序的
　　设计要求……………205
二、日记总账的填制方法………205
三、日记总账账务处理程序的
　　基本内容……………206
四、日记总账账务处理程序的
　　优缺点及适用范围………206
第六节　多栏式日记账账务
　　　　处理程序……………207
一、多栏式日记账账务处理程
　　序的设计要求………………207
二、多栏式现金、银行存款日
　　记账的填制方法……………207
三、多栏式日记账账务处理程
　　序的基本内容………………208
四、多栏式日记账账务处理程
　　序的优缺点及适用范围……208
第七节　通用日记账账务
　　　　处理程序……………209
一、通用日记账账务处理程序
　　的设计要求………………209
二、通用日记账账务处理程序
　　的基本内容………………209
三、通用日记账账务处理程序
　　的优缺点及适用范围………210
本章小结………………………210
复习思考题……………………211
案例题…………………………211

第九章　财产清查……………234
第一节　财产清查概述…………234
一、财产清查的意义……………234
二、财产清查的种类……………236
三、财产清查前的准备工作……237
第二节　财产清查的内容
　　　　与方法………………238

一、实物资产的清查……………238
二、库存现金的清查……………240
三、银行存款的清查……………241
四、往来款项的清查……………243
第三节　财产清查结果的
　　　　处理…………………244
一、财产清查的结果……………244
二、财产清查结果
　　处理的内容………………244
三、财产清查结果的
　　账务处理…………………244
本章小结………………………250
复习思考题……………………251
练习题…………………………251

第十章　财务报表………………253
第一节　财务报表概述…………253
一、财务会计报告及会计报表
　　的含义……………………253
二、财务报告的构成……………254
三、财务会计报表的作用………255
四、会计报表的种类……………256
五、会计报表的编制要求………257
第二节　资产负债表……………258
一、资产负债表的概念
　　和作用……………………258
二、资产负债表的结构…………259
三、资产负债表的编制方法……261
第三节　利润表…………………269
一、利润表的概念和作用………269
二、利润表的结构………………270
三、利润表的编制方法…………271
第四节　现金流量表……………275
一、现金及现金流量表
　　的定义……………………275
二、现金流量表的结构…………275

三、现金流量表的编制……279
第五节　所有者权益变动表……281
　　一、所有者权益变动表
　　　　的定义……281
　　二、所有者权益变动表
　　　　的格式……281
本章小结……283
复习思考题……284
练习题……284

第十一章　会计工作的组织和管理……289
第一节　会计工作组织概述……289
　　一、组织会计工作的意义……289
　　二、组织会计工作的要求……290
　　三、会计工作的组织形式……290
第二节　会计机构和会计
　　　　工作人员……292
　　一、会计机构的设置……292
　　二、会计人员……294
　　三、内部会计管理……299
第三节　会计法规体系……300
　　一、会计法规体系概述……300
　　二、会计法律……301

　　三、会计行政法规……302
　　四、会计规章制度……302
第四节　会计职业道德规范……307
　　一、会计职业道德……307
　　二、会计职业道德规范的主要
　　　　内容……307
　　三、会计职业道德规范
　　　　的特征……309
　　四、会计职业道德规范
　　　　的职能……311
　　五、会计职业道德规范与会计
　　　　技术规范……312
　　六、会计职业道德与会计法律
　　　　制度的关系……313
第五节　会计档案保管……313
　　一、会计档案的概念……313
　　二、会计档案的内容……314
　　三、会计档案的归档……314
　　四、会计档案的装订和保管……316
　　五、会计档案的销毁……318
本章小结……319
练习题……319

第一章

总 论

【导读】

会计学，是所有经济管理专业特别是会计专业的学生必须掌握的一门实用学科。会计，也是我们在日常经济生活中经常遇到的一个名词，是各行各业都离不开的职业。那么到底什么是会计？会计有什么用？会计有哪些方法呢？本章将从会计的产生开始，系统阐述会计的产生和发展过程及不同阶段会计的特点，阐述会计的含义和特点、会计的职能、会计的基本假设以及会计的核算方法。

【学习要求】

1. 了解会计的产生和发展；
2. 理解会计的含义及特点；
3. 掌握会计的基本职能；
4. 熟悉会计的各种核算方法。

第一节 会计的产生与发展

一、会计的产生

会计是适应生产发展的需要而产生的。生产活动是人类赖以生存和发展的基础，在生产活动中，既能够创造出物质财富，取得一定的劳动成果，同时，也必然会发生劳动耗费，其中包括人力、物力和财力的耗费。因此，人们必然关心劳动成果和劳动耗费的大小，并对它们进行比较，以便科学合理地管理生产活动，提高经济效益。随着社会生产的发展，生产规模的日益扩大和复杂，对劳动成果和劳动耗费及其比较，仅仅依靠人们劳动过程中的比较和计量、记录，显然满足不了生产发展规模扩大的需求。为了满足生产发展需要，适应对劳动成果和劳动耗费进行管理的要求，会计逐渐从生产职能中分离出来，成为特殊的专门委托有关当事人的独立的职能。可见，会计是适应生产活动发展的需要而产生的，对生产活动进行科学、合理的管理是它产生的根本原因。

二、会计的发展

纵观会计的产生和发展历史，其无不与社会环境有着密切的关系，有什么样的社会环境就会产生什么样的会计。反过来，会计的产生和发展又对其所处的社会环境产生极大的推动作用。从单式簿记的产生到现在，会计的发展大体经过了3个阶段。

(一) 古代会计

会计从其产生到复式簿记应用这一时期，称为古代会计。这一时期所经历的社会形态基本上为原始社会、奴隶社会、封建社会，其经济形态为自给自足的自然经济。自然经济的特征是生产力发展水平比较低，商品经济尚不发达，货币关系还没有全面展开。这一背景决定了古代会计发展的特征：①会计发展十分缓慢；②会计的范围比较广，与统计、业务技术核算没有严格分家，独立的技术方法没有形成，尚未形成一门独立的学科；③会计方法以单式簿记为主体；④会计与财政关系密切，以财物收支分配为主要内容的官厅会计占古代会计发展的主导地位。

在古代，中国作为文明古国之一，经济发达，处于世界领先地位。所以，我国古代会计在世界会计发展史上占有极其重要的地位。可以说，"在元、明以前，它矗立于世界先进之列，闪耀着中华民族古代文化的灿烂光辉"。在公元前1000年左右的西周时代，我国会计已经有了明确的概念，即"零星算为计，总合算为会"；在西周王朝的官厅组织中，会计已成为一个独立的经济职能部门。在官制序列中，设置了"司会"职位。"司会为计官之长，主管王朝财政经济收支的全国核算"。在会计方法方面也有了一些突破，"类似于当今的'凭证'、'账簿'、'报表'及'记账方法'意义的会计方法已初步建立，从而奠定了中式会计方法的基础"。

唐宋时代是我国封建经济发展的鼎盛时期，也是我国会计的全面发展时期。我国的单式记账方法在这个时期已发展完善，中式会计有了一整套相互联系的会计核算方法，宋朝初期发明了"四柱清册"(即旧管+新收-开除=实在)的结账及报账方法，将我国传统的单式收付簿记发展到一个较为科学的高度，这一闻名的结算方法，是对世界会计发展的一大贡献。与当时的西方比较，尽管西欧也流行单式簿记，但在技术水平上尚未达到我国的水平。大约到明朝末年，我国又出现了比四柱结算法发展更为完善、能满足盈亏核算需要的"龙门账"，即将全部账目划分为进、缴、存、核四大类，年末利用"进-缴=存-核"，双轨计算盈亏，检查账目平衡。

这一阶段会计的特点为：
(1) 计量单位尚未完全固定为货币；
(2) 是生产职能的附带部分；
(3) 以官厅会计为主；
(4) 会计方法主要是单式记账法。

(二) 近代会计

商品经济在欧洲的发展产生了复式簿记，近代会计是以复式簿记为主体的。中世纪末期，随着东西方经济的贸易往来日益频繁，使得地处地中海沿岸的一些城市经济空前繁荣起来，成为当时世界经济贸易的中心。其中意大利的佛罗伦萨、热那亚、威尼斯等城市的商业和金融业特别繁荣。日益发达的商业和金融业要求不断改进和提高已经流行于这三个城市的复式记账方法。为适应实际需要，1494年，意大利数学家卢卡·巴其阿勒修士，在其所出版的重要数学巨著《算术、几何与比例概要》的第三部分"计算与记录详论"中(即第三卷第九部第十一篇)，以37章的篇幅，第一次向全世界系统地介绍了当时流行的威尼斯复式记账法，并在理论上加以阐述。复式记账法的产生，受到了人们的重视，被认为是一个划时代的发明和创造。举世闻名的德国诗人歌德对复式记账法曾作过这样的颂扬："它是人类智慧的一种绝妙创造，以至于使每一个精明的商人在他的经济事业中都必须运用它。"复式记账法经过五百余年的长期实践，证明了只有复式簿记，才能对经济活动进行科学全面的记录；只有复式簿记，才能使会计与统计相区别，并带动其他会计方法的发展，使会计成为一门独立的学科；也只有复式簿记，才能使会计跨进近代会计的大门。正因为如此，复式簿记的产生，被认为是会计发展史上的第一个里程碑，标志着近代会计的产生，而卢卡·巴其阿勒本人则被史学家尊称为"近代会计之父"。

从15世纪到19世纪这一时期，会计的发展主要表现在复式簿记在欧洲范围内的传播和应用，其他会计理论与方法的发展仍然是比较缓慢的。直到18世纪的中叶，英国首先完成了产业革命，成为当时工业最发达、生产力水平最高的国家。由于生产力水平迅速提高，生产规模迅速扩大，产生了适应社会大生产需要的新的企业组织形式——股份有限公司，促进了公司所有权与经营权相分离。两权分离要求公证会计师以独立的第三者的身份对公司的财务报告(表)进行审查，对会计提出了新的挑战，引起了会计内容上的变化：①会计的服务对象扩大了，成为一项社会活动；②会计的内容有所发展，由过去的记账、算账发展到编制和审查财务报表，并要求查账；③由于技术变革、铁路发展、政府规章及所得税、股份有限公司等因素的影响，会计理论与方法有所发展，出现了初步的折旧会计、成本会计、资产评估等理论与方法；④企业的会计只有接受外界尤其是具有超然立场的公证会计师的监督才能取信于民。

上述会计内容的变化，首先发生在当时商品经济最发达、会计发展居领先地位的英国。1854年，世界上第一个会计师工会——爱丁堡会计师工会在英国苏格兰的爱丁堡成立，这不仅标志会计的内容和方法已经发展到一定的水平，而且表明了会计已成为一项有组织的以整个社会为舞台的自由职业。这一事件，被史学家们称为是会计发展史上的第二个里程碑。

(三) 现代会计

20世纪50年代，资本主义社会进入了战后发展时期。战后，现代科学技术突飞猛进并大规模地应用于生产，使得生产力获得十分迅猛的发展，跨国公司大量涌现，经营者为使企业立于不败之地，不仅要求会计提供过去和现在的信息，而且要求会计能够预测未来，提供与未来决策相关的信息。为适应这一新的挑战，会计在各方面出现了划时代的变化：

(1) 现代数学方法、电子计算机在会计上的应用，大大提高了会计信息的技术质量与会计工作效率；

(2) 为适应企业所有者和经营管理者的不同要求，1952年，国际会计师联合会正式通过了"管理会计"这一专业术语，标志着会计被正式划分为两个相对独立的领域——财务会计和管理会计。现代管理会计的出现，大大丰富了会计的内容，使会计进入了其发展历程中的成熟时期，是会计发展史上的第三个里程碑，标志着进入了现代会计的历史发展时期。

因此，会计是适应生产活动发展的需要而产生的，并随着生产的发展而发展。经济越发展，会计越重要。

纵观会计的产生和发展史，我们可以得出以下结论。

(1) 会计是处在一定的社会环境中，受政治、经济、文化、法律和科技等因素的影响。会计是适应社会环境的发展而产生和发展的。

(2) 古代会计的发展是以中国为代表，而近代会计产生于意大利，发展于英国，完善于美国。

(四) 新中国成立后我国会计的发展

(1) 新中国成立后，国家在财政部设置了会计制度处，主管全国的会计事务工作。

(2) 1985年5月1日起实施的《中华人民共和国会计法》，标志着我国的会计工作走上法制化的轨道。

(3) 1993年7月1日起执行的《企业会计准则》和《企业财务通则》，实现了我国会计与国际会计惯例初步接轨的一次较大改革。

(4) 2001年1月1日起率先在股份制企业实施的《企业会计制度》，使我国会计在会计理论研究、法制建设与实务方面得到发展，实现了与国际会计惯例的初步接轨。

(5) 2007年1月1日，在上市公司率先执行了新修订的《企业会计准则》，是我国会计为适应经济全球化而进行的一次较大改革。由1项基本准则和38项具体准则以及相应应用指南构建的我国企业会计准则体系，既实现了与国际财务报告准则的实质趋同，又适应了我国市场经济发展的现实需要，凸显了我国会计系统作为国际通用商业语言的功能，并对国际会计准则体系的制定与完善产生了重要的影响。

(6) 2011年10月18日，财政部发布了《小企业会计准则》，要求符合适用条件的小企业自2013年1月1日起执行，并鼓励提前执行。

(7) 2012年12月6日，财政部修订并发布了《事业单位会计准则》，自2013年1月1日起在各级各类事业单位施行。

(8) 2015年10月23日，财务部发布了《政府会计准则——基本准则》，自2017年1月1日起在各级政府、各部门、各单位施行。

这正如会计史学家A.H.沃尔夫所言，有什么样的会计，便有什么样的经济；而有什么样的经济，就必然有什么样的会计。经济越发展，会计越重要。经济全球化促进了会计国际化。随着计算机、互联网、通信等技术与传统会计工作的融合，会计信息不断发展，为企业经营管理、控制决策和经济运行提供了实时、全方位的信息。

第二节 会计的内涵

一、两种观点

关于会计的定义，在理论上存在多种论述，其中，最具代表性的两种观点是"信息系统论"和"管理活动论"。

1. 会计信息系统论——会计方法

"会计是为提高企业和各单位的经济效益，加强经济管理而建立的一个以提供财务管理信息为主的经济信息系统。"以厦门大学葛家澍教授为代表的学者认为会计是一种信息系统。所谓会计信息系统论，就是把会计的本质理解为一个经济信息系统，它先通过对企业经济活动发生的交易或事项进行确认，而后通过会计系统进行计量和记录，最后输出会计产品财务报告，这种会计信息处理的过程恰好符合信息系统的特征。财务会计信息处理的过程如图1-1所示。

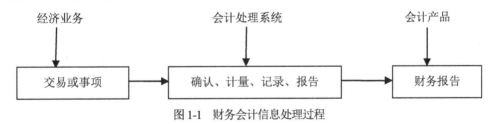

图1-1 财务会计信息处理过程

2. 管理活动论——会计工作

所谓会计管理活动论，就是把会计的本质理解为一个经济管理活动。具体来讲，会计管理活动是以提供经济信息、提高经济效益为目的的一种管理活动。它以货币为主要计量单位，采用一系列专门的程序和方法，对经济活动进行组织、控制、调节和指导，对社会再生产过程中的资金运动进行反映和监督。

二、会计的概念及特征

(一) 会计的概念

在上文所述的两种观点中，本书赞同第二种观点，认为会计是以货币为主要计量单位，运用专门的方法，核算和监督一个单位经济活动的一种经济管理工作。这里的单位是国家机关、社会团体、公司、企业、事业单位和其他组织的统称。

(二) 会计的特征

1. 以货币作为主要的计量尺度，具有综合性

会计要反映和监督会计内容，需要运用多种计量尺度，包括实物量度(公斤、千克、件等)、劳动量度(工时、日等)和货币量度。计量时以货币量度为主，实物量度和劳动量度作为辅助量度，并且最终还要以货币量度综合加以反映。

2. 以凭证为依据

会计的任何记录和计量都必须以会计凭证为依据，这就使会计信息具有真实性和可验证性。只有经过审核无误的原始凭证(凭据)才能据以编制记账凭证，登记账簿进行加工处理。这一特征也是其他经济管理活动所不具备的。

3. 具有连续性、系统性、全面性和综合性

会计在利用货币量度计算和监督经济活动时，以经济业务发生的时间先后为顺序连续地进行登记，对每一次经济业务都无一遗漏地进行登记，不能任意取舍，做到全面完整。登记时，要进行分类整理，使之系统化，而不能杂乱无章，并通过价值量进行综合、汇总，以完整地反映经济活动的过程和结果。

完整性：对各项经济活动的来龙去脉都要进行计量、记录、报告，不能有任何遗漏。

连续性：对各项经济活动都要按照其发生时间的先后顺序进行不间断的记录，不能有任何中断。

系统性：对各项经济活动既要进行相互联系的记录，又要进行必要的科学分类，保证所提供的会计资料能够成为一个系统的、有序的整体。

这也是会计与其他管理活动，如设备管理、生产管理等相区别的重要特征之一。

三、会计的职能

从会计的定义中我们可以看出会计是随着生产的发展，逐步从企业各项经营活动中分离出来的一项提高经济效益的管理活动。会计在经济管理工作中所具有的功能或能够发挥的作用，即会计的职能，包括会计核算和会计监督两项基本职能，以及预测经济前景、参与经济决策、控制经济过程、评价经营业绩等拓展职能等。

(一) 会计核算职能

《中华人民共和国会计法》第九条规定"各单位必须根据实际发生的经济业务事项进行会计核算，填制会计凭证，登记会计账簿，编写财务会计报告"。

会计核算(也称反映职能)是会计的首要职能，是以货币为主要计量单位，通过确认、计量、记录、报告等核算环节，对特定主体的经济活动进行记账、算账、报账，为各方面提供会计信息的功能。

1. 确认

确认是指运用特定的会计方法，以文字和金额同时描述某一交易或事项，使其金额反映在特定主体财务报表的合计数中的会计程序。确认分为初始确认和后续确认。

初始确认主要是指判断企业发生的大量经济业务所产生的经济信息是否需要输入会计核算系统进行加工处理，以及如何来进行加工处理的过程。后续确认是对经过初始确认输入会计核算系统的会计信息经过加工整理，在输出前所进行的确认。

2. 计量

会计计量是指根据被计量对象的特性选择运用一定的计量属性和计量单位，确定应记录的会计要素的货币金额的过程。会计计量的关键是确定计量单位和计量属性。

3. 记录

会计记录是指对特定主体的经济活动采用一定的记账方法，在账簿中进行登记的会计程序。

4. 报告

报告是指在确认、计量和记录的基础上，将特定主体的财务状况、经营成果和现金流量情况，以财务报表的形式向有关方面报告。

会计核算的具体内容包括：①款项和有价证券的收付；②财物的收发、增减和使用；③债权、债务的发生和结算；④资本的增减；⑤收入、支出、费用、成本的计算；⑥财务成果的计算和处理；⑦需要办理会计手续、进行会计核算的其他事项。

(二) 会计监督职能

会计监督职能又称会计控制职能，是指对特定主体经济活动和相关会计核算的真实性、合法性和合理性进行监督检查。

真实性审查是指检查各项会计核算是否根据实际发生的经济业务进行。

合法性审查是指检查各项经济业务是否符合国家有关法律法规、遵守财经纪律、执行国家的各项方针政策，以杜绝违法乱纪行为。

合理性审查是指检查各项财务收支是否符合客观经济规律及经营管理方面的要求，保证各项财务收支符合特定的财务收支计划，实现预算目标。

会计的监督职能主要具有以下特点。

(1) 会计监督主要是通过价值量指标来进行监督工作的。由于基层单位进行的经济活动，同时都伴随着价值运动，表现为价值量的增减和价值形态的转化，因此，会计通过价值指标可以全面、及时、有效地控制各个单位的经济活动。

(2) 会计监督同样也包括事前、事中和事后的全过程的监督。会计监督的依据有合法性和合理性两种。合法性的依据是国家颁布的有关会计法规，合理性的依据是经济活动的客观规律及企业自身在经营管理方面的要求。

事后监督：对已经发生的经济活动及相应会计资料进行审查、分析，例如对会计的原始凭证的审查。

事中监督：依据经济活动发生时的资料来纠正偏差及失误，发挥对经济活动的控制作用，例如对预算执行过程中的分析和控制。

事前监督：审查未来经济活动是否合乎规定和要求，是否切实可行，例如对于预算计划的审定。

(三) 会计职能的关系

会计核算与会计监督职能相互依存，密切结合。在会计核算的基础上进行会计监督，在会计监督的指导下进行会计核算。只有正确的会计核算，会计监督才有可靠的数据资料；没有严格的会计监督，难以保证会计核算的真实、准确，会计监督是会计核算的保证。

(四) 其他职能

除以上职能外，会计还具有预测经济前景、参与经济决策、控制经济过程、评价经营业绩等职能。

预测经济前景：是指运用专门的计算方法，利用会计资料和其他信息资料，找出经济活动中客观存在的规律，并以此为依据，对经济活动未来的发展趋势或状况进行估计或测算。预测可以为决策提供数据资料。

参与经济决策：是指在预测的基础上，利用会计资料和其他信息资料，对未来经济活动可能采取的各种备选方案，进行定量分析，权衡利弊得失，从中选出最优方案。

控制经济过程：是指按照管理的目的和要求，通过组织、指挥、协调企业的经济活动，对经济行为进行必要的干预，使之按照预定的轨道有序地进行。如编制计划，确定企业财务目标；组织计划执行，并随时用会计信息同财务目标相比较，进行评价；对存在的问题及时反馈，并采取措施调整脱离计划的偏差，以实现预定的财务目标。

评价经营业绩：是指以会计核算提供的信息资料为依据，结合计划、统计等其他资料，对会计主体的经济活动结果、财务状况，以及预算执行情况等，进行比较、分析、评价，总结经验，巩固成绩，找出存在的问题，挖掘潜力，改进工作。

第三节 会计基本假设

会计核算的基本前提是对会计核算所处的时间、空间环境所做的合理设定。会计核算的基本前提，是为了保证会计工作的正常进行和会计信息的质量，对会计核算的范围、内容、基本程序和方法所做的假定，并在此基础上建立会计原则。会计基本假设包括会计主体、持续经营、会计分期和货币计量。

小问题：

假设A公司销售一批原材料给B公司，A公司已经把货物送至B公司仓库，B公司尚未支付货款。请问，对于这笔尚未支付的货款，如何做会计处理，是反映为A公司的应收账款，还是反映为B公司的应付账款？如何界定？

一、会计主体

会计主体是企业会计确认、计量和报告的空间范围，即会计核算和监督的特定单位和组织，也称为会计实体、会计个体。会计所要反映的总是特定的对象，只有明确规定会计核算的对象，将会计所要反映的对象与其他经济实体区别开来，才能保证会计核算工作的正常开展，实现会计的目标。

会计主体作为会计工作的基本前提之一，为日常的会计处理提供了空间依据。

第一，明确会计主体，才能划定会计所要处理的经济业务事项的范围和立场。如把A公司作为会计主体的话，只有那些影响A公司经济利益的经济业务事项才能加以确认和计量。与A公司经济业务无关的原材料资产增加、应付负债的增加等要素的变化，A公司都不予以反映。因此，如果A公司销售材料给B公司尚未收到货款，对于A公司来说，一方面增加了收入，另一方面增加了应收账款。同时，对于B公司来说，导致B公司原材料资产增加，同时应付账款负债增加。

第二，明确会计主体，将会计主体的经济活动与会计主体所有者的经济活动区别开来。无论是会计主体的经济活动，还是会计主体所有者的经济活动，都最终影响所有者的经济利益，但是，为了真实反映会计主体的财务状况、经营成果和现金流量，必须将会计主体的经济活动与会计主体所有者的经济活动区别开来。

会计主体不同于法律主体。一般来说，法律主体往往是一个会计主体，例如，一个企业作为一个法律主体，应当建立会计核算体系，独立反映其财务状况、经营成果和现金流量。但是，会计主体不一定是法律主体，比如在企业集团里，一个母公司拥有若干个子公司，在企业集团母公司的统一领导下开展经营活动。为了全面反映这个企业集团的财务状况、经营成果和现金流量，就有必要将这个企业集团的财务状况、经营成果和现金流量予以综合反映，此时集团就是一个会计主体，但它不是法律主体。再比如，企业内部某个车间，可以独立作为一个会计主体核算该车间所发生的材料费、人工费等，但该车间绝对不具备法律主体资格，不是一个法律主体。

因此，作为会计主体，可以是由几个企业构成的企业集团，也可以是一个企事业单位，还可以是企业内部的一个部门。通常会计主体应该具备以下 3 个条件：

(1) 拥有独立的生产经营活动资金；
(2) 进行独立的生产经营活动；
(3) 实行独立的会计核算。

二、持续经营

如果说会计主体作为基本前提是一种空间界定，那么持续经营则是一种时间上的界定。《企业会计准则——基本准则》第六条指出："企业会计确认、计量和报告应当以持续经营为前提"。持续经营是指会计主体的生产经营活动将无限期地延续下去，在可以预见的将来，企业不会面临清算、解散、倒闭而不复存在。

企业是否持续经营对会计政策的选择，正确确定和计量财产计价、收益影响很大。例如，采用历史成本计价，是设定企业在正常的情况下运用它所拥有的各种经济资源和依照原来的偿还条件偿付其所负担的各种债务，否则，就不能继续采用历史成本计价。引用上例，在持续经营的前提下，企业取得机器设备的时候，能够确定这项资产在未来的生产加工活动中可以给企业带来经济利益，因此可以按支付的所有价款 10 万作为固定资产的账面成本，其磨损的价值，在 5 年内按一定折旧方法计提折旧，并将其磨损的价值计入成本费用。如果企业面临清算，这固定资产就只能按当时的公允价值进行抵偿债务了。

由于持续经营是根据企业发展的一般情况所做的设定，企业在生产经营过程中缩减经营规模乃至停业的可能性总是存在的。为此，往往要求定期对企业持续经营这一前提做出分析和判断。一旦判定企业不符合持续经营前提，就应当改变会计核算的方法。

小问题：

如果你是 A 企业的相关利益人，你想了解企业的财务状况和经营成果，那你希望 A 企业在整个持续经营期间，是关门营业前提供一次相关会计信息给你，还是每年一次，或每月一次，或每旬一次，或每日一次？哪一种方式，更容易满足你及时做出相关决策的要求？

三、会计分期

会计分期这一前提是从第二个基本前提引申出来的，可以说是持续经营的客观要求。会计分期是指将一个企业持续经营的生产经营活动划分为连续、相等的期间，又称为会计期间。

会计分期的目的是，将持续经营的生产活动划分为连续、相等的期间，据以结算盈亏，按期编制财务报告，从而及时地向各方面提供有关的企业财务状况、经营成果和现金流量信息。

根据持续经营前提，一个企业要按当前的规模和状况继续经营下去。要最终确定企业的经营成果，只能等到一个企业在若干年后歇业的时候核算一次盈亏。但是，经营活动和财务经营决策要求及时得到有关信息，不能等到歇业时一次性地核算盈亏。为此，就要将持续不断的经营活动划分为一个个相等的期间，分期核算和反映。会计分期对会计原则和会计政策的选择有着重要影响。由于会计分期，产生了当期与其他期间的差别，从而出现权责发生制和收付实现制的区别，进而出现了应收、应付、递延、预提、待摊这样的会计方法。

会计期间分为年度和中期。中期是指短于一个完整的会计年度的报告期间，包括半年度、季度、月度。我国会计准则明确规定，采取公历年度，自每年 1 月 1 日起至 12 月 31 日止为一个完整的会计年度。世界各国企业的会计年度起止日期并不相同，有的国家从本年的 7 月 1 日起至下年的 6 月 30 日止为一个会计年度，也有的国家以本年度的 4 月 1 日起至下年的 3 月 31 日止为一个会计年度。

会计期间划分的长短会影响损益的确定，一般来说，会计期间划分得越短，反映经济活动的会计信息质量就越不可靠，当然，会计期间的划分也不能太长，太长了会影响会计信息使用者及时使用会计信息的需要的满足程度，因此必须恰当地划分会计期间。

会计分期假设有着重要的意义。有了会计分期，才产生了本期和非本期的区别，才产生了收付实现制和权责发生制、划分收益性支出和资本性支出、配比等原则。只有正确地划分会计期间，才能准确地提供财务状况和经营成果的资料，才能进行会计信息的对比。

小问题：

在会计报表中，如果资产有两种反映方式：A 方式是 500 根灯管，2 台机器设备，3 项专利，3 项长期投资；B 方式是灯管 3 000 元，机器设备 200 000 元，专利 100 000 元，长期投资 60 000 元。你认为哪种计量方式更有利于综合反映企业财务状况，更有利于满足企业间对比？

四、货币计量

货币计量是指采用货币作为计量单位，记录和反映会计主体的生产经营活动。

企业资产、负债和所有者权益，尤其是资产可以采取不同的计量属性，如数量计量(个、张、根等)、人工计量(工时等)、货币计量。而会计是对企业财务状况和经营成果全面系统的反映，为此，需要货币这样一个统一的量度。会计主体的经济活动中凡是能够用货币这一尺度计量的，就可以进行会计反映，凡是不能用这一尺度计量的，则不必进行会计反映。当然，统一采用货币计量，也有不利之处，许多影响会计主体财务状况和经营成果的因素，并不是都能用货币计量的，比如，企业的经营战略、企业在消费者当中的信誉度、企业的地理位置、企业的技术开发能力等。为了弥补货币量度的局限性，要求企业采用一些非货币指标作为会计报表的补充。

在我国，要求采用人民币作为记账本位币，是对货币计量这一会计前提的具体化。考虑到一些企业的经营活动更多涉及外币，因此规定业务收支以人民币以外的货币为主的单位，可以选定其中一种货币作为记账本位币。当然，提供给境内的财务会计报告使用者的应当折算为人民币。

总之，上述会计核算的4项基本假设，具有相互依存、相互补充的关系。会计主体确立了会计核算的空间范围，持续经营与会计分期确立了会计核算的时间长度，而货币计量则为会计核算提供了必要手段。没有会计主体，就不会有持续经营；没有持续经营，就不会有会计分期；没有货币计量，就不会有现代会计。

第四节　会计方法

会计的方法是用来核算、监督会计对象，完成会计任务的手段。

会计的方法具体可包括核算、分析、监督、预测等方法。其中，会计核算方法是会计方法中最基本、最主要的方法。在此主要介绍会计核算方法。

一、会计核算方法

1. 设置账户

设置账户是对会计核算的具体内容进行分类核算和监督的一种专门方法。由于会计对象的具体内容是复杂多样的，要对其进行系统核算和经常性监督，就必须对经济业务进行科学的分类，以便分门别类地、连续地记录，据以取得多种不同性质、符合经营管理需要的信息和指标。

2. 复式记账

复式记账是指对所发生的每项经济业务，以相等的金额，同时在两个或两个以上相互联系的账户中进行登记的一种记账方法。采用复式记账法，可以全面反映每一笔经济业务的来龙去脉，而且可以防止差错并便于检查账簿记录的正确性和完整性，是一种比较科学的记账方法。

3. 填制和审核凭证

会计凭证是记录经济业务，明确经济责任，作为记账依据的书面证明。正确填制和审核会计凭证，是核算和监督经济活动财务收支的基础，是做好会计工作的前提。

4. 登记会计账簿

登记会计账簿简称记账，是以审核无误的会计凭证为依据在账簿中分类，连续地、完整地记录各项经济业务，以便为经济管理提供完整、系统的记录，从而为经济管理提供完整、系统的会计核算资料。账簿记录是重要的会计资料，是进行会计分析、会计检查的重要依据。

5. 成本计算

成本计算是按照一定对象归集和分配生产经营过程中发生的各种费用，以便确定该对象的总成本和单位成本的一种专门方法。产品成本是综合反映企业生产经营活动的一项重要指标。正确地进行成本计算，可以考核生产经营过程的费用支出水平，同时又是确定企业盈亏和制定产品价格的基础，并为企业进行经营决策，提供重要数据。

6. 财产清查

财产清查是指通过盘点实物，核对账目，以查明各项财产物资实有数额的一种专门方法。通过财产清查，可以提高会计记录的正确性，保证账实相符。同时，还可以查明各项财产物资的保管和使用情况以及各种结算款项的执行情况，以便对积压或损毁的物资和逾期未收到的款项，及时采取措施，进行清理和加强对财产物资的管理。

7. 编制会计报表

编制会计报表是以特定表格的形式，定期并总括地反映企业、行政事业单位的经济活动情况和结果的一种专门方法。会计报表主要以账簿中的记录为依据，经过一定形式的加工整理而产生一套完整的核算指标，用来考核、分析财务计划和预算执行情况以及作为编制下期财务和预算的重要依据。

以上会计核算的7种方法，虽各有特定的含义和作用，但并不是独立的，而是相互联系、相互依存、彼此制约的。它们构成了一个完整的方法体系。在会计核算中，应正确地运用这些方法。一般在经济业务发生后，按规定的手续填制和审核凭证，并应用复式记账法在有关账簿中进行登记；一定期末还要对生产经营过程中产生的费用进行成本计算和财产清查，在账证、账账、账实相符的基础上，根据账簿记录编制会计报表。

核算工作程序如图1-2所示。

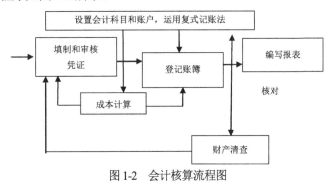

图1-2 会计核算流程图

二、会计核算方法应用程序

(1) 经济业务发生后,会计部门首先要获取原始凭证,经审核后按照设置的会计账户(科目),运用复式记账方法编制记账凭证。
(2) 依据会计凭证,按照复式记账规则登记账簿(账户)。
(3) 根据账簿记录资料对经营过程中的有关业务进行成本计算。
(4) 为保证账实相符,应运用财产清查方法对账簿记录加以核实。
(5) 在保证账实相符的基础上,根据账簿资料定期编制会计报表。

三、会计的其他方法

1. 会计分析方法

会计分析方法是指依照会计核算提供的资料,运用一定的分析方法对企业的经营过程及其经营成果进行定量或定性分析的方法。会计分析是会计监督和会计预测的前奏。

2. 会计监督

会计监督是指通过会计核算和会计分析所提供的资料与原定目标相比较考核会计主体的经营业绩,监督其经济运行的全过程。

3. 会计预测

会计预测是指通过会计核算和会计分析所提供的资料运用一定的方法,对会计主体的财务指标未来发展趋势做出测算、预计和估计,为决策提供可选方案。会计预测是可行性研究的重要组成部分。

第五节 会计学及会计学科体系

会计学是一门既古老而又年轻的学科,说它古老是因为它至少有五百多年的历史,说它年轻是因为会计学的许多理论问题尚未定型,处于不断发展变化和完善之中。

一、会计学

会计学是以经济学为理论指导,充分运用数学和管理科学技术,研究如何建立和运用会计理论和方法,对会计主体的财务状况和经营成果进行反映、监督和控制的一门科学。

二、会计学体系

会计学的骨干课程有：基础会计、财务会计、成本会计、管理会计、财务管理和审计学。

(1) 按照管理工作环节划分，会计学包括会计核算、会计分析和会计检查 3 个部分。

(2) 按照研究内容划分，会计学主要包括基础会计学(会计学原理)、财务会计学、成本会计学、管理会计学、财务管理和审计学等分支学科。

(3) 按照应用于社会再生产的各个领域和经济性质划分，会计学可分为工业企业会计学、商品流通企业会计学、旅游服务企业会计学、交通运输企业会计学、预算会计学、外商投资企业会计学、股份制企业会计学等。

(4) 按照研究的领域并结合研究的方法划分，会计学可分为会计制度设计、外国会计、比较会计、会计理论和会计发展史等分支学科。

需要特别说明的是管理会计从财务会计中分离出来，是会计发展史上的一个里程碑。

财务会计是指按照会计准则和会计制度的要求对过去已经发生的经济活动通过记账、算账和报账等专门方法，向单位外部关系人提供单位的财务状况、经营成果和现金流量情况等有关信息的会计；

管理会计指的是根据管理者的需要和成本效益分析原理的要求，采用一系列的专门方法，对企业内部现在和未来的经济活动进行规划、控制与评价，向企业经营者和内部管理者提供进行经营规划、经营管理、预测决策所需的相关信息的会计。

财务会计和管理会计的区别包括以下几个方面。第一，服务的对象不同。财务会计的服务对象是单位外部的关系人，而管理会计的服务对象是企业的内部经营管理者。第二，提供的信息不同。财务会计侧重提供过去的信息，而管理会计侧重提供未来的信息。

随着经济的发展，财务转型已经势不可当。未来几年，整个财务人才结构将不可避免地从三角形演变成五边形。顶端的战略财务管理层和中端的专业管理会计层，将远远多于底端的基础核算人群，如图 1-3 所示。

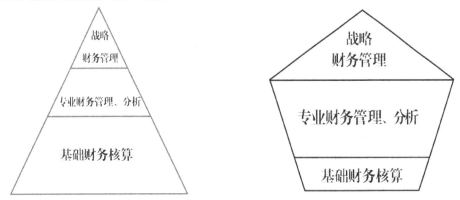

图 1-3　财务人才结构图

在财务人转型方面，国家一直在谋篇布局。早在 2014 年，政府相关部门就发布了《关于全面推进管理会计体系建设的指导意见》，其中提出："争取 3～5 年内，在全国培养出一批管理会计人才"，2016 年 10 月又发布了《会计改革与发展"十三五"规划纲要》，直接将管理会计列为"行业急需紧缺人才"，并明确提出"到 2020 年培养 3 万名精于理财、善于管理和决策的管理会计人才"的任务目标，各大央级媒体也是纷纷跟进报道，管理会计人才培养已刻不容缓。

本 章 小 结

本章主要介绍了会计的产生与发展、会计的定义、会计职能以及会计核算的方法等内容。

会计是适应社会生产的发展和经济管理的需要而产生和发展起来的，从会计的产生到会计形成一个较为完整的体系，经历了漫长的过程。经济越发展，会计越重要。

会计是以货币为主要计量单位，以会计凭证为依据，采用一系列专门的程序和方法，对社会再生产过程中的资金运动进行连续、系统、全面、综合的反映和监督，旨在提高经济效益的一项经济管理活动。

会计职能是指会计在经济管理中所具有的功能或能够发挥的作用，是会计的固有功能。核算与监督构成了会计的基本职能，随着会计的发展，预测、决策、控制和分析也会成为会计的重要职能。

会计方法是指用来核算和监督会计内容，实现会计目标的手段。会计方法包括会计核算方法、会计分析方法、会计预测方法和会计决策方法、检查方法等。其中，会计核算方法是会计的最基本环节，会计分析、会计预测、会计决策都是在会计核算基础上，利用会计核算提供的资料进行的，包括设置账户、填制和审核凭证、复式记账，设置和登记账簿、成本计算、财产清查和编制会计报表等。

复 习 思 考 题

1. 什么是会计？它有哪些特征？
2. 会计的基本职能有哪些？基本职能之间的关系如何？
3. 会计的作用表现在哪些方面？
4. 会计核算方法有哪些内容？各种方法之间的关系如何？

练 习 题

一、单项选择题

1. 会计的基本职能是( )。
   A. 记录和计算　　B. 确认和计量　　C. 核算和监督　　D. 分析和考核
2. 会计核算的具体方法包括( )。
   A. 单式记账、复式记账
   B. 收付记账法、增减记账法和借贷记账法
   C. 设置会计科目和账户、复式记账、填制和审核凭证、登记账簿、成本计算、财产清查、编制会计报表
   D. 会计核算方法、会计分析方法、会计检查
3. 会计对象是指再生产过程中的( )。
   A. 收支记录　　B. 物资核算　　C. 资金运动　　D. 成本费用
4. 会计主体是会计核算的基本前提之一，它为会计工作规定了活动的( )。
   A. 时间范围　　B. 核算方法　　C．空间范围　　D. 业务范围
5. 不属于会计核算方法的是( )。
   A. 财产清查　　B. 会计凭证　　C. 会计预测　　D. 会计报表
6. 会计主体规定了会计的服务对象是( )。
   A. 经济法人　　　　　　　　　　B. 经济业务活动
   C. 独立核算的企业、事业单位　　D. 独资企业
7. 会计在其核算过程中，对经济活动的合法性和合理性所实施的审查，称为( )职能。
   A. 会计分析　　B. 会计核算　　C. 会计监督　　D. 会计反映
8. 企业在原材料明细账中登记原材料结存数量3000吨，该计量单位属于( )。
   A. 时间量度　　B. 劳动量度　　C. 实物量度　　D. 货币量度

二、多项选择题

1. 以下选项中属于会计方法的有( )。
   A. 会计分析方法　　B. 会计预测方法　　C. 会计控制方法
   D. 会计决策方法　　E. 会计核算方法
2. 会计核算的基本前提包括( )。
   A. 会计主体　　B. 独立核算　　C. 会计分期
   D. 持续经营　　E. 货币计量

3. 会计的监督职能是对经济活动全过程的监督，包括(　　)。
   A. 事后监督　　　　　B. 事前监督　　　　　C. 全过程监督
   D. 事中监督　　　　　E. 全面监督
4. 下列各项中属于资金运动的具体表现过程的有(　　)
   A. 资金投入　　　　　B. 资金运用　　　　　C. 资金退出
   D. 资金消失

第二章

会计要素与会计等式

【导读】

会计核算的内容是什么？从哪些方面核算经济业务？本章将从会计的对象开始，主要介绍会计对象的内容、会计要素的主要内容及特点，详细介绍各要素之间的关系，引出会计等式，并用经济业务的发生证明会计等式的成立。

【学习目标】

1. 掌握会计对象的含义、内容；
2. 理解会计要素的含义、内容及其特点；
3. 掌握会计对象与会计要素之间的关系；
4. 掌握会计等式的含义及其转化形式；
5. 掌握各种经济业务事项类型对会计等式的影响。

第一节 会计对象

会计的对象即会计核算和监督的内容。凡是能够以货币表现的经济活动的特定对象，都是会计所核算和监督的内容。而以货币表现的经济活动，通常又称为价值运动或资金运动。

资金运动包括特定对象的资金投入、资金运用、资金退出等过程，而具体到企业、事业、行政单位又有较大的差异。即便同样是企业，工业、农业、商业、交通运输业、建筑业及金融业等也均有各自资金运动的特点，其中尤以工业企业最具代表性。

下面以工业企业为例说明资金运动的过程。

工业企业是从事工业产品生产和销售的营利性经济组织。为了从事产品的生产与销售活动，企业必须拥有一定数量的资金，用于建造厂房、购买机器设备、购买材料、支付职工工资、支付经营管理中必要的开支等，生产出的产品经过销售后，收回的货款还要补偿生产中的垫付资金、偿还有关债务、缴纳有关税金等。由此可见，工业企业的资金运动包括资金的投入、资金的循环与周转(包括供应过程、生产过程、销售过程3个阶段)以及资金的退出3部分，既有一定的显著运动状态(表现为收入、费用、利润等)，又有一定的相对静止状态(表现为资产与负债及所有者权益的恒等关系)，具体参见图2-1。

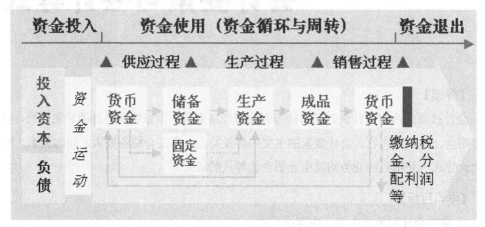

图2-1　工业企业的资金运动

一、资金的投入

工业企业要进行生产经营，必须拥有一定的资金，这些资金的来源包括所有者投入的资金和债权人投入的资金两部分，前者属于企业所有者权益，后者属于企业债权人权益——企业负债。投入企业的资金要用于购买机器设备和原材料并支付职工的工资等。这样投入的资金最终构成企业流动资产、非流动资产和费用。

二、资金的循环和周转

工业企业的经营过程包括供应、生产、销售3个阶段。在供应过程中企业要购买原材料等劳动对象，发生材料买入价、运输费、装卸费等材料采购成本，与供应单位发生货款的结算关系。

在生产过程中，劳动者借助于劳动手段将劳动对象加工成特定的产品，同时发生原材料消耗、固定资产磨损的折旧费、生产工人劳动耗费的人工费，使企业与职工之间发生工资结算关系，有关单位之间发生劳务结算关系等。在销售过程中将生产的产品销售出去，发生支付销售费用、收回货款、缴纳税金等业务活动，并同购货方发生货款结算关系，同税务机关发生税务结算关系。综上所述，资金的循环就是从货币资金开始依次转化为储备资金、生产资金、产品资金，最后又回到货币资金的过程，资金周而复始地循环称为资金的循环。

三、资金的退出

资金的退出包括偿还债务、上缴各项税金、向所有者分配利润等。这部分资金离开本企业，退出企业的资金循环与周转。

上述资金运动的三阶段是相互支持、相互制约的，没有资金的投入，就没有资金的循环与周转，就不会有债务的偿还、税金的上缴和利润的分配等；没有资金的退出，就不会有新一轮的资金投入，就不会有企业的进步发展。会计对象是会计核算和监督的内容，企业的会计对象是企业的资金运动。其具体过程如图2-2所示。

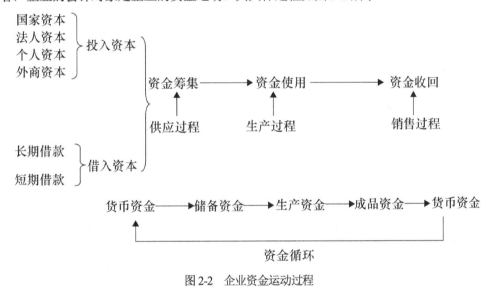

图2-2 企业资金运动过程

上述资金运动呈现出显著的运动状态，同时也具有某一时点上的相对静止状态。仍以工业企业为例，为了维持生产经营活动，企业必须拥有一定量的经济资源(即资产)，它们分布在企业生产经营过程的不同阶段(供应、生产、销售等阶段)和不同方面(表现为厂房、机器设备、原材料、在产品、库存商品及货币资金等)，我们称之为资金占用。另一方面，这些经济资源的取得需要通过一定的途径，包括来自投资者投入的资金或是债权人提供的借款等，我们称之为资金的来源。从任一时点上看，资金运动总处于相对静止的状态，即企业的资金在任一时点上均表现为资金占用和资金来源两方面，这两个方面既相互联系，又相互制约。

第二节　会计要素

一、划分会计要素的意义

前文所述的会计对象可以称为会计的一般对象，而会计的特定对象便是会计要素。

(一) 会计要素的含义

会计要素是对会计对象按照经济特征进行的基本分类，是会计核算对象的具体化，是用来反映会计主体财务状况和经营成果的基本单位，会计要素是构成会计报表的基本组件，同时也是设置账户的依据。根据我国《企业会计准则——基本准则》规定，会计要素按照其性质分为资产、负债、所有者权益、收入、费用和利润六大会计要素。其中，资产、负债、所有者权益是组成资产负债表的会计要素，也称为资产负债表要素，反映企业在某一时点的财务状况，属于静态要素；收入、费用和利润是组成利润表的会计要素，也称利润表要素，反映企业在一定时期的经营成果，属于动态要素。

(二) 划分会计要素的意义

第一，会计要素是对会计对象的科学分类。会计对象的内容是多种多样、错综复杂的，为了科学、系统地对其进行反映和监督，必须对其进行分类，然后按类别设置账户并记账。

第二，会计要素是设置会计科目和会计账户的基本依据。对会计对象进行分类，必须确定分类的标志，而这些标志本身就是账户的名称即会计科目，不将会计对象划分为会计要素，就无法设置会计账户，也就无法进行会计核算。

第三，会计要素是构成会计报表的基本框架。会计报表是提供会计信息的基本手段，会计报表提供的一系列指标主要由会计要素构成，会计要素是会计报表框架的基本构成内容。

二、会计要素的确认

(一) 资产

1. 资产的定义及特征

资产是指由企业过去的交易或者事项形成的、由企业拥有或者控制的、预期会给企业带来经济利益的经济资源。

资产具有以下基本特征。

(1) 资产预期会给企业带来经济利益。所谓经济利益，是指直接或间接地流入企业的现金或现金等价物。资产都应能够为企业带来经济利益，例如企业可通过收回应收账款、出售库存商品等直接获得经济利益，也可通过对外投资以获得股利或参与利润分配的方式间接获得经济利益。按照这一特征，那些已经没有经济价值、不能给企业带来经济利益的项目，就不能继续确认为企业的资产。

【例 2-1】某企业的某工序上有两台机床，其中 A 机床型号较老，自 B 机床投入使用后，一直没有再使用；B 机床是 A 机床的替代产品，目前承担该工序的全部生产任务。A、B 机床是否都是企业的固定资产？

A 机床不应确认为该企业的固定资产。该企业原有的 A 机床已长期闲置不用，不能给企业带来经济利益，因此不应作为资产反映在资产负债表中。

(2) 资产是被企业拥有的，或者即使不是被企业拥有的，也是被企业控制的。一项经济资源要作为企业资产予以确认，企业应该拥有此项经济资源的所有权或者控制权，即企业可以按照自己的意愿使用或处置该项资产。

【例 2-2】甲企业的加工车间有两台设备。A 设备系从乙企业融资租入获得，B 设备系从丙企业以经营租入方式获得，目前两台设备均投入使用。A、B 设备是否为甲企业的资产？

这里要注意经营租入与融资租入的区别。甲企业对经营租入的 B 设备既没有所有权也没有控制权，因此 B 设备不应确认为甲企业的资产。而甲企业对融资租入的 A 设备虽然没有所有权，但享有与所有权相关的风险和报酬的权利，即拥有实际控制权，因此应将 A 设备确认为甲企业的资产。

(3) 资产是由过去的交易或事项形成的。也就是说，资产是过去已经发生的交易或事项所产生的结果，资产必须是现实的资产，而不能是预期的资产。未来交易或事项可能产生的结果不能作为资产确认。

【例 2-3】企业计划在年底购买一批机器设备，8 月份与销售方签订了购买合同，但实际购买行为发生在 12 月份，则企业不能在 8 月份将该批设备确认为资产。

2. 资产的确认

将一项经济资源确认为资产，除了需要符合资产的定义外，还要同时满足以下两个条件：

(1) 与该经济资源有关的经济利益很可能流入企业；
(2) 该经济资源的成本或者价值能够可靠计量。

之所以提出资产确认的条件，一方面是因为"能够带来经济利益"是资产的一个本质特征，而由于经济环境的复杂多变，与经济资源有关的经济利益能否流入企业以及能够流入多少有一定的不确定性。这就要求企业对资产的确认应当结合经济利益流入企业的不确定性程度来进行判断，如果与资源有关的经济利益很可能流入企业，则应当将其作为资产加以确认。

另一方面，是因为可计量性是所有会计要素确认的重要前提，企业取得资产通常会发生一定的实际成本，而且应当可靠地计量。

3. 资产的分类

资产是企业存在和经营的基础，是会计要素的核心要素。企业的资产以不同的形态存在，如：厂房、设备、原材料等具有实物形态的有形资产，专利权、土地使用权等不具有实物形态的无形资产。

会计上企业的资产按流动性不同，分为流动资产和非流动资产。

1) 流动资产

流动资产是指预计在一个正常营业周期或者一个会计年度内变现、出售或耗用的资产及现金或现金等价物。流动资产主要包括货币资金、交易性金融资产、应收票据、应收账款、预付款项、应收利息、应收股利、其他应收款、存货等。

货币资金是以货币形态存放于企业、银行或者其他金融机构的款项，包括库存现金和银行存款、其他货币资金。

交易性金融资产，是指企业为了近期内出售而持有的金融资产，包括企业以赚差价为目的从二级市场购入的股票、债券或基金等。

应收及预付款项，是指企业在日常生产经营过程中发生的各项债权，包括应收票据、应收账款、其他应收款和预付款项等。

存货是指企业日常活动中持有的以备出售的产成品或商品、处在生产过程中的在产品、在生产过程或提供劳务过程中耗用的材料和物资，包括原材料、周转材料、在产品、半成品、产成品、库存商品以及委托加工物资等。

2) 非流动资产

非流动资产是指流动资产以外的资产，主要包括长期股权投资、固定资产、无形资产、投资性房地产、持有至到期投资、可供出售金融资产和长期待摊费用等。

长期股权投资是指企业持有的对其子公司、合营企业及联营企业的权益性投资以及企业持有的对被投资单位不具有控制、共同控制或重大影响，并且在活跃市场中没有报价、公允价值不能可靠计量的权益性投资。

固定资产是指企业为生产商品、提供劳务、出租或者经营管理而持有的、使用寿命超过一个会计年度的有形资产，包括房屋、建筑物、机器设备、运输工具等。

固定资产具有以下特征：

(1) 为生产商品、提供劳务、出租或经营管理而持有的；

(2) 使用寿命超过一个会计年度。

无形资产是指企业拥有或者控制的没有实物形态的可辨认非货币性资产。例如，专利权、非专利技术、商标权、著作权、土地使用权、特许权等。

投资性房地产是指企业为赚取租金或资本增值，或者两者兼有而持有的房地产。如企业拥有并已出租的建筑物和土地使用权等。

持有至到期投资是指到期日固定、回收金额固定或可确定，且企业有明确意图和能力持有至到期的非衍生金融资产。如企业从二级市场上购入的固定利率国债、浮动利率公司债券等，符合持有至到期投资条件的，可以划分为持有至到期投资。

可供出售金融资产是指交易性金融资产、持有至到期投资、贷款和应收款项以外的金融资产。如企业购入的在活跃市场上有报价的股票、债券、基金等。

长期待摊费用是指企业已经发生但应由本期和以后各期负担的、分摊期在 1 年以上 (不含 1 年)的各项费用，包括以经营租赁方式租入的固定资产发生的改良支出等。

(二) 负债

1. 负债的含义及特征

负债是指由企业过去的交易或者事项形成的预期会导致经济利益流出企业的现时义务。现时义务是指企业在现行条件下已承担的义务。未来发生的交易或者事项形成的义务，不属于现时义务，不应当确认为负债。

负债具有以下基本特征。

(1) 负债的清偿预期会导致经济利益流出企业。负债通常是在未来某一时日通过交付资产(包括现金和其他资产)或提供劳务来清偿。例如，企业赊购一批材料，材料已验收入库，但尚未付款，该笔业务所形成的应付账款应确认为企业的负债，需要在未来某一时日通过交付现金或银行存款来清偿。有时，企业可以通过承诺新的负债或转化为所有者权益来了结一项现有的负债，但最终一般都会导致企业经济利益的流出。

(2) 负债是由过去的交易或事项形成的现时义务。也就是说，导致负债的交易或事项必须已经发生，例如，购置货物或使用劳务会产生应付账款(已经预付或是在交货时支付的款项除外)，接受银行贷款则会产生偿还贷款的义务。只有源于已经发生的交易或事项，会计上才有可能确认为负债。所谓现时义务是指企业在现行条件下已承担的义务。对于企业正在筹划的未来交易或事项，如企业的业务计划等，并不构成企业的负债。如企业职工从 6 月 15 日工作到 6 月 30 日，则在 6 月 30 日还没有支付给该职工的工资就形成了企业的负债，但该职工 7 月份才能获得的工资就不构成企业 6 月份的负债。

(3) 负债的清偿一定要有确切的金额。清偿债务会导致经济利益的流出，且未来经济利益的流出能够可靠地计量。例如资产的减少量是多少，应提供的劳务量是多少等。

2. 负债的确认

某项义务确认为负债，该义务首先应当符合负债的定义，其次还应当同时满足以下两个条件：

(1) 与该义务有关的经济利益很可能流出企业；

(2) 未来流出的经济利益的金额能够可靠地计量。

之所以提出负债确认的条件，一方面是因为"预期会导致经济利益流出"是负债的一个本质特征，而企业履行义务所需流出的经济利益具有一定的不确定性，尤其是与推定义务相关的经济利益通常需要依靠估计。这就要求企业确认负债时，应该考虑经济利益流出的不确定性程度，如果与现时义务有关的经济利益很可能流出则应当确认为负债。另一方面则是负债的确认应当符合可计量的要求。

3. 负债的分类

负债按流动性不同，分为流动负债和非流动负债。

1) 流动负债

流动负债是指在1年或超过1年的一个营业周期内应予以偿还的债务。流动负债主要包括短期借款、应付及预收款项、应交税费、应付职工薪酬等。

短期借款是指企业从银行或其他金融机构等借入的期限在1年以下(含1年)的各种借款。

应付及预收款项，是指企业在日常生产经营过程中发生的各项债务，包括应付票据、应付账款、其他应付款和预收账款等。

应付职工薪酬是指企业根据有关规定应付给职工的各种薪酬，包括职工工资、奖金、津贴和补贴、职工福利等。

应交税费是指企业按照税法等规定计算的应向国家缴纳的各种税费，包括增值税、消费税、营业税、所得税、城市维护建设税和教育费附加等。

2) 非流动负债

非流动负债是指流动负债以外的负债，主要包括长期借款、应付债券等。

长期借款是指企业向银行或其他金融机构借入的期限在1年以上(不含1年)的各项款项。

应付债券是指企业为筹集长期资金而发行债券的本金及应付的利息。

长期应付款是指企业除长期借款、应付债券以外的其他长期债务，如应付融资租赁款。

(三) 所有者权益

1. 所有者权益的含义及特征

所有者权益是指企业资产扣除负债后由所有者享有的剩余权益。公司的所有者权益又称为股东权益。它表明了企业的产权关系，即企业归谁所有。所有者对企业的投资，形成了企业资产的主要来源，为企业的经营活动提供了重要的资金保证，同时也表明了企业归投资者所有。在数量上，所有者权益总额等于资产总额减去负债总额。

所有者权益具有以下特征：

(1) 除非发生减资、清算或分派现金股利，企业不需要偿还所有者权益；

(2) 企业清算时，只有在清偿所有的负债后，所有者权益才返还给所有者；

(3) 所有者凭借所有者权益能够参与企业利润的分配。

2. 分类

所有者权益的来源包括所有者投入的资本、直接计入所有者权益的利得和损失、留存收益 3 个部分。按其构成内容不同，分为实收资本(股份制企业为"股本")、资本公积、盈余公积和未分配利润等项目。会计上将盈余公积和未分配利润合称为留存收益。

1) 所有者投入的资本

所有者投入的资本是指由投资者根据相关法律或公司章程等要求，以货币资金、存货、固定资产和无形资产等资产向企业投入的资本。投资者投入的资本应按规定在有关部门进行登记并形成企业的实收资本(股本)。所有者投入资本所发生的溢价，属于所有者权益，但在会计上计入资本公积。实收资本是企业注册成立的基本条件之一，也称为注册资本，是企业承担民事责任的财力保证。

2) 直接计入所有者权益的利得和损失

直接计入所有者权益的利得和损失，是指不应当计入当期损益、会导致所有者权益发生变动的、与所有权投入资本或者分配利润无关的利得和损失，如可供出售金融资产的公允价值变动应直接计入资本公积。其中，利得是指企业非日常活动形成的、会导致所有者权益增加的、与所有者投入资本无关的经济利益的流入；损失是指企业非日常活动形成的、会导致所有者权益减少的、与所有者分配利润无关的经济利益的流出。

非日常活动指与所有者权益的资产投资无关的活动，如向别人捐赠财物等；日常活动有销售商品、提供劳务、让渡资产使用权等。

让渡资产使用权是指资产的所有者将资产的使用权暂时转移给他人，以取得相关收益，但不转移资产所有权的行为。如将资金借给他人使用，以收取资金利息。

3) 留存收益

留存收益是指企业从历年实现的利润中提取或留存于企业的内部积累，包括盈余公积和未分配利润。其中，盈余公积是指企业从净利润中提取的公积金，包括法定盈余公积金、任意盈余公积金和法定公益金。未分配利润是指企业留待以后年度分配的利润。未分配利润在数量上应是企业净利润扣除提取的盈余公积金、公益金和分配给投资者的利润后的余额。

3. 负债与所有者权益的区别

所有者权益和负债同属"权益"。"权益"是指对企业资产的求偿权。它包括投资人的求偿权和债权人的求偿权两种。二者的区别，主要表现在以下几个方面。

(1) 性质不同。负债是债权人对企业资产的求偿权，是债权人的权益；而所有者权益则是企业所有者对企业净资产的求偿权，包括所有者对企业投入的资本以及对投资资本的运作所产生的盈余的要求权。

(2) 偿还责任不同。企业的负债要求企业按规定的时间和利率支付利息，到期偿还本金；而所有者权益不像负债那样需要偿还，除非发生减值、清算。企业清算时，负债往往优先清偿，而所有者权益只有在清偿所有的负债之后才返还。

(3) 享受的权利不同。债权人只享有收回债权本息的权利，无权参与企业的经营管理和利润分配；所有者权益可以凭借对企业的所有权，参与企业的经营管理和利润分配。

(4) 风险程度不同。一般情况下，无论企业是否盈利，债权人都能按规定条件收取本金和利息，其风险较小；所有者权益只有在企业盈利的情况下，才能从企业利润分配中获取股利，获取股利的多少，取决于企业盈利的多少和企业的分配政策，其风险较大。但债权人获取的收益是固定的，而投资者则有可能获取丰厚的回报。

(四) 收入

1. 收入的定义及特征

收入是指企业在日常活动中形成的、会导致所有者权益增加的、与所有者投入资本无关的经济利益的总流入。其中日常活动包括销售商品、提供劳务及让渡资产使用权等。

2. 收入的特征

(1) 收入是从企业的日常活动中产生，而不是从偶发的交易或事项中产生。日常活动是指企业正常的、经常性的活动，如工业企业生产、销售产品；或者不是经常性的活动，但是与日常活动有关的，如工业企业生产淡季出租设备取得租金。收入不包括偶发的交易事项所产生的经济利益流入，如出售固定资产。

(2) 收入可能表现为企业资产的增加，也可能表现为负债的减少，或者两者兼而有之。如企业销售商品并收到货款，就表现为企业资产增加；企业销售商品用于抵债，就表现为负债减少；企业销售商品，部分收回货款、部分抵债，就表现为两者兼而有之。

(3) 收入能导致企业所有者权益的增加。因为，所有者权益总额=资产总额-负债总额，所以收入最终会导致所有者权益增加。

(4) 收入只包括本企业经济利益的流入，不包括为第三方代收的款项。如企业销售商品时代收的增值税，需要上缴给税务部门，不属于本企业的经济利益，因此不能作为本企业的收入。

3. 收入的确认

根据收入的定义，确认收入的条件如下。

(1) 由日常活动形成。日常活动应理解为企业为完成其经营目标所从事的经常性活动以及与之相关的活动。如工业企业销售产品，流通企业销售商品，服务企业提供劳务、出租或出售原材料、对外投资(收取利息、现金股利)等日常活动。

(2) 经济利益总流入。经济利益是指现金或最终能转让为现金的非现金资产。收入只有在经济利益很可能流入，从而导致资产增加或者负债减少，经济利益的流入额能够可靠计量时才能予以确认。经济利益总流入是指本企业经济利益的流入，包括销售商品收入、劳务收入、使用费收入、租金收入、股利收入等主营业务和其他业务收入，不包括为第三方或客户代收的款项。

4. 收入的分类

收入按经济业务的不同可分为主营业务收入和其他业务收入。

(1) 主营业务收入是指企业在销售商品、提供劳务(如安装费收入、广告费收入、定制软件收入等)及让渡资产使用权(如利息收入、使用费收入等)等日常活动中所产生的收入。

(2) 其他业务收入是指企业主营业务以外的、兼营的业务所产生的收入，如材料销售收入、代销收取的手续费、包装物出租收入等。

【例2-4】 企业出售和出租固定资产、无形资产的收入以及出售不需要的材料的收入是否应确认为企业的收入？

出售固定资产、无形资产并非企业的日常活动，这种偶发性的收入不应确认为收入，而应作为营业外收入确认。而出租固定资产、无形资产在实质上属于让渡资产使用权，出售不需要的材料的收入是与企业日常活动有关的收入，因此应确认为企业的收入，具体确认为其他业务收入。

(五) 费用

1. 费用的定义及特征

费用是指企业在日常活动中发生的、会导致所有者权益减少的、与所有者分配利润无关的经济利益的总流出。费用与收入相配比，即为企业经营活动中取得的盈利。

2. 费用的特征

(1) 费用是企业在日常活动中所产生的经济利益的流出，而不是偶发的交易或事项产生的经济利益的流出。如对外捐赠支出就属于费用。

(2) 费用是为销售商品或提供劳务而发生的经济利益的流出。如企业发生的宣传费就属于费用。

3. 费用的确认

根据费用的定义，确认费用的条件如下。

(1) 在日常活动中发生。企业在销售商品、提供劳务等日常活动中所发生的费用，可划分为两类：一类是企业为生产产品、提供劳务等发生的费用，应计入产品成本、劳务成本，包括直接材料、直接人工和制造费用；另一类是不应计入成本而直接计入当期损益的相关费用，包括管理费用、财务费用、销售费用、资产减值损失。计入产品成本、劳务成本等的费用，应当在确认产品销售收入、劳务收入等时将已销售产品、已提供劳务的成本计入当期损益。

(2) 经济利益流出。费用与收入相反，收入是资金流入企业形成的，会增加企业所有者权益；而费用则是企业资金的付出，会减少企业的所有者权益，其实质就是一种资产流出，最终导致企业资源减少。费用只有在经济利益很可能流出从而导致企业资产减少或负债增加，而且经济利益的流出额能够可靠计量时才能予以确认。

4. 费用的内容

费用按照功能可分为营业成本和期间费用。

1) 营业成本

营业成本是企业本期已经实现销售的商品的产品成本和已对外提供劳务的成本。它包括直接材料费、直接人工费和制造费用等。

营业成本按其归属不同分为直接费用、间接费用。

直接费用是指企业为了生产产品或提供劳务而发生的各项费用，如直接材料、直接人工等。这些费用发生时，直接计入生产成本。

间接费用是指生产车间为组织和管理生产活动而发生的共同性费用，如车间管理人员工资、车间固定资产折旧费等，它们在会计上首先要计入制造费用，然后再将这些费用按一定标准分配计入生产成本。

2) 期间费用

期间费用是指不计入生产成本，而应计入当期损益的各项费用。如企业行政管理部门为组织和管理生产经营活动而发生的管理费用，为筹集生产经营资金而发生的财务费用，为销售商品而发生的营业费用。

(六) 利润

1. 利润的定义

利润是指企业在一定会计期间的经营成果，包括收入减去费用后的净额、直接计入当期利润的利得和损失等。

直接计入当期利润的利得和损失是指应当计入当期损益、会导致所有者权益发生增减变动的、与所有者投入资本或分配利润无关的利得或损失。

2. 利润的确认

利润的确认主要依赖于收入和费用以及利得和损失的确认，其金额的确定也主要取决于收入、费用、利得、损失金额的计量。通常情况下，如果企业实现了利润，表明企业的所有者权益将增加，业绩得到了提升；反之，如果企业发生了亏损(即利润为负数)，表明企业的所有者权益将减少，业绩下滑。

3. 利润的内容

企业的利润包括营业利润、利润总额和净利润。

1) 营业利润

营业利润是指企业在销售商品、提供劳务等日常活动中产生的利润，是营业收入减去营业成本、税金及附加、期间费用(包括销售费用、管理费用和财务费用)、资产减值损失，加上公允价值变动净收益、投资净收益后的金额。

2) 利润总额

利润总额是指营业利润加上营业外收入，减去营业外支出后的金额。其中：营业外收入是企业发生的应直接计入当期利润的利得，包括非流动资产处置利得、债务重组利得、政府补助利得、盘盈利得、捐赠利得等；营业外支出是企业发生的应当直接计入当期利润的损失，包括非流动资产处置损失、债务重组损失、非常损失、公益性捐赠支出、盘亏损失等。

3) 净利润

净利润是指利润总额减去所得税后的金额。

三、会计要素的计量

会计要素的计量是指企业在将符合确认条件的会计要素登记入账并列报于会计报表及其附注(又称财务报表)时，应当按照规定的会计计量属性进行计量，确定其金额。

会计计量的属性是指所要计量的某一要素的特性方面，如桌子的长度、铁矿的重量、楼房的面积等。从会计角度，计量属性反映的是会计要素金额的确定基础，会计计量属性主要包括历史成本、重置成本、可变现净值、现值和公允价值。

(一) 历史成本

历史成本又称实际成本，就是取得或制造某项财产物资时所实际支付的现金或其他等价物。在历史成本计量下，资产按照其购置时支付的现金或者现金等价物的金额，或者按照购置资产时所付出的对价的公允价值计量。负债按照其因承担现时义务而实际收到的款项或者资产的金额，或者现时义务的合同金额，或者按照日常活动中为偿还负债预期需要支付的现金或者现金等价物的金额计量。

(二) 重置成本

重置成本又称为现行成本，是指按照当前市场条件，重新取得同样一项资产所需支付的现金或现金等价物金额。在重置成本计量下，资产按照现在购买相同或者相似资产所需支付的现金或现金等价物的金额计量。负债按照现在偿付该项债务所需支付的现金或现金等价物的金额计量。在实务中，重置成本多应用于盘盈固定资产的计量等。

(三) 可变现净值

可变现净值是指正常经营过程中，以预计售价减去进一步加工成本和预计销售费用以及相关税费后的净值。在可变现净值计量下，资产按照其正常对外销售所能收到现金或者现金等价物的金额扣减该资产至完工时估计将要发生的成本、估计的销售费用以及相关税费后的金额计量。可变现净值通常用于存货资产减值情况下的后续计量。

(四) 现值

现值是指未来现金流量以恰当的折现率进行折现后的价值，是考虑货币时间价值因素等的一种计量属性。在现值计量下，资产按照预计从其持续使用和最终处置过程中所产生的未来净现金流入量的折现金额计量。负债按照预计期限内需要偿还的未来净现金流出量的折现金额计量。现值通常用于非流动资产可收回金额和以摊余成本计量的金融资产价值的确定等。例如，在确定固定资产、无形资产等可收回金额时，通常需要计算资产预计未来现金流量的现值；对于持有至到期投资、贷款等以摊余成本计量的金融资产，通常需要使用实际利率法将这些资产在预期存续期间或适用的更短期间的未来现金流量折现，再通过相应的调整确定其摊余成本。(注：摊余成本是用实际利率作计算利息的基础，投资的成本减去利息后的金额。)

(五) 公允价值

公允价值是指在公平交易中，熟悉情况的交易双方自愿进行资产交换或者债务清偿的金额。在公允价值计量下，资产和负债按照在公平交易中熟悉情况的交易双方自愿进行资产交换或者债务清偿的金额计量。公允价值主要用于交易性金融资产、可供出售金融资产的计量等。

注意点：

(1) 在各种会计要素计量属性中，历史成本通常反映的是资产或负债过去的价值，而重置成本、可变现净值、现值以及公允价值通常反映资产或负债的现时成本或者现时价值。

(2) 企业在对会计要素进行计量时，一般应当采用历史成本。采用重置成本、可变现净值、现值和公允价值计量的，应当保证所确定的会计要素金额能够取得并可靠计量。

(3) 在投资性房地产和生物资产等具体准则中规定，只有存在活跃市场、公允价值能够取得并可靠计量的情况下，才能采用公允价值计量。

(4) 公允价值应用的 3 个级次：第一，资产或负债等存在活跃市场的，活跃市场中的报价应当用于确定其公允价值；第二，不存在公允市场的，参考熟悉情况并自愿交易的各方最近进行的市场交易中使用的价格或参照实质上相同或相似的其他资产或负债等的市场价格确定其公允价值；第三，不存在活跃市场，且不满足上述两个条件的，应当采用估值技术等确定公允价值。

【例2-5】会计计量属性主要包括( )。
A. 历史成本　　B. 重置成本　　C. 可变现净值　　D. 现值　　E. 公允价值
答案：ABCDE

【例2-6】( )多应用于盘盈固定资产的计量。
A. 历史成本　　　　　B. 重置成本　　　　　C. 可变现净值
D. 现值　　　　　　　E. 公允价值
答案：B

【例2-7】企业在对会计要素进行计量时,一般不采用( )。
A. 历史成本　　B. 重置成本　　C. 可变现净值
D. 现值　　　　E. 公允价值
答案:BCDE

第三节　会计等式

如前所述,6项会计要素反映了资金运动的静态和动态两个方面具有紧密的相关性,它们在数量上存在特定的平衡关系,这种平衡关系用公式来表示,就是通常所说的会计等式。会计等式是反映会计要素之间平衡关系的计算公式,是各种会计核算方法的理论基础。

一、静态基本等式

资产=负债+所有者权益。这是最基本的会计等式。如前所述,资产是由于过去的交易或事项所引起,能为企业带来经济利益的资源。资产来源于所有者的投入资本和来自债权人的借入资金及企业在生产经营中所产生效益的积累,分别归属于所有者和债权人。归属于所有者的部分形成所有者权益,归属于债权人的部分形成债权人权益(即企业的负债)。

资产和权益是同一事物(经济资源)的两个方面,有一定量的资产,就必定有其相应的资金来源;反之,有一定的资金来源,也必然表现为等量的资产。也就是说,资产和权益相互依存,金额相等。这种客观存在的、必然相等的关系,称为会计等式。用公式表示为

$$资产=权益$$

权益包括债权人权益(即企业的负债)和所有者权益,所以,上式具体表示为

$$资产=负债+所有者权益$$

以上会计等式是静态等式,它反映企业在某一时日的资产、负债和所有者权益三者之间存在的恒等关系。它是复式记账法的理论基础,也是编制资产负债表的依据。

企业在生产经营过程中,每天都会发生多种多样错综复杂的经济业务,从而引起各会计要素的增减变动,但并不影响资产与权益的恒等关系。下面通过分析A企业1月份发生的几项经济业务,说明资产与权益的恒等关系。资产与权益的恒等关系,是复式记账法的理论基础,也是编制资产负债表的依据。

经济业务的发生引起等式两边会计要素变动的方式可以总结归纳为以下4种类型。

(1) 经济业务的发生引起等式两边金额同时增加,增加金额相等,变动后等式仍保持平衡。

【例2-8】A企业收到所有者追加的投资 500 000 元，款项存入银行。

这项经济业务使银行存款增加了 500 000 元，即等式左边的资产增加了 500 000 元，同时等式右边的所有者权益也增加 500 000 元，因此并没有改变等式的平衡关系。

(2) 经济业务的发生引起等式两边金额同时减少，减少金额相等，变动后等式仍保持平衡。

【例2-9】A企业用银行存款归还欠B企业的货款 20 000 元。

这项经济业务使企业的银行存款即资产减少了 20 000 元，同时应付账款即负债也减少了 20 000 元，也就是说等式两边同时减少 20 000 元，等式依然成立。

(3) 经济业务的发生引起等式左边即资产内部的项目此增彼减，增减的金额相同，变动后资产的总额不变，等式仍保持平衡。

【例2-10】1月15日，A企业用银行存款 80 000 元购买一台生产设备，设备已交付使用。

这项经济业务使企业的固定资产增加了 80 000 元，但同时银行存款减少了 80 000 元，也就是说企业的资产内部发生增减变动，但资产总额不变。

(4) 经济业务的发生引起等式右边负债内部项目此增彼减，或所有者权益内部项目此增彼减，或负债与所有者权益项目之间此增彼减，增减的金额相同，变动后等式右边总额不变，等式仍保持平衡。

【例2-11】A企业向银行借入 100 000 元直接用于归还拖欠的货款。

这项经济业务使企业的应付账款减少了 100 000 元，同时短期借款增加了 100 000 元，即企业的负债内部发生增减变动，但负债总额不变。

【例2-12】A企业经批准同意以资本公积 10 000 000 元转增实收资本。

这项经济业务使企业的资本公积减少了 10 000 000 元，同时实收资本增加了 10 000 000 元，即企业的所有者权益内部发生增减变动，但所有者权益总额不变。

在实际工作中，企业每天发生的经济业务要复杂得多，但无论其引起会计要素如何变动，都不会破坏资产与权益的恒等关系(亦即会计等式的平衡)。

二、动态会计等式

动态会计等式为

$$收入-费用=利润$$

企业经营的目的是获得收入，实现盈利。企业在取得收入的同时，也必然要发生相应的费用。通过收入与费用的比较，才能确定企业一定时期的盈利水平。

广义而言，企业一定时期所获得的收入扣除所发生的各项费用后的余额，即表现为利润。在实际工作中，由于收入不包括处置固定资产净收益、固定资产盘盈、出售无形资产收益等,费用也不包括处置固定资产净损失、自然灾害损失等,所以,收入减去费用,并经过调整后,才能等于利润。

收入、费用和利润之间的上述关系,是编制利润表的基础。

三、全部会计要素之间的关系

会计期初:资产=负债+所有者权益

会计期内:资产=负债+所有者权益+(收入-费用)

会计期末:资产=负债+所有者权益+利润

会计期末结账之后:资产=负债+所有者权益

全部会计要素之间的会计等式全面、综合地反映了企业资金运动的内在规律。企业的资金总是采用动静结合的方法持续不断运动。从某一时点上看,可以总结出资金的静态规律;从某一时期看,可以总结出资金的动态规律。

在"资产=负债+所有者权益"恒等的基础上,收入可导致企业资产增加或负债减少,即企业在取得一项收入的同时,其资产也相应地增加或负债相应地减少,最终会导致所有者权益增加;与收入相反,费用可导致企业资产减少或负债增加,即企业在发生一项费用的同时,其资产也相应减少或负债相应增加,最终会导致所有者权益减少。所以,一定时期的经营成果必然影响一定时点的财务状况,6个会计要素之间的关系可表示为

资产=负债+所有者权益+(收入-费用)

到了会计期末,企业将收入和费用相配比,可以计算出本期实现的利润或发生的亏损。从产权关系来看,企业实现的利润是属于所有者的,企业发生的亏损最终也应由所有者来承担。利润的实现,一方面表现为资产的净增加或负债的净减少,另一方面表现为所有者权益的增加。而亏损的发生,一方面表现为资产的净减少或负债的净增加,另一方面表现为所有者权益的减少。因此,在会计期末企业对实现的利润进行分配之前,上述会计等式又可以表示成

资产=负债+所有者权益+利润

在会计期末,企业应根据国家有关法律、法规、企业章程或董事会决议等,按规定的程序对实现的利润进行分配。其中,一部分利润应以所得税的方式上缴国家,一部分利润应分配给投资者,在实际支付之前它们分别形成了企业的应交税费和应付股利或者应付利润。这两部分利润在未支付之前转化为企业的负债。还有一部分利润以盈余公积和未分配利润的方式留存在企业,构成了所有者权益的组成部分。在利润分配之后,上述会计等式中的利润一部分转化为负值,另一部分转化为所有者权益,又恢复到了最基本的等式形态,即

资产=负债+所有者权益

"资产=负债+所有者权益+(收入-费用)" 动态地反映了企业财务状况和经营成果之间的关系。财务状况反映了企业一定日期资产的存量情况,而经营成果则反映了企业一定期间资产的增量或减量。这一等式是"资产=负债+所有者权益"的扩展,延续了其平衡关系,使得资产、负债、所有者权益、收入、费用、利润这六大会计要素无论如何变化,最后都会回到资产、负债和所有者权益之间的平衡关系上来。因此,"资产=负债+所有者权益"这一等式被称为会计的基本等式。

【例 2-13】下列等式中成立的有( )。
A. 资产=权益
B. 资产=债权人权益+所有者权益
C. 收入-费用=利润
D. 资产=所有者权益
答案:ABC

【例 2-14】东方化工厂 2015 年 12 月 31 日拥有 2 000 万元资产,其中现金 0.4 万元,银行存款 57.6 万元,应收账款 282 万元,存货 960 万元,固定资产 700 万元。该工厂接受投资形成实收资本 1 100 万元,银行借款 400 万元,应付账款 400 万元,尚未支付的职工薪酬 100 万元。可用表 2-1 反映资产、负债、所有者权益之间的平衡关系。

表 2-1 资产负债表   单位:万元

资产		负债及所有者权益	
现金	0.4	银行借款	400
银行存款	57.6	应付账款	400
应收账款	282	应付职工薪酬	100
存货	960	实收资本	1 100
固定资产	700		
合计	2 000	合计	2 000

上例中,资产总额(2 000 万元)=负债+所有者权益(2 000 万元)反映了某一时点上企业会计要素之间的平衡关系,这是一种静态关系。

当企业在继续经营时,发生的经济业务会引起各个会计要素的增减变化,这些变化不外乎以下 4 种类型。

(1) 资金进入企业:资产和权益等额增加,即资产增加,负债及所有者权益增加,会计等式保持平衡。

【例 2-15】东方化工厂 2016 年 1 月份从银行取得贷款 800 万元,现已办妥手续,款项已划入本企业存款账户。这项经济业务对会计恒等式的影响为

资产+银行存款增加额=(负债+所有者权益)+银行借款增加额

2 000 万元+800 万元=2 000 万元+800 万元

资产 2 800 万元=负债+所有者权益 2 800 万元

可以看出,会计等式双方等额增加 800 万元,等式没有破坏。

(2) 资金退出企业：资产和权益等额减少，即资产减少，负债及所有者权益减少，会计等式保持平衡。

【例 2-16】 东方化工厂支付上年未还的应付货款，已从企业账户中开出转账支票 300 万元，该经济业务对会计等式的影响为

$$资产-银行存款减少额=(负债+所有者权益)-应付账款减少额$$
$$2\,800\,万元-300\,万元=2\,800\,万元-300\,万元$$
$$资产2\,500\,万元=负债+所有者权益2\,500\,万元$$

可以看出，会计等式两方等额减少 300 万元，等式没有破坏。

(3) 资产形态变化：一种资产项目增加，另一种资产项目等额减少，会计等式保持平衡。

【例 2-17】 东方化工厂开出现金支票 2 万元，以备日常开支使用。该项经济业务对会计等式的影响为

$$资产-银行存款减少额+现金增加额=负债+所有者权益$$
$$2\,500\,万元-2\,万元+2\,万元=2\,500\,万元$$
$$资产2\,500\,万元=负债+所有者权益2\,500\,万元$$

可以看出，等式左方总额没有变化，等式没有破坏。

(4) 权益类别转化：一种权益项目增加，另一种权益项目等额减少，即负债类内部项目之间、权益类内部项目之间或者负债类项目与权益类项目之间此增彼减，会计等式也保持平衡。

【例 2-18】 东方化工厂应付给三洋公司的应付账款 100 万元，经协商同意转作三洋公司对东方化工厂的投资款。该项经济业务对会计等式的影响为

$$资产=负债+所有者权益-应付账款+接受长期投资$$
$$2\,500\,万元=2\,500\,万元-100\,万元+100\,万元$$
$$资产2\,500\,万元=负债+所有者权益2\,500\,万元$$

可以看出，东方化工厂的负债类项目减少 100 万元，所有者权益类项目增加 100 万元，等式右方总额没有变化，等式没有破坏。

经过上述变化后的资产负债表如表 2-2 所示。

表 2-2 资产负债表　　　　　　　　　　　　单位：万元

资产		负债及所有者权益	
现金	0.4+2=2.4	银行借款	400+800=1 200
银行存款	57.6+800-300-2=555.6	应付账款	400-300-100=0
应收账款	282	应付职工薪酬	100
存货	960	实收资本	1 100+100=1 200
固定资产	700		
合计	2 500	合计	2 500

本章小结

本章主要讲述了会计对象、会计要素、会计等式以及会计等式与会计要素之间的关系,并阐述了经济业务变化对会计等式的影响。本章的内容是以后学习会计核算方法的基础。

会计对象是会计核算和监督的内容。它包括一般对象和具体对象。一般对象就体现为企业的资金运动,会计主要研究企业资金运动过程中产生经济的业务如何做账务处理。具体对象即为会计的六要素:资产、负债、所有者权益、收入、费用和利润。

会计等式是企业会计要素之间的关系。静态会计等式,是资产、负债和所有者权益之间的关系,即资产=负债+所有者权益。动态会计等式,是收入、费用和利润之间的关系,即收入-费用=利润。扩展会计等式,体现了各要素之间的关系,即资产=负债+所有者权益+(收入-费用)。

复习思考题

1. 什么是企业会计对象?企业会计对象要素包括哪些内容?
2. 什么是资产?资产有哪些特征?资产如何分类?资产包括哪些内容?
3. 什么是负债?负债有哪些特征?负债如何分类?
4. 什么是所有者权益?所有者权益有哪些内容?
5. 什么是收入?收入有哪些特征?收入包括哪些内容?
6. 什么是费用?费用如何分类?
7. 请详细说明会计等式有哪些类型。

练习题

1. 宏大公司2016年3月31日资产总额为3 500 000元,负债总额为1 500 000元,所有者权益总额为2 000 000元。4月份发生下列经济业务。

(1) 企业收到某单位投资300 000元,存入银行。

(2) 企业从银行取得临时借款100 000元,存入银行。

(3) 企业购材料一批,价值200 000元,增值税税率为17%,货款及税款已用银行存款支付。

(4) 本月,企业从仓库里领用10 000元材料生产甲产品。

(5) 结算本月应付职工工资,其中生产工人工资30 000元,车间管理人员工资8 000元,合计38 000元。

(6) 偿还之前欠B公司的货款20 000元。

(7) 企业售出甲产品 50 件,单价 2 000 元,增值税销项税额为 17 000 元,价税款尚未收到。

(8) 结转上述已经销售 50 件甲产品的成本 70 000 元。

(9) 以银行存款 4 000 元支付销售甲产品的包装费。

(10) 用银行存款 6 000 元支付本月管理部门的办公费。

要求:分析说明上述经济业务的发生对资产、负债、所有者权益以及会计等式的影响并填入表 2-3 中。

表 2-3　资产、负债、所有者权益变化表

经济业务	资产	负债	所有者权益	对会计等式的影响
期初				
业务 1				
业务 2				
业务 3				
业务 4				
业务 5				
业务 6				
业务 7				
业务 8				
业务 9				
业务 10				
结果				

2. 宏大公司 5 月份的有关资料如下所示。请说明每题描述的经济业务属于哪个会计要素。

(1) 出纳保管的现金 5 000 元。

(2) 存放在银行里的款项 200 000 元。

(3) 向银行借入期限为 9 个月的借款 150 000 元。

(4) 仓库里存放的原材料价值 3 500 000 元。

(5) 机器设备 230 000 元。

(6) 专利技术价值 1 650 000 元。

(7) 所有者投入的资本 500 000 元。

(8) 提取的盈余公积 350 000 元。

(9) 销售商品价值 200 000 元。

(10) 支付车间水电费 8000 元。

(11) 摊销本月发生的报刊费 500 元。

第三章

会计核算基础

【导读】

本章介绍的会计核算基础主要指权责发生制和收付实现制，它是会计方法得以存在的前提，是处理会计收入、费用的方法。采用不同的会计基础，会导致全然不同的会计处理方法。因此，对会计核算基础的准确理解是我们掌握会计处理方法的前提和保障。另外，会计信息作为向信息使用者提供的对决策有用的信息，必须有其特殊的要求，本章也将对此做详细介绍。

【学习要求】

1. 掌握权责发生制的含义；
2. 掌握收付实现制的含义；
3. 掌握会计信息的质量要求；
4. 熟悉会计的目标。

会计基础，是指会计事项的记账基础，是确认会计主体收入、费用的标准。对会计基础的不同选择，决定会计主体取得收入和发生费用在会计期间上的配比关系，从而直接影响会计主体的财务状况和经营成果。会计基础主要有两种，即权责发生制和收付实现制。

第一节 权责发生制与收付实现制

小问题：

A 企业 12 月 20 日销售商品 25 万元，货款在第二年的 1 月 10 日收到，请问这 25 万元的销售收入应确认为 12 月收入还是 1 月份收入？哪种更能准确反映企业当月的经营成果？如果 11 月 5 日预收了货款，12 月 20 日才发货，应何时确认收入？这就需要权责发生制和收付实现制来确定。

一、权责发生制原则

(一) 权责发生制的内容

权责发生制也称应计制或应收应付制,是指收入、费用的确认应当以收入和费用的实际发生而不是以款项是否收付作为标准,来确认当期损益的一种制度。在权责发生制下,凡在当期取得的收入或者应当负担的费用,不论款项是否已经收付,都应当作为当期的收入或费用;凡不属于当期的收入或费用,即使款项已经在当期收到或已经当期支付,都不能作为当期的收入或费用。在此原则下,上述问题的销售行为是在 12 月发生的,即使 12 月份没有收到货款,也是属于 12 月份的收入。而 11 月或 1 月即使实际收到款项,由于没有发生销售行为,也不能作为当月收入确认。

在权责发生制下,每个会计期末,应对各项跨期收支进行调整,核算手续稍显复杂,但能使各个期间的收入和费用实现合理配比,所计量的财务成果也比较完整、正确。

我国《企业会计准则》规定,企业会计的确认、计量和报告应当以权责发生制为基础。

(二) 权责发生制确认收入和费用的特点

(1) 考虑预收款项和预付款项,以及应计收入和应计费用。

(2) 日常账簿记录不能完整反映本期收入与费用,应于会计期末进行账项调整。

(3) 核算手续复杂,但反映的不同会计期间的收入和费用比较合理,可正确计算经营成果。

(4) 适用范围:制造业企业等。

二、收付实现制

收付实现制也称现收现付制或现金制,是指会计对各项收入和费用的确认是以款项的实际收付为准。

(一) 收付实现制确认收入和费用的标准——实收实付

在处理与收入和费用有关的经济业务时,凡实际收到了款项即作为本期收入处理;凡实际支出了款项即作为本期费用处理,而不问其是否属于本期的收入和费用。

在收付实现制的原则下,上述问题只要是在 1 月 10 日收到货款,不论这款项是不是 1 月份实际的销售行为,都应作为 1 月份的收入。

采用这种会计基础,本期的收入和费用缺乏合理配比,所计算的财务成果也不够完整、正确。因此,企业单位不宜采用收付实现制。

(二) 收付实现制确认收入和费用的特点

(1) 不考虑预收款项和预付款项，以及应计收入和应计费用。只要款项已收入或支出，就作为当期收入和费用处理。

(2) 于会计期末根据账簿记录确定本期收入与费用，不存在期末账项调整问题。

(3) 核算手续简单，强调财务状况的切实性，但缺乏不同会计期间的可比性。

权责发生制与收付实现制都是会计核算的记账基础。是由于会计分期前提，产生了本期与非本期的区别，因此在确认收入或费用时，就产生了上述两种不同的记账基础，而采用不同的记账基础会影响各期的损益。建立在权责发生制基础之上的会计处理可以正确地将收入与费用相配比，正确计算损益。

小问题：

A制造企业12月销售自产商品取得收入420万元，这批商品成本220万元。同时A企业兼营运输劳务取得收入16万元，各种汽油费、过路费及税费等花费7万元。为维持A企业12月份正常经营运转，支付管理人员工资5万，办公费18万，销售费用20万。请问A企业销售商品所取得的利润是多少？A企业运输劳务方面的利润是多少？12月份A企业利润总额是多少？

三、权责发生制与收付实现制确认收入和费用的方法比较

可见，权责发生制与收付实现制是两种不同的会计处理方法，将影响到各个期间收入、费用和盈亏的确认。而由于权责发生制比较真实、合理地反映企业的财务状况和经营成果，故广泛用于经营性企业，而收付实现制处理方法相对简单，显然对各期收益的确定不够合理，仍主要用于不需明确收益的行政事业单位。具体比较内容如表3-1所示。

【例3-1】某企业六月份销售甲产品一批，取得银行承兑汇票一张，价款20 000元，销售乙产品一批，取得转账支票一张，价款80 000元，收到5月份所欠货款70 000元。

本例中，按收付实现制确定该企业六月份销售收入为80 000+70 000计150 000元，按权责发生制该企业六月份销售收入为20 000+80 000计100 000元。

【例3-2】某企业六月份预付第三季度财产保险费1 800元，支付本季度借款利息共3 900元(四月份1 300元，五月份1 300元)，用银行存款支付本月广告费30 000元。

本例中，按收付实现制确定该企业六月份费用为1 800+3 900+30 000计35 700元，按权责发生制确定该企业六月份费用为1 300+30 000计31 300元。

表 3-1 权责发生制与收付实现制确认收入和费用的方法比较

收入和费用的业务内容	举例	权责发生制确认方法 (以应收应付为标准)	收付实现制确认方法 (以实收实付为标准)
①先期预收款后期实现的收入	1月预收上半年出租房屋租金7 200元存入银行	1~6月每月确认收入1 200元(7 200÷6)	将7 200元全部确认为1月份的收入
②先期预付款后期负担的费用	1月用银行存款支付全年报刊订阅费2 400元	1~12月每月确认费用200元(2 400÷12)	将2 400元全部确认为1月份的费用
③先期实现后期收款的收入	1、2、3月每月向购货单位供货3 000元。货款计9 000元于3月末一次收到	1、2、3月每月各确认收入3 000元	将9 000元全部确认为3月份的收入
④先期发生后期支付的费用	1~3月使用银行借款,每月应负担利息500元。全部利息计1 500元,于3月一次用银行存款支付	1、2、3月每月各确认费用500元	将1 500元全部确认为3月份的费用
⑤本期实现本期收款的收入	3月10日销售产品,货款30 000元,3月20日收到存入银行	将30 000元全部确认为3月份的收入	同权责发生制
⑥本期发生本期付款的费用	3月15日用银行存款300元购入企业管理部门使用的办公用品	将300元全部确认为3月份的费用	同权责发生制

※在①②③④四种情况下,权责发生制与收付实现制的确认方法有所不同;而在⑤⑥两种情况下,权责发生制与收付实现制的确认方法完全相同。

第二节 会计信息质量要求

会计信息质量要求是指在会计核算前提条件下进行会计核算和提供会计信息应遵循的基本要求。衡量会计核算工作和会计信息质量的标准和要求,包括真实性、相关性、明晰性、可比性、实质重于形式、重要性、谨慎性、及时性。

一、可靠性

可靠性又称客观性。企业会计准则中规定"企业应当以实际发生的交易或事项为依据进行会计确认、计量和报告,如实反映符合确认和计量要求的各项会计要素及其他相关信息,保证会计信息真实可靠、内容完整。"

这一原则包括两方面内容。一是会计必须根据审核无误的原始凭证,采用特定的专门方法进行记账、算账、报账,保证所提供的会计信息内容完整、真实可靠。如果会计核算不是以实际发生的交易或事项为依据,为使用者提供虚假的会计信息,会误导信息使用者,使之做出错误的决策。二是会计人员在进行会计处理时应保持客观,运用正确的会计原则和方法，得出具有可检验性的会计信息。如果会计人员进行会计处理时不客观，同样不能为会计信息使用者提供真实的会计信息，也会导致信息使用者做出错误决策。

真实性原则包括以下几个要点。

(1) 真实：指会计反映的结果应当同企业实际的财务状况和经营状况相一致。

(2) 可靠：指对经济业务的记录和报告，应当做到不偏不倚，以客观的事实为依据，而不能受主观意志的左右，力求会计信息的可靠。

(3) 可验证：指有可靠的依据以复查数据的来源及信息的提供过程。

二、相关性

相关性也称有用性。企业会计准则中规定"企业提供的会计信息应当与财务会计报告使用者的经济决策需要相关，有助于财务会计报告使用者对企业过去、现在或者将来的情况做出评价或者预测。"即要求会计核算所提供的信息应当有助于信息使用者做出经济决策。这里所说的相关，是指与决策相关，有助于决策。如果会计信息提供后，不能帮助会计信息使用者进行经济决策，就不具有相关性，因此，会计工作就不能达到所需会计目标。

根据相关性原则，要求在收集、记录、处理和提供会计信息过程中能充分考虑会计信息使用者各方决策的需要，满足各方具有共性的信息需求。对于特定用途的信息，不一定都通过财务报告来提供，也可以采取其他形式提供。

三、明晰性

明晰性也称可理解性。企业会计准则中规定"企业提供的会计信息应当清晰明了，便于财务会计报告使用者理解和使用。"明晰性原则要求会计信息简明、易懂，能够简单明了地反映企业的财务状况、经营成果和现金流量，从而有助于会计信息使用者正确理解、掌握企业的情况。

根据明晰性原则，会计记录应当准确、清晰；填制会计凭证、登记会计账簿必须做到依据合法、账户对应关系清楚、文字摘要完整；在编制会计报表时，应做到项目钩稽关系清楚、项目完整、数字准确。

会计信息从其产生到制作报表无疑要经专业会计人员加工处理，但处理结果即会计报表应当是通俗易懂的，该原则要求基本不懂会计的人都要能理解会计信息，即要使会计信息简明易懂，能清晰地反映企业经济活动的来龙去脉。所以我们在会计报表中大量使用"现金""银行存款""原材料"等通俗易懂的名词，而尽量避免使用太过专业而难于理解的名词。

四、可比性

可比性是指"企业提供的会计信息应当具有可比性"。它包括两方面。

(1) 纵向可比。"同一企业不同时期发生的相同或者相似的交易或者事项,应当采用一致的会计政策,不得随意变更。确实需要变更的,应当在附注中说明。"

(2) 横向可比。"不同企业发生的相同或者相似的交易或者事项,应当采用规定的会计政策,确保会计信息口径一致、相互可比。"

五、实质重于形式

"企业应当按照交易或者事项的经济实质进行会计确认、计量和报告,不应仅以交易或者事项的法律形式为依据。"

在实际工作中,交易或事项的外在形式或人为形式并不能完全真实地反映其实质内容。所以会计信息拟反映的交易或事项,必须根据交易或事项的经济实质,而不是根据它们的法律形式进行核算。

例如,以融资租赁的形式租入的固定资产,虽然从法律形式来讲企业并不拥有其所有权,但是由于租赁合同中规定的租赁期相当长,接近于该资产的使用寿命;租赁期结束时承租企业有优先购买的选择权,在租赁期内承租企业有权支配资产并从中受益。所以,从实质上看,企业控制了该项资产的使用权及受益权。所以在会计核算上,将融资租赁的固定资产视为企业的资产。

如果企业的会计核算仅仅按照交易或事项的法律形式或人为形式进行,而这些形式又没有反映其经济实质和经济现实,那么,其最终结果将不仅无益于会计信息使用者的决策,反而会误导会计信息使用者。

六、重要性

"企业提供的会计信息应当反映与企业财务状况、经营成果和现金流量等有关的所有重要交易或者事项。"

企业的经济业务是多种多样的,但其中有的经济业务可能对企业的财务状况与经营成果产生重大的影响,而有些则可能不会产生很大的影响。例如企业购进一台价值100万元的大型设备,对该设备如何保管、使用、维护,其使用过程中的损耗如何确认等,必将对企业的经营活动和财务成果产生重大的影响。因此,对于这种大型设备就需要重点核算并单独反映,但如果是办公人员购买一支钢笔或一本记事本等,价值仅为几元或几十元,显然不论如何处理,均不会对经营活动与经营成果产生大的影响。因此,我们在进行会计处理时,就不必单独核算,而将它与其他需要支出一起作为费用一并反映。

可见,运用重要性原则,一方面可使会计人员适当简化核算程序,减少核算工作量;

另一方面也可使会计信息使用者抓住重点和关键,从而更好地利用会计信息。运用此原则,关键是如何确定什么是重要的经济业务。一般应根据企业规模与业务涉及的金额大小来确定。

七、谨慎性

谨慎性又称稳健性或保守性。"企业对交易或者事项进行会计确认、计量和报告应当保持应有的谨慎,不应高估资产或者收益、低估负债或者费用。"

要义在于:应当合理预计可能发生的损失和费用,而不应预计可能发生的收入和过高估计资产的价值。

例如,假设企业购入10 000股某股票,购入价为10元/股,假设编报会计报告时,每股市场价为8元,尽管下跌2元,由于股票并未抛出,即并未真正产生损失,但按谨慎性原则,这2元仍要作为损失,将每股按市价改为8元,显然这样的资料是可靠的。但若每股涨到15元,按谨慎性原则不将上涨的5元预计为收益,尽管这5元收益是"很可能"实现的。

由于谨慎性原则充分考虑了可能发生的损失和费用,而不考虑可能取得的收入或收益,就使得会计信息比较稳健,或比较慎重,也就是做了最坏的估计。这样得出来的财务信息通常都比较保守但是它是可靠的,而且实际的结果往往都会比预期的好,这显然符合人们通常的习惯。

八、及时性

企业对于已经发生的交易或者事项,应当及时进行会计确认、计量和报告,不得提前或者延后。及时性原则有两重含义。

(1) 处理及时:对企业发生的经济活动应及时在本会计期间内进行会计处理,而不延至下期。

(2) 报送及时:会计资料如会计报表等,应在会计期间结束后按规定日期及时报送出去。

如果企业的会计确认、计量和报告不能及时进行,会计信息不能及时提供,就对经济决策没有帮助,就不符合及时性的要求。

第三节 会计目标

一、会计目标的含义

会计目标是指在一定的客观环境和经济条件下,会计核算和监督所要达到的目的。

由于会计总是处于一定的社会经济环境下，会计目标无疑受到社会经济环境的制约。在不同的社会经济环境下，特别是不同的社会制度和经济制度，会对会计提出不同的目标。在现代市场经济条件下，会计目标可以概括为：提供真实、可靠的会计信息给会计信息使用者，以满足各方的决策需求。因而，从本质上讲，会计目标所要解决的问题是向谁提供会计信息和提供什么样的会计信息。

《企业会计准则——基本准则》第四条规定："企业应当编制财务会计报告。财务会计报告的目标是向财务会计报告使用者提供与企业财务状况、经营成果和现金流量等有关的会计信息，反映企业管理受托责任履行情况，有助于财务会计报告使用者做出经济决策"。

根据《企业会计准则》的相关规定，我们可以将会计目标分为基本目标和具体目标两个层次。会计的基本目标是提高经济效益。经济效益，就是已经投入及消耗的价值量与收回的价值量之比。具体目标是向信息使用者提供对决策有用的会计信息。

二、会计目标的层次

(一) 基本目标

1. 满足政府及有关部门对国家宏观经济管理的需要

企业作为国民经济的组成部分，其生产经营状况的好坏和经济效益的高低，直接影响整个国民经济。国家的宏观经济管理和调控，需要对企业及各单位的会计信息进行汇总和分析。因此，会计应把为国家宏观经济管理和调控提供会计信息作为会计目标。

2. 满足投资人和债权人等有关各方了解企业的财务状况、经营成果和现金流量情况的需要

企业要向投资者提供企业资产的保管、使用情况和效益；应向债权人提供企业的运行情况、企业的偿债能力和投资风险；应向政府所属的财政、税收、审计等部门提供所需要的利润分配、税金交纳等方面的会计信息。

3. 满足企业管理当局加强内部管理的需要

会计作为一种经济管理活动，会计信息是企业内部管理所需信息的重要来源。全面、连续、系统、综合的会计信息，有助于决策者进行合理的经营决策；有助于经营者分析考核企业经营管理方面的成败得失，总结经验，发现问题，提出改进措施。

(二) 会计具体目标

1. 提供会计信息

提供会计信息包括按照会计核算的要求，根据企业所采用的账务处理程序填制和审核原始凭证、编制会计凭证、登记账簿、编制会计报告。提供会计信息的目的是连续、系统、综合、及时地为国家、社会有关各方面和企业内部提供完整的会计信息。

2. 控制经济过程

根据会计信息，按照管理的目标和要求，通过组织、指挥、协调企业的经济活动，对企业的营业全程进行必要的干预，使其按照预定的轨道有序地进行。

3. 分析经营成果

根据会计信息所提供的信息，结合计划、统计和其他资料，对会计主体的经济活动结果、财务状况及其预算执行情况进行比较、分析、评价，总结经验，以便进一步提高经济效益。

本 章 小 结

本章主要介绍了会计核算基础、会计信息质量要求和会计目标3个问题。

会计核算基础主要介绍了权责发生制和收付实现制。权责发生制是指收入和费用是否计入某会计期间，不是以是否在该期间内收到或付出现金为标志，而是依据收入是否归属该期间的成果、费用是否由该期负担来确定。由于权责发生制比较真实、合理地反映企业的财务状况和经营成果，故广泛用于经营性企业。收付实现制是在处理与收入和费用有关的经济业务时，凡实际收到了款项即作为本期收入处理；凡是实际支出了款项即作为本期费用处理，而不问其是否属于本期的收入和费用。由于收付实现制处理方法相对简单，显然对各期收益的确定不够合理，仍主要用于不需明确收益的行政事业单位。

会计信息质量是对企业财务报告中所提供的会计信息质量的基本要求，是使财务报告中所提供的会计信息对投资者决策有用应具备的基本特征。根据会计基本准则规定，它包括可靠性、相关性、明晰性、可比性、实质重于形式、重要性、谨慎性和及时性。

会计目标是会计核算和监督所要达到的目的。它分为基本目标和具体目标两个方面。从本质上来讲，会计目标所要解决的问题是向谁提供会计信息和提供什么样的会计信息。

复习思考题

1. 什么是权责发生制？什么是收付实现制？二者对收入和费用的确认有何区别？
2. 什么是会计信息质量要求？它包括哪些质量特征？
3. 如何理解实质重于形式原则？请举例说明。
4. 相关性和可靠性受到其他哪些质量特征的制约？
5. 什么是会计目标？如何理解会计基本目标和具体目标？

练习题

一、单项选择题

1. 下列各项中,要求企业合理核算可能发生的费用和损失的会计信息质量要求是(　　)。
   A. 可比性　　　B. 及时性　　　C. 重要性　　　D. 谨慎性

2. 按季度支付利息的企业,通常要按月预提利息费用,其所体现的是(　　)。
   A. 权责发生制　B. 相关性　　　C. 收付实现制　D. 可比性

3. 在权责发生制下,下列选项中属于本年收入的是(　　)。
   A. 收到上年销售产品的货款 30 000 元
   B. 预收下年度仓库租金 60 000 元
   C. 预付下年度财产保险费 7000 元。
   D. 本年销售产品的价款 30 000 元,货款于下年到账

4. 强调经营成果核算的企业应该采用(　　)。
   A. 收付实现制　B. 权责发生制　C. 实地盘存制　D. 永续盘存制

5. 企业的资产按取得的实际成本计价,这满足了(　　)的要求。
   A. 重要性　　　B. 明晰性　　　C. 可靠性　　　D. 相关性

6. 我国企业以(　　)为一个会计年度。
   A. 生产周期　　　　　　B. 企业开始设立的那一天到次年的同一天
   C. 公历年度　　　　　　D. 企业开始设立的那一天到终止的那一天

第四章

会计科目、账户与复式记账

【学习目标】

本章阐述会计核算的基本方法——会计科目、账户与复式记账等。其包括会计科目的概念、设置原则和账户的概念、基本结构,以及账户与会计科目的联系与区别;复式记账原理以及借贷记账法的基本要点。本章所涉及的内容在会计核算中实用性很强,应用范围广泛,是后面学习各章节和财务会计、成本会计等其他会计课程的基础。因此,本章是会计核算方法的最基本内容,是学好基础会计的关键之一。

【学习要求】

1. 掌握会计科目和账户的概念、设置原则,以及账户与会计科目的联系与区别;
2. 掌握会计账户的基本结构;
3. 掌握复式记账原理的基本原理;
4. 熟练掌握借贷记账法的内容;
5. 掌握总分类账户与明细分类账户平行登记的要点。

第一节 会计科目

一、设置会计科目的意义

(一) 会计科目的概念

会计科目是指对会计要素的具体内容进行分类的项目。也就是对各项会计要素在科学分类的基础上所赋予的名称。如:现金与银行存款、固定资产与原材料、短期借款与长期借款、应付账款与应付票据等。

(二) 设置会计科目的意义

通过学习我们已经知道,对会计对象按照一定标准将其划分为若干个要素,我们称之为会计要素，这是对会计对象的最基本分类。但是，会计信息的使用者为了决策和管理经济活动，除了需要总括资料外，还需要了解更为详细的资料。例如，在了解了企业拥有多少资产后，还需要知道都是什么资产？企业的债务构成如何？所有者权益又是怎样组成的等。因此，就需要在会计要素的基础上再进行更为详细的分类，并以此为依据设置账户，分类、连续地记录经济业务增减变动情况，提供各种有用的数据和信息。例如，为了核算和监督各项资产的增减变动，需要设置"现金""原材料""长期投资""固定资产"等科目；为了核算和监督负债和所有者权益的增减变动，需要设置"短期借款""应付账款""长期借款"和"实收资本""资本公积""盈余公积"等科目；为了核算和监督收入、费用和利润的增减变动，需要设置"主营业务收入""主营业务成本""管理费用""本年利润""利润分配"等科目。会计科目是通过会计制度规定的，它是设置账户、处理账务所必须遵循的依据，是正确进行会计核算的一个重要条件。

1. 会计科目是复式记账的基础

复式记账要求每一笔经济业务在两个或两个以上相互联系的账户中进行登记，以反映资金运动的来龙去脉。

2. 会计科目是编制记账凭证的基础

记账凭证是确定所发生的经济业务应记入何种科目以及分门别类登记账簿的凭据。

3. 会计科目为成本计算与财产清查提供了前提条件

会计科目的设置，有助于成本核算，使各种成本计算成为可能；而账面记录与实际结存的核对，又为财产清查、保证账实相符提供了必备的条件。

4. 会计科目为编制会计报表提供了方便

会计报表是提供会计信息的主要手段，为了保证会计信息的质量及其提供的及时性，财务报表中的许多项目与会计科目是一致的，并根据会计科目的本期发生额或余额填列。

二、会计科目设置原则

会计科目的设置，应根据会计准则和行业会计制度的规定设置和使用。在不影响企业的会计核算、报表汇总及对外提供统一报表的前提下，企业可自行增设、减少、合并一些会计科目。设置会计科目，企业应充分考虑到会计信息、会计工作的要求，设置原则具体如下。

(一) 合法性原则

合法性原则，指所设置的会计科目应当符合国家统一的会计制度的规定。在不影响会计核算质量和对外提供统一的会计报表的前提下，企业也可以根据自身特点增补或合并会计科目，做到统一性与灵活性相结合。

(二) 相关性原则

相关性原则，指所设置的会计科目应为提供有关各方所需要的会计信息服务，满足对外报告与对内管理的要求。

(三) 实用性原则

实用性原则指所设置的会计科目应符合单位自身特点，满足单位实际需要。企业的组织形式、所处行业、经营内容及业务种类不同，在会计科目的设置上亦有所区别。

(四) 灵活性原则

设置会计科目必须对会计要素的具体内容进行分类，以分门别类地反映和监督各项经营业务，不能有任何遗漏，即所设置的会计科目应能覆盖企业所有的要素。比如，有些公司是制造工业产品，根据这一业务特点就必须设置反映和监督其经营情况和生产过程的会计科目，如"主营业务收入""生产成本"；而农业企业就可以设置"消耗性生物资产""生产性生物资产"；金融企业则应设置反映和监督吸收和贷出存款相关业务的科目，如"利息收入""利息支出"。此外，为了便于发挥会计的管理作用，企业可以根据实际情况自行增设、减少或合并某些会计科目的明细科目。

(五) 科学性原则

在会计要素的基础上对会计对象的具体内容做进一步分类时，为了全面概括地反映企业生产经营活动情况，会计科目的设置要保持会计指标体系的完整，企业所有能用货币表现的经济业务，都要能通过所设置的某一会计科目进行核算。

三、会计科目分类

(一) 按其所反映的经济内容分类

会计科目按其反映的经济内容不同，可分为资产类、负债类、所有者权益类、成本类和损益类六大类会计科目，在初级会计中，共同类科目暂不介绍。

1. 资产类科目

资产类科目是指用于核算资产增减变化，提供资产类项目会计信息的会计科目，是对资产要素的具体内容进行分类核算的项目。我国现行的《企业会计制度》规定的资产类科目包括库存现金、银行存款、其他货币资金、交易性金融资产、应收票据、应收股利、应收利息、应收账款、其他应收款、坏账准备、预付账款、应收补贴款、物资采购、原材料、包装物、低值易耗品、材料成本差异、库存商品、委托加工物资、委托代销商品、受托代销商品、存货跌价准备、分期收款发出商品、长期股权投资、长期债权投资、长期投资减值准备、固定资产、累计折旧、固定资产减值准备、工程物资、在建工程、在建工程减值准备、固定资产清理、无形资产、无形资产减值准备、长期待摊费用、待处理财产损溢等。

2. 负债类科目

负债类科目是指用于核算负债增减变化，提供负债类项目会计信息的会计科目，是对负债要素的具体内容进行分类核算的项目。我国现行的《企业会计制度》规定的负债类科目包括短期借款、应付票据、应付账款、预收账款、代销商品款、应付职工薪酬、应付股利、应交税费、其他应交款、其他应付款、长期借款、应付债券、长期应付款、专项应付款等。

3. 所有者权益类科目

所有者权益类科目是指用于核算所有者权益增减变化，提供所有者权益有关项目会计信息的会计科目。我国现行的《企业会计制度》规定的所有者权益类科目包括实收资本(或股本)、资本公积、盈余公积、本年利润和利润分配等。

4. 成本类科目

成本类科目是用于核算成本的发生和归集情况，提供成本相关会计信息的会计科目。我国现行的《企业会计制度》规定的成本类科目包括生产成本、制造费用、劳务成本。

5. 损益类科目

损益类科目是指用于核算收入、费用的发生或归集，提供一定期间损益相关的会计信息的会计科目。我国现行的《企业会计制度》规定的损益类科目包括主营业务收入、其他业务收入、投资收益、补贴收入、营业外收入、主营业务成本、税金及附加、其他业务支出、销售费用、管理费用、财务费用、营业外支出、所得税费用等。

目前，财政部颁布的《企业会计准则——应用指南》统一制定了企业实际工作中需要使用的常用会计科目，如表4-1所示。

表 4-1 常用会计科目名称表

序号	编号	会计科目名称	序号	编号	会计科目名称	序号	编号	会计科目名称
		一、资产类	20	1606	固定资产清理	38	4101	盈余公积
1	1001	库存现金	21	1701	无形资产	39	4103	本年利润
2	1002	银行存款	22	1604	在建工程	40	4104	利润分配
3	1012	其他货币资金	23	1605	工程物资			四、成本类
4	1101	交易性金融资产	24	1601	固定资产	41	5001	生产成本
5	1121	应收票据	25	1901	待处理财产损溢	42	5101	制造费用
6	1122	应收账款			二、负债类			五、损益类
7	1123	预付账款	26	2001	短期借款	43	6001	主营业务收入
8	1131	应收股利	27	2201	应付票据	44	6051	其他业务收入
9	1132	应收利息	28	2202	应付账款	45	6111	投资损益
10	1221	其他应收款	29	2205	预收账款	46	6301	营业外收入
11	1231	坏账准备	30	2211	应付职工薪酬	47	6401	主营业务成本
12	1401	材料采购	31	2221	应交税费	48	6402	其他业务成本
13	1402	在途物资	32	2231	应付利息	49	6403	税金及附加
14	1403	原材料	33	2232	应付股利	50	6601	销售费用
15	1404	材料成本差异	34	2241	其他应付款	51	6602	管理费用
16	1405	库存商品	35	2501	长期借款	52	6603	财务费用
17	1461	存货跌价准备			三、所有者权益类	53	6701	资产减值损失
18	1601	固定资产	36	4001	实收资本	54	6711	营业外支出
19	1602	累计折旧	37	4002	资本公积	55	6801	所得税费用

注：(1) 共同类项目的特点是既可能是资产也可能是负债。在某些条件下是一项权利，形成经济利益的流入，就是资产；在某些条件下是一项义务，导致经济利益流出企业，就是负债。

(2) 损益类项目的特点是其项目是形成利润的要素。如反映收益类科目，例如"主营业务收入"；反映费用类科目，例如"主营业务成本"。

会计科目与会计要素的关系：会计科目是对会计要素的具体内容进行分类核算的项目。会计科目及核算内容表如表 4-2 所示。

表 4-2　会计科目及核算内容表

会计要素	会计科目	核算内容
资产	库存现金	存放在财务部门可随时动用的满足企业经营过程中零星支付需要的现金
	银行存款	存到银行的款项
	应收账款	产品已经销售，款项还没有收到(销售商品、提供劳务，以及与销售商品、提供劳务有关的运费)【单位跟单位之间的关系】
	预付账款	产品未到，但钱已经支付给对方
	应收票据	产品已经销售，款项还没有收到，对方交给销售方票据作为将来支付货款的凭据，题目中一般有票据字样
	固定资产	使用期限超过一年，金额一般较大，比如机器、厂房、设备等
	原材料	从其他公司地方采购的原料(结转完材料成本后)
	在途物资	从其他公司地方采购的原料(结转材料成本前)
	长期待摊费用	核算企业已经支出但应由本期和以后各期分别负担的分摊期在一年以内的各项费用，比如固定资产修理费
	库存商品	采购的原料经过本公司加工并验收合格入库的商品
	无形资产	金额较大，看不见摸不着的资产，比如商标、著作权等
	其他应收款	基础会计阶段，基本上除应收账款以外的其他应收款项都在本科目核算，比如：①应收的各种赔款、罚款；②应收出租包装物租金；③应向职工收取的各种垫付款项；④备用金(向企业各职能科室、车间等拨出的备用金)；⑤存出保证金，如租入包装物支付的押金。【主要是单位跟个人之间的关系】
	应收股利	被投资公司宣告发放股利，但还没有发放
	应收利息	借款给别人，按期应该收到的利息但还没有收到
负债	基础会计阶段一般用到	
	短期借款	公司从银行或非银行的金融机构借的短期款项(1年以下)
	长期借款	公司从银行或非银行的金融机构借的长期款项(1年以上)
	应付票据	产品已经收到，但还没有支付销售方款项，只以票据作为将来支付款项凭证，一般有票据字样，与应收票据相对应
	应付账款	产品已经收到，但还没有支付款项(核算内容与应收账款相同)
	预收账款	产品还没有发出，但提前收到购买方的款项，与预付账款对应
	应付股利	企业宣告发放股利，但还没有发放，与应收股利对应
	应付利息	企业借款应该支付的利息，还没有支付，与应收利息对应
	其他应付款	核算内容与其他应收款一样，与其他应收款对应
	应付职工薪酬	应该支付给职工的工资、福利费，但还没有以现金的形式发放
	应交税费	企业应交但还没有实际支付的各项税费

(续表)

会计要素	会计科目	核算内容	
所有者权益	实收资本/股本	企业收到的投资款项(有限责任公司是实收资本,股份有限公司是股本)	投入的资本账户
	资本公积	基础会计阶段,一般是指资本溢价(比如股票票面价格每股2元,但实际买卖价格每股7元,超出的5元就是资本溢价)	
	盈余公积	公司期末按照净利润的一定比例计提的,单独保管使用的部分	留存收益
	未分配利润	公司期末实现的净利润经过发放股利、计提盈余公积等后,完全留归企业使用的那部分净利润	
	本年利润	损益类科目期末全部结转到这个科目	
	利润分配	可以理解为"可供分配的利润",本年利润的借贷方要结转到该科目,涉及利润分配事项用到这个科目	
成本	生产成本	在生产过程中能够归结到具体产品中的发生的所有支出之和	
	制造费用	在生产过程中只能抽象归结到某些产品中发生的所有支出之和,一般题目中有车间字样	
损益类中的成本费用	主营业务成本	企业在销售商品时候,需要把库存商品转到本科目	
	其他业务成本	企业在销售其他商品的时候,需要把其他科目(比如原材料)转到本科目	
	管理费用	管理部门发生的费用	
	财务费用	短期借款的利息,财务部门发生的融资费用、汇兑差额等	
	销售费用	销售部门发生的费用,以及与销售有关的费用(广告费),题目中一般有销售字样	
	营业外支出	(1) 固定资产盘亏。它在财产清查盘点中,因实际固定资产实有数低于固定资产账面数而发生的固定资产净值损失 (2) 处理固定资产净损失。它指企业处置固定资产时所取得价款不足以抵补应支付的相关税费和该项固定资产的账面净值与所计提的减值准备相抵差额而发生的处理差额 (3) 出售无形资产净损失。它指企业出售无形资产时,所得价款不足以抵补应支付的相关税费及该项无形资产的账面余额与所计提的减值准备相抵后的差额所发生的损失 (4) 罚款支出。它指企业因违反法律或未履行经济合同、协议而支付的赔偿金、违约金、罚息、罚款支出、滞纳金等,以及因违法经营而发生的被没收财物损失	

(续表)

会计要素	会计科目	核算内容
损益类中的成本费用	营业外支出	(5) 捐赠支出。它是企业对外捐赠的各种财产的价值
		(6) 非常损失。它指自然灾害造成的各项资产净损失如地震等，还包括由此造成的停工损失和善后清理费用
		(7) 计提无形资产、固定资产和在建工程的减值准备
	所得税费用	本期计算交给国家的企业所得税
	税金及附加	本期应交的各种税费，包括消费税、城市维护建设税、教育费附加及房产税、土地使用税、车船使用税、印花税等相关税费
损益类中的收入成果	主营业务收入	为企业带来主要收入的产品或劳务，而且经常发生收入事项，一般与主营业务成本配套出现
	其他业务收入	为企业带来次要收入的产品或劳务，而且经常发生的收入事项，一般与其他业务成本配套出现
	营业外收入	企业发生的各种营业外收入，主要包括非流动资产处置利得、非货币性资产交换利得、债务重组利得、政府补助、盘盈利得、捐赠利得等

(二) 按其所提供信息的详细程度分类

各个会计科目并不是彼此孤立的，而是相互联系、相互补充的。其组成了一个完整的会计科目体系。通过这些会计科目，可以全面、系统、分类地反映和监督会计要素的增减变动情况及其结果，为经营管理提供所需要的一系列核算指标。在生产经营过程中，由于经济管理的要求不同，所需要的核算指标的详细程度也就不同。根据经济管理的要求，既需要设置提供总括核算指标的总账科目，又需要设置提供详细核算资料的二级明细科目和三级明细科目。

1. 总分类科目

总分类科目，也称总账科目即一级科目，是对会计要素的具体内容进行总括分类的会计科目，是进行总分类核算的依据。为了满足会计信息使用者对信息质量的要求，总账科目是由财政部《企业会计准则——应用指南》统一规定的。

2. 明细分类科目

明细分类会计科目简称明细科目，是在总账科目的基础上，对总账科目所反映的经济内容进行进一步详细的分类的，以提供更详细、更具体会计信息的科目。如在"原材料"科目下，按材料类别开设"原料及主要材料""辅助材料""燃料"等二级科目。明细科目的设置，除了要符合财政部统一规定外，一般根据经营管理需要，由企业自行设置。对于明细科目较多的科目，可以在总账科目和明细科目设置二级或多级科目。如在"原料及主要材料"下，再根据材料规格、型号等开设三级明细科目。

实际工作中，并不是所有的总账科目都需要开设二级和三级明细科目，根据会计信息使用者所需不同信息的详细程度，有些只需设一级总账科目，有些只需设一级总账科目和二级明细科目，不需要设置三级科目等。会计科目的级别如表4-3所示。

表4-3　"原材料"总账和明细账会计科目

总账科目 (一级科目)	明细科目	
	二级科目(子目)	三级科目(细目)
原材料	原料及主要材料	圆钢、角钢
	辅助材料	润滑剂、石炭酸
	燃料	汽油、原煤

【例4-1】会计科目运用举例。

(1) 从银行提取现金300元。

该项业务应设置"银行存款"和"库存现金"科目。

(2) 购买材料7 000元，货款尚未支付。

该项业务应设置"原材料"和"应付账款"科目。

(3) 某投资者投入设备一台，价值300 000元。

该项业务应设置"实收资本"和"固定资产"科目。

(4) 某企业销售产品一批，价值3 000元，货款尚未收到。

该项业务应设置"主营业务收入"和"应收账款"科目。

第二节　会计账户

小问题：

会计科目只是对会计要素进行具体分类的项目，提供会计核算所需要运用的内容，但如何反映某一类经济项目的变化情况及变化结果呢？如"银行存款"反映企业存放在金融机构的款项，涉及"银行存款"的业务很多，如提取现金、存款、支付货款等，经过这些频繁、复杂的经济业务后，如何反映银行存款在一定会计期间，增加多少？减少多少？期末结余多少？

一、会计账户的概念

会计科目只是对会计对象的具体内容(会计要素)进行分类的项目账户。为了能够分门别类地对各项经济业务的发生所引起会计要素的增减变动情况及其结果进行全面、连续、系统、准确的反映和监督,为经营管理提供需要的会计信息,必须设置一种方法或手段,来核算指标的具体数字资料。于是必须根据会计科目开设账户。

所谓会计账户,是指具有一定格式,用来分类、连续地记录经济业务,反映会计要素增减变动及其结果的一种核算工具。所以设置会计科目以后,还要根据规定的会计科目开设一系列反映不同经济内容的账户。每个账户都有一个科学而简明的名称,账户的名称就是会计科目。会计账户是根据会计科目设置的。设置账户是会计核算的一种专门的方法,运用账户,把各项经济业务的发生情况及由此引起的资产、负债、所有者权益、收入、费用和利润各要素的变化,系统地、分门别类地进行核算,以便提供所需要的各项指标。

会计账户是对会计要素的内容所做的科学的分类。会计科目与账户是两个既有区别,又有联系的不同概念。它们的共同点是:会计科目是设置会计账户的依据,是会计账户的名称,会计账户是会计科目的具体运用,会计科目所反映的经济内容,就是会计账户所要登记的内容。它们之间的区别在于:会计科目只是对会计要素具体内容的分类,本身没有结构;会计账户则有相应的结构,是一种核算方法,能具体反映资金运用状况。因此,会计账户比会计科目,内容更为丰富。

二、账户的结构和内容

账户是用来记录经济业务的,必须具有一定的结构和内容。作为会计核算的会计对象,是随着经济业务的发生在数量上进行增减变化,并相应产生变化结果。因此,用来分类记录经济业务的账户必须确定账户的基本结构:增加的数额记在哪里,减少的数额记在哪里,增减变动后的结果记在哪里。

采用不同记账方法,账户的结构是不同的,即使采用同一记账方法,不同性质的账户结构也是不同的。但是,不管采用何种记账方法,也不论是何种性质的账户,其基本结构总是相同的。具体归纳如下。

(一) 账户一般可以划分为左右两方

每一方再根据实际需要分成若干栏次,用来分类登记经济业务及其会计要素的增加与减少,以及增减变动的结果。

账户的格式设计一般应包括以下内容(见表4-4):
(1) 账户的名称,即会计科目;
(2) 日期和摘要,即经济业务发生的时间和内容;
(3) 凭证号数,即账户记录的来源和依据;
(4) 增加和减少的金额;
(5) 余额。

表4-4　会计科目(账户名称)

日期	凭证号数	摘要	增加金额	减少金额	余额

(二) 账户的左右两方是按相反方向来记录增加额和减少额

也就是说，如果规定在左方记录增加额，就应该在右方记录减少额；反之，如果在右方记录增加额，就应该在左方记录减少额。在具体账户的左、右两个方向中究竟哪一方记录增加额，哪一方记录减少额，取决于账户所记录的经济内容和账户的性质，而余额一般与该账户的增减额方向相同。

(三) 账户所记录金额的关系

账户一般有4个金额：期初余额、本期增加额、本期减少额及期末余额。"期"指会计报告期。一般的会计报告期分为月、季、年。本期增加额和本期减少额又称为本期增加发生额和本期减少发生额。而期初余额与期末余额是为了反映每一个账户一定期间的成果，期初余额指本期原来的数据，在此基础上经过把本期增加额与减少额加以比较，其比较结果构成期末余额。如果将本期期末余额转入下一期，就是下一期的期初余额。这4项金额的关系可以用公式来表示。

$$本期期末余额=期初余额+本期增加额-本期减少额。$$

【例4-2】企业库存现金账户的期初余额为5 000元，本期增加发生额为3 000元，期末余额为2 000元，则本期减少发生额为(　　)元。

根据"本期期末余额=期初余额+本期增加额-本期减少额"可以得出，本期减少额=期初余额+本期增加额-期末余额=5 000+3 000-2 000=6 000（元）

为了教学方便，在教学中我们经常采用简化格式丁字账来说明账户结构。丁字账的格式见图4-1。

左方	账户名称(会计科目)	右方

图4-1　丁字账结构图

注：上表如属费用、成本账户或收入、利润账户，在通常情况下，期末没有余额。

账户的基本结构应正确反映各项会计要素的变动,从数量上看不外乎增加和减少两种情况。因此,其简略的结构分为左方、右方两个方向,一方登记增加,另一方登记减少,基本结构形成如上的"T"字形,也称为"丁字账"。

三、账户的分类

由于账户是根据会计科目而开设的,企业有什么样的会计科目,就相应有什么样的账户。会计科目按其提供信息的详细程度不同可分为总分类科目和明细科目,相应的账户也分为总分类账户和明细分类账户,以分别提供总括核算资料和明细核算资料。

(一) 总分类账户和明细分类账户

设置会计账户是会计核算的一种专门方法。会计账户的开设应与会计科目的设置相适应,会计科目按提供核算资料的详细程度分为总账科目、二级明细科目和三级明细科目,会计账户也相应地分为总分类账(一级账户)和明细分类账(二级、三级账户)。通过总分类账户对经济业务进行的核算称为总分类核算。总分类核算只能用货币度量。通过明细分类账户对经济业务进行的核算称为明细分类核算。明细分类核算除了能用货币度量外,有些账户还要用实物度量。总分类账户统驭明细分类账户;明细分类账户则对总分类账户起着进一步补充说明的作用。如表 4-5 所示为总分类账与明细分类账户。

表4-5 "原材料"总分类账户和明细分类账户

总账分类账户	明细分类账户	
(一级账户)	二级明细分类账户	三级明细分类账户
原材料	原料及主要材料	圆钢、角钢
	辅助材料	润滑剂、石炭酸
	燃料	汽油、原煤

(二) 总分类账户与明细分类账户的关系

总分类账户与明细分类账户既有联系又有区别。

总分类账户与明细分类账户的联系主要表现在以下几个方面。

1. 二者所反映的经济业务内容相同

如"应付账款"总分类账户与其所属的按债权人名称设置的明细分类账户都是用来反映债务结算情况的。

2. 二者登记账户的原始依据相同

登记总分类账户与所属的明细分类账户所依据的原始凭证是相同的。

总分类账户与明细分类账户的区别主要表现在以下两个方面。

(1) 二者反映经济业务的详细程度不同。总分类账户反映资金变化的总括情况，提供的是总括核算指标。明细分类账户反映资金变化的详细情况，提供的是某一方面的具体指标，明细分类账户除提供货币指标外，还可以提供实物数量和劳动量等指标。

(2) 二者所起的作用不同。总分类账户对所属明细分类账户起着统驭和控制作用，明细分类账户对总分类账户起着从属和辅助作用。

3. 总分类账户与明细分类账户的平行登记

总分类账户和明细分类账户的平行登记，是指对于发生的每一项经济业务，依据原始凭证和记账凭证分别在总分类账户和其所属的明细分类账户进行登记的方法。总分类账户和明细分类账户的平行登记方法可以归纳为以下几点。

(1) 期间相同。就是对于每项经济业务，既要记入有关总分类账户，又要记入其所属的明细分类账户。

(2) 依据相同。就是对于每项经济业务，记入总分类账户和记入所属明细分类账户的原始依据相同。

(3) 方向相同。就是对于同一项经济业务，记入总分类账户和记入所属明细分类账户的方向相同。若总分类账户记借方，则所属明细分类账户也记借方；若总分类账户记贷方，则所属明细分类账户也记贷方。

(4) 金额相等。就是对于同一项经济业务，记入总分类账户的金额与记入所属明细分类账户的金额之和相等。

平行登记的结果应存在以下等式关系。

(1) 总分类账户期初余额等于所属明细分类账户期初余额之和。

(2) 总分类账户本期借(或贷)方发生额等于所属明细分类账户本期借(或贷)方发生额之和。

(3) 总分类账户期末余额等于所属明细分类账户期末余额之和。教学过程中，可通过开设总分类账户及所属明细分类账户的丁字账进行总分类账户与明细分类账户的平行登记。

四、账户与会计科目的关系

在日常实践中，人们往往对会计科目和账户不加以严格区分，互相通用。实际上，会计科目和账户是两个不同的概念，二者既有联系，又有区别。

联系主要体现在以下几个方面。

(1) 会计科目是账户的名称，也是设置账户的依据。

(2) 账户是根据会计科目设置的。

(3) 两者反映的经济内容相同，性质相同。没有会计科目，账户便失去了设置的依据，没有账户，就无法发挥会计科目的作用。

区别主要体现在以下几个方面。

(1) 会计科目仅仅是账户的名称,没有结构;账户有一定的结构和格式,可用来连续、系统、全面地记录和反映经济活动的增减变动情况及其余额。

(2) 会计科目是由国家财政部统一规定的;账户是由企事业单位根据自身经营管理的需要而开设的。

五、账户运用举例

【例4-3】从银行提取现金300元。

【例4-4】购买材料7 000元,货款尚未支付。

【例4-5】某投资者投入设备一台,价值300 000元。

【例4-6】某企业销售产品一批,价值3 000元,货款尚未收到。

第三节 复式记账法

一、复式记账法概述

小问题：

为了详细核算和监督会计对象，揭示会计对象之间的本质联系，已经设置会计科目，并根据会计科目开设账户，以便连续、系统地反映特定会计主体的经济结果及其活动。但账户仅仅是记录经济业务的工具，要想把经济业务所引起的会计要素增减变化登记在账簿中，以取得经营所需资料，要怎样记录？

（一）记账方法

记账方法，就是账簿登记经济业务的方法，即根据一定的记账原则、记账符号、记账规则，采用一定的计量单位，利用文字和数字把经济业务记到账簿中的一种专门方法。会计在计量和记录各类经济业务时，必须运用一定的记账原理来设计科学合理的记账方法。从会计发展史来看，人类进入文明社会后，其记账原理的发展经过了两个阶段，即单式簿记阶段和复式簿记阶段。记账方法按记录方式不同，可分为单式记账法和复式记账法。

所谓单式记账法，是指对每项经济业务一般只在一个账户中进行单方登记的一种记账方法。记录的内容着重于记录现金、银行存款的收付和人欠、欠人等债权债务情况。例如，用银行存款6 000元购买材料，只登记银行存款的减少，不记录材料的增加。单式记账法虽然记账手续简单，但是账户设置不完整，记录经济业务不全面，账户之间不存在平衡关系，因而不便于检查账簿记录的正确性。单式记账法是一种不严密、不科学、不能全面描述经济业务的记账方法，无法适应现代企业的会计核算。

（二）复式记账法及原理

从15世纪开始，人类进入了复式簿记阶段。复式记账原理是会计要全面反映企业的经济业务，不仅要反映每一项经济业务，还要反映每一项经济业务的所有方面。由于经济业务涉及会计要素内在的等量关系，要求运用两个或两个以上的账户双重平衡地反映所有的经济业务，这就是所谓的复式记账原理。

1. 复试记账法的含义

复式记账法是指对每一项经济业务，都以相等的金额，同时在两个或两个以上相互联系的账户中进行登记的一种记账方法。

如"以银行存款1 000元购买原材料"，这笔业务在记账时，不仅记"银行存款"减少1 000元，同时还要记"原材料"增加1 000元。所以，在复式记账法下，有科学的账户体系，通过对应账户的双重等额记录，能反映经济活动的来龙去脉，并能运用账户体系的平衡关系来检查全部会计记录的正确性。所以，复式记账法作为科学的记账方法一直被广泛地运用。目前，我国的企业和行政、事业单位所采用的记账方法，都属于复式记账法。

2. 复式记账的意义

复式记账是一种科学的记账方法。它从资金运动的总体出发，全面反映经济业务引起的资金变化。它能反映账户间的对应关系和平衡关系。通过对应关系，可以反映资金的来路、去向；通过平衡关系，可以检查账务处理有无差错。

3. 复式记账法的理论依据

资金运动的内在规律性，即各种业务的发生，起码会引起两个会计要素(或同一要素中的两个项目)发生增减变化。运用会计方法把两个或两个以上的变动记录下来，即复式记账。

4. 复式记账的种类

根据复式记账原理可以设计出不同的记账方法。

(1) 借贷记账法：以"借"和"贷"为记账符号，以"有借必有贷，借贷必相等"为记账规则的一种复式记账方法。

(2) 收付记账法：以"收"、"付"为记账符号的复式记账方法。

(3) 增减记账法：以"增"、"减"为记账符号的复式记账方法。

其中，借贷记账法是世界各国普遍采用的一种记账方法，在我国也是应用最广泛的一种记账方法，我国颁布的《企业会计准则》明文规定中国境内的所有企业都应该采用借贷记账法记账。采用借贷记账法在相关账户中记录各项经济业务，可以清晰地反映经济业务的来龙去脉，同时也便于检查账户记录的正确性。

5. 复式记账的作用

(1) 能够全面、系统地在账户中记录经济业务，提供有用的会计信息。

(2) 能够清晰地反映资金运动的来龙去脉，便于对业务内容的了解和监督。

(3) 能够运用平衡关系检验账户记录有无差错。

二、借贷记账法

借贷记账法是以"借"、"贷"二字作为记账符号，记录会计要素增减变动情况的一种复式记账法。

(一) 借贷记账法的产生与发展

借贷记账法起源于13世纪，起源地是现今意大利北方的3个港口城市，即威尼斯、热那亚和佛罗伦萨。十字军东征后,随着地中海航路的开辟,上述 3 个城市逐渐成为东西方贸易的中转站,这里的商业、手工业、金融业都较为发达。当时作为支付手段的货币为金属货币,结算手段也较为落后,商人外出交易需携带大量的金属货币,既不方便又不安全。为了交易的便利,也为了保护货币资金的安全,在这 3 个城市逐步出现了一些从事放贷和金钱保管业务的金融家。他们在借出金钱时,用"Debent nobis pro…"表示;在接受委托保管金钱时,用"Recepimus in…"表示,这是借贷记账法的最初形态。

在借贷记账法的传播中,其逐渐演变为"Debtor"(借主,表示人欠,即债权的增加)和"Creditor"(贷主,表示欠人,即债务的增加)。再后来,随着社会经济的发展,经济活动内容的日益复杂,记录的经济业务不再局限于货币的借贷和保管业务,逐渐扩展到其他财产物资、经营损益等内容。为求得账簿记录的统一,对于非货币资金业务也采用这种记账方法。随着商品经济的发展,借、贷二字逐渐失去了原来的意义,约定俗成为具有特殊经济含义的复式记账方法。借贷记账法逐步在欧美国家传播,20 世纪初传入中国。

(二) 借贷记账法的内容

1. 记账符号

(1) 记账符号:借贷记账法为"借"、"贷"二字。

(2) 主要作用:表示"增加"或"减少";反映账户的登记方向。

(3) 符号含义:表示增减,但对于六类性质不同的账户具有不同的含义。借、贷二字并不固定地表示增加或减少,只有针对某一特定的会计要素而言才具有明确的含义。

2. 理论基础

借贷记账法的对象是会计要素的增减变动过程及其结果。这个过程及结果可用公式表示:资产=负债+所有者权益。这一恒等式揭示了 3 个方面的内容。

第一,会计主体各要素之间的数字平衡关系。有一定数量的资产,就必然有相应数量的权益(负债和所有者权益)与之相对应,任何经济业务所引起的要素增减变动,都不会影响这个等式的平衡。如果把等式的"左""右"两方,用"借""贷"两方来表示的话,就是说每一次记账的借方和贷方是平衡的;一定时期账户的借方、贷方的金额是平衡的;所有账户的借方、贷方余额的合计数是平衡的。

第二,各会计要素增减变化的相互联系。从前文可以看出,任何经济业务(四类经济业务)都会引起两个或两个以上相关会计项目发生金额变动,因此当经济业务发生后,在一个账户中记录的同时必然要有另一个或两个以上账户的记录与之对应。

第三,等式有关因素之间是对立统一的。资产在等式的左边,当想移到等式右边时,就要以"-"表示,负债和所有者权益也同样处理。也就是说,当我们用左方(借方)表示资产类项目增加时,就要用右方(贷方)来记录资产类项目减少。与之相反,当我们用右方(贷方)记录负债和所有者权益增加额时,我们就需要通过左方(借方)来记录负债和所有者权益的减少额。

这3个方面的内容贯穿了借贷记账法的始终。会计等式对记账方法的要求决定了借贷记账法的账户结构、记账规则、试算平衡的基本理论,因此说会计恒等式是借贷记账法的理论基础。

3. 记账符号和账户结构

1) 记账符号

"借"和"贷"是借贷记账法的标志。这是一对记账符号。这对记账符号,要同借贷记账法的账户结构统一起来应用,才能真正反映出它们分别代表的会计对象要素增减变动的内容。

2) 账户结构

在借贷记账法中,账户的基本结构是:左方为借方,右方为贷方。但哪一方登记增加,哪一方登记减少,则取决于账户的性质。

如前所述,会计科目分为5大类,分别是资产类、负债类、所有者权益类、成本类和损益类,而损益类账户按其核算内容又具体分为收入成果和成本费用两部分。这样整个会计科目体系就共有6部分。

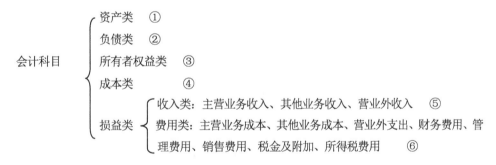

会计科目是账户的名称,因此账户应相应地分为6部分,这些账户的结构是这样规定的。

(1) 资产类、成本类、损益类中的费用账户的结构。借贷记账法下,资产的增加、成本的增加、损益类账户中成本费用的增加,均记录在借方;资产的减少、成本的减少、损益类账户中成本费用的减少均记录在贷方。资产类、成本类账户期末一般都有余额,余额的方向与记录增加的方向一致,所有期末余额一般在借方。损益类账户期末一般没有余额。具体账户的结构如图4-2所示。

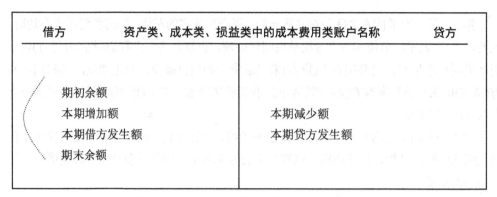

图 4-2 资产类、成本类、损益类中的费用账户的结构

该账户的发生额和余额之间的关系表示为

账户期末余额=借方期初余额+本期借方发生额-本期贷方减少额

(2) 负债类、所有者权益类、损益类中的收入账户的结构。由于负债及所有者权益，与资产分别处于等式的两边，为了保持会计恒等式的平衡，等式右边贷方记录负债、所有者权益和收入的增加，反之其减少一律登记在借方。其形式如图 4-3 所示。

借方	负债类、所有者权益类、损益类中的收入账户名称	贷方
本期减少额 本期借方发生额		期初余额 本期增加额 本期贷方发生额 期末余额

图 4-3 负债类、所有者权益类、损益类中的收入账户的结构

该账户的发生额和余额之间的关系表示为

账户期末余额=贷方期初余额+本期贷方发生额-本期借方减少额

会计科目根据其性质和结构不同，借贷方表示的增减不一致，资产与负债和所有者权益的方向相反。资产和负债与所有者权益在等式的两方，所以如果资产是借方增加贷方减少，那么负债和所有者权益一定是贷方增加借方减少，这样才能保证复式记账的借贷平衡。相应地，成本类账户最终也能变成资产，因此与资产的方向一致。损益类账户分为收入和费用两类，由于收入最终要使所有者权益增加，所以说与所有者权益账户方向一致，而费用会使所有者权益减少，因此与所有者权益类账户方向相反。

综上所述,"借""贷"二字作为记账符号所表示的经济含义是不一样的。具体情况如图4-4所示。

借	账户名称	贷
借		贷
资产增加		资产减少
负债及所有者权益减少		负债及所有者权益增加
费用成本增加		费用成本转出
收入类转出		收入类增加
资产的期末余额		负债的期末余额
		所有者权益的期末余额

图4-4 借贷记账法下账户的结构

4. 记账规则

记账规则是进行会计记录和检查账簿登记是否正确的依据和规律。不同的记账方法,具有不同的记账规则。借贷记账法的记账规则可以用一句话概括:"有借必有贷,借贷必相等"。这一记账规则要求对每项经济业务都要以相等的金额、相反的方向,登记到两个或两个以上的账户中去。

三、借贷记账法的运用

(一) 运用方法

我们在实际运用借贷记账法的记账规则登记经济业务时,一般要按3个步骤进行。

首先,根据发生的经济业务设置相应的会计科目和账户并判断其是增加还是减少。

其次,根据上述分析,确定它所涉及的账户的性质。判断该账户是资产要素的变化,还是负债或所有者权益、成本类或是损益类账户的变化;哪些要素增加,哪些要素减少。

最后,确定该账户的记账方向及金额。即应记录的方向是借方还是贷方:凡是涉及资产及费用成本的增加,负债及所有者权益的减少,收入的减少转出,都应记入该账户的借方;凡是涉及资产及费用成本的减少,负债及所有者权益的增加,收入的增加,都应记入该账户的贷方。

(二) 运用示例

【例4-7】中信公司2015年12月31日资产、负债及所有者权益各账户的期末余额如表4-6所示。(金额单位:万元)

表 4-6 资产、负债及所有者权益各账户的期末余额

资产类账户	金额	负债及所有者权益类账户	金额
库存现金	1 000	短期借款	150 000
银行存款	49 000	应付账款	100 000
应收账款	80 000	应付职工薪酬	30 000
原材料	220 000	应付利润	40 000
固定资产	230 000	实收资本	180 000
		资本公积	80 000
总计	580 000	总计	580 000

从上表中，我们可以看到：资产 580 000=负债 320 000+所有者权益 260 000。

中信公司 2016 年 1 月份，发生以下业务。

【例 4-8】中信公司 2016 年 1 月投资者继续投入货币资金 200 000 元，手续已办妥，款项已转入本公司的存款户头。

该项业务的发生说明，中信公司在拥有 260 000 元资本金的前提下，继续扩大规模，投入货币资金 200 000 元。这样对于中信公司来讲，一方面使公司"银行存款"增加，另一方面公司"实收资本"的规模也扩大。经进一步分析，"银行存款"属于资产类账户，"实收资本"属于所有者权益类账户。根据借贷记账法下账户的结构，资产的增加通过账户的借方反映，所有者权益的增加通过账户的贷方反映。最后确定，借记"银行存款"200 000 元，贷记"实收资本"200 000 元。该业务属于会计等式两边资产与所有者权益同时等额增加的业务。具体情况如图 4-5 所示。

借	银行存款	贷	借	实收资本	贷
(1) 200 000				(1) 200 000	

图 4-5 "银行存款"与"实收资本"账户关系

【例 4-9】中信公司向新乐公司购买所需原材料，但由于资金周转紧张，购料款 70 000 元尚未支付。

该项业务的发生说明由于购料款未付，一方面使公司"原材料"增加，另一方面使公司欠款"应付账款"增加。经分析，"原材料"属于资产类账户，"应付账款"属于负债类账户。根据借贷记账法下的账户结构，资产的增加通过账户的借方反映，负债的

增加通过账户的贷方反映。最后确定,借记原材料 70 000 元,贷记应付账款 70 000 元。该业务属于会计等式两边资产与负债同时等额增加的业务。具体情况如图 4-6 所示。

图 4-6 "原材料"与"应付账款"账户关系

【例 4-10】中信公司通过银行转账支付给银行将于本月到期的银行借款 80 000 元。

该项业务说明,由于归还以前的银行贷款,一方面使公司属于资产项目的银行存款减少 80 000 元,另一方面使负债项目的短期借款减少 80 000 元。银行存款属于资产类账户,短期借款属于负债类账户。根据借贷记账法下的账户结构,资产的减少,通过账户的贷方反映,负债的减少,通过账户的借方反映。最后确定,借记短期借款 80 000 元,贷记银行存款 80 000 元。该业务属于等式两边的资产与负债同时等额减少业务。具体情况如图 4-7 所示。

图 4-7 "短期借款"与"银行存款"账户关系

【例 4-11】上级主管部门按法定程序将一台价值 100 000 元的设备调出,以抽回国家对中信公司的投资。

该项业务的发生说明,由于国家调出设备,抽回投资,一方面使公司固定资产减少 100 000 元,另一方面使所有者权益项目的实收资本减少 100 000 元。固定资产属于公司的资产账户,实收资本属于所有者权益账户。根据借贷记账法下的账户结构,资产的减少,通过账户的贷方反映,所有者权益的减少,通过账户的借方反映。最后确定,借记实收资本 100 000 元,贷记固定资产 100 000 元。该业务属于导致等式两边的资产与所有者权益同时等额减少业务。具体情况如图 4-8 所示。

图 4-8 "实收资本"与"固定资产"账户关系

【例 4-12】 中信公司开出转账支票 40 000 元,购买一台电子仪器。

该项业务的发生说明,由于购买仪器已付款,一方面使公司新的电子仪器固定资产增加 40 000 元,另一方面使银行存款减少 40 000 元。固定资产和银行存款都属于公司的资产账户。根据借贷记账法下的账户结构,资产的增加通过账户的借方反映,资产的减少通过账户的贷方反映。最后确定,借记固定资产 40 000 元,贷记银行存款 40 000 元。该业务属于等式左边的资产内一增一减业务。具体情况如图 4-9 所示。

图 4-9 "银行存款"与"固定资产"账户关系

【例 4-13】 中信公司开出一张面值为 50 000 元的商业汇票,以抵偿原欠新乐公司的材料款。

该项经济业务说明,由于商业汇票抵偿原欠货款,一方面使公司的应付票据增加了 50 000 元的金额,另一方面属于企业的债务应付账款减少 50 000 元。应付票据和应付账款都属于公司的负债账户。根据借贷记账法下的账户结构,负债的增加通过账户的贷方反映,负债的减少通过账户的借方反映。最后确定,借记应付账款 50 000 元,贷记应付票据 50 000 元。该业务属于等式右边的负债内一增一减业务。具体情况如图 4-10 所示。

借	应付账款	贷	借	应付票据	贷
(6) 50 000					(6) 50 000

图 4-10 "应付账款"与"应付票据"账户关系

【例 4-14】 中信公司按法定程序将资本公积 60 000 元转增资本金。

该业务的发生说明,由于将资本公积 60 000 元转增资本金,一方面使公司的实收资本增加 60 000 元,另一方面使资本公积减少 60 000。资本公积和实收资本都属于所有者权益类账户。根据借贷记账法下的账户结构,所有者权益的增加通过账户的贷方反映,所有者权益的减少通过账户的借方反映。最后确定,借记资本公积 60 000 元,贷记实收资本 60 000 元。该业务属于等式右边的所有者权益内一增一减业务。具体情况如图 4-11 所示。

借	资本公积	贷	借	实收资本	贷
					(7) 60 000
(7) 60 000					

图 4-11 "实收资本"与"资本公积"账户关系

【例 4-15】中信公司按法定程序将应支付给投资者的利润 20 000 元转增资本金。

该业务的发生说明,由于将应付利润转增资本金,一方面使公司实收资本增加 20 000 元,另一方面使应付利润减少 20 000 元。实收资本属于所有者权益类账户,应付利润属于负债类账户。根据借贷记账法下的账户结构,所有者权益的增加通过账户的贷方反映,负债的减少通过账户的借方反映。最后确定,借记应付利润 20 000 元,贷记实收资本 20 000 元。该业务属于等式右边的所有者权益增加与债权人权益等额减少的业务。具体情况如图 4-12 所示。

借	应付利润	贷	借	实收资本	贷
(8) 20 000					(8) 20 000

图 4-12 "应付利润"与"实收资本"账户关系

【例 4-16】中信公司已承诺代甲公司偿还甲公司前欠乙公司的货款 90 000 元,但款项尚未支付。与此同时,办妥相关手续,冲减甲公司在中信公司的投资。

该业务的发生说明一方面由于中信公司已承诺但未支付一笔欠款,使公司的应付账款增加 90 000 元,另一方面由于代替甲公司支付欠款,同时减少甲公司在本公司的投资,使公司的实收资本减少 90 000 元。实收资本属于所有者权益类账户,应付账款属于负债类账户。根据借贷记账法下的账户结构,负债的增加通过账户的贷方反映,所有者权益的减少通过账户的借方反映。最后确定,借记实收资本 90 000 元,贷记应付账款 90 000 元。该项经济业务的发生是会计等式右边的负债及所有者权益类项目之间一增一减的业务。具体情况如图 4-13 所示。

图4-13 "应付账款"与"实收资本"账户关系

以上举例,已经概括了企业的所有业务类型,而无论哪种类型的经济业务,都是以相等的金额同时记入有关账户的借方和另一账户的贷方。这样就可以归纳出借贷记账法的记账规则为"有借必有贷,借贷必相等"。

借贷记账法的账户结构要求对发生的任何经济事项,都要按借贷相反的方向进行记录,如果在一个账户中记借方,必然在另一账户中记贷方,即有借必有贷。复式记账要求对发生的任何经济事项,都要等额地在相关账户中进行登记,如果采用"借"和"贷"作为记账符号,借贷的金额一定是相等的。因此,借贷记账法的记账规则是有一定的理论依据的。

(三) 借贷记账法下的会计分录

1. 账户的对应关系和对应账户

从以上举例可以看出,在运用借贷记账法进行核算时,在有关账户之间存在着应借、应贷的相互关系,账户之间的这种相互关系称为账户的对应关系。存在对应关系的账户称为对应账户。例如,用现金50 000元购买原材料,就要在"原材料"账户的借方和"库存现金"账户的贷方进行记录。这样"原材料"与"库存现金"账户就发生了对应关系,两个账户也就成了对应账户。掌握账户的对应关系很重要,通过账户的对应关系可以了解经济业务的内容,检查对经济业务的处理是否合理合法。

2. 会计分录

会计分录是表明某项经济业务应借、应贷方向,科目名称和金额的记录。

会计分录有两种:简单会计分录和复合会计分录。

简单会计分录是只设一个账户借方和一个账户贷方的会计分录,即一借一贷的会计分录。以上列举的9笔会计分录都是简单会计分录。将以上的例子用会计分录表示具体如下:

(1) 借:银行存款　　　200 000
　　　贷:实收资本　　　200 000
(2) 借:原材料　　　　 70 000
　　　贷:应付账款　　　 70 000

(3) 借：短期借款　　80 000
　　　贷：银行存款　　　80 000
(4) 借：实收资本　　100 000
　　　贷：固定资产　　　100 000
(5) 借：固定资产　　40 000
　　　贷：银行存款　　　40 000
(6) 借：应付账款　　50 000
　　　贷：应付票据　　　50 000
(7) 借：资本公积　　60 000
　　　贷：实收资本　　　60 000
(8) 借：应付利润　　20 000
　　　贷：实收资本　　　20 000
(9) 借：实收资本　　90 000
　　　贷：应付账款　　　90 000

复合会计分录是指由两个以上(不含两个)对应账户组成的会计分录,即一借多贷或一贷多借的会计分录。在实际工作中,不允许将多项经济业务合并编制为复合会计分录,但若是一项经济业务可编制复合会计分录。对复合会计分录举例如下。

【例 4-17】 某公司购买原材料一批,价值 98 000 元,其中银行存款支付 48 000 元,其余款项尚未支付。

该项业务涉及资产类账户的"原材料"账户、"银行存款"账户和负债类账户的"应付账款"账户,编制复合会计分录如下。

借：原材料　　　　98 000
　　贷：银行存款　　48 000
　　　　应付账款　　50 000

3. 过账

各项经济业务编制会计分录以后,即登记到有关账户里,这个记账步骤通常称为"过账"。过账以后,一般要在月末进行结账,即结算出各账户的本期发生额合计和期末余额,现将中信公司发生以上经济业务的会计分录记入下列各账户,如图 4-14、图 4-15、图 4-16、图 4-17、图 4-18 和图 4-19 所示。

借	库存现金	贷	借	应付职工薪酬	贷
期初余额 1 000					期初余额 30 000
本期发生额—	本期发生额—		本期发生额—		本期发生额—
期末余额 1 000					期末余额 30 000

图 4-14　"库存现金"和"应付职工薪酬"账户登账过程

借	银行存款	贷	借	应付账款	贷
期初余额 49 000				期初余额 100 000	
(1) 200 000	(3) 80 000		(6) 50 000	(2) 70 000	
	(5) 40 000			(9) 90 000	
本期发生额:	本期发生额:		本期发生额:	本期发生额:	
200 000	120 000		50 000	160 000	
期末余额 129 000				期末余额 210 000	

图 4-15 "银行存款"和"应付账款"账户登账过程

借	原材料	贷	借	短期借款	贷
期初余额 22 000				期初余额 150 000	
(2) 70 000				(3) 80 000	
本期发生额:	本期发生额:		本期发生额:	本期发生额:	
70 000	—		—	80 000	
期末余额 92 000				期末余额 70 000	

图 4-16 "原材料"和"短期借款"账户登账过程

借	固定资产	贷	借	应付票据	贷
期初余额 230 000				期初余额 0	
(5) 40 000	(4) 100 000			(6) 50 000	
本期发生额:	本期发生额:		本期发生额:	本期发生额:	
40 000	100 000		—	50 000	
期末余额 170 000				期末余额 50 000	

图 4-17 "固定资产"和"应付票据"账户登账过程

借	应付利润	贷	借	资本公积	贷
	期初余额 40 000			期初余额 80 000	
(8) 20 000				(7) 60 000	
本期发生额:	本期发生额:		本期发生额:	本期发生额:	
20 000	—		—	60 000	
	期末余额 20 000			期末余额 20 000	

图 4-18 "应付利润"和"资本公积"账户登账过程

借	应收账款	贷	借	实收资本	贷
期初余额 80 000					期初余额 180 000
本期发生额：—	本期发生额：—		(4) 100 000 (9) 90 000		(1) 200 000 (7) 60 000 (8) 20 000
期末余额 80 000			本期发生额： 190 000		本期发生额： 280 000 期末余额 270 000

图 4-19 "应收账款"和"实收资本"账户登账过程

四、试算平衡

企业对日常发生的经济业务都要记入有关账户，内容庞杂，次数繁多，记账稍有疏忽，便有可能发生差错。因此，对全部账户的记录必须定期进行试算，借以验证账户记录是否正确。所谓试算平衡是指根据会计恒等式"资产=负债+所有者权益"以及借贷记账法的记账规则，通过汇总、检查和验算确定所有账户记录是否正确的过程。它包括发生额试算平衡和余额试算平衡。

(一) 发生额试算平衡

发生额平衡包括两方面的内容：一是每笔会计分录的发生额平衡，即每笔会计分录的借方发生额必须等于贷方发生额，这是由借贷记账法的记账规则决定的；二是本期发生额的平衡，即本期所有账户的借方发生额合计必须等于所有账户的贷方发生额合计。因为本期所有账户的借方发生额合计，相当于把复式记账的借方发生额相加；所有账户的贷方发生额合计，相当于把复式记账的贷方发生额相加，二者必然相等。这种平衡关系用公式表示为

第一笔会计分录的借方发生额=第一笔会计分录的贷方发生额
$\vdots$ $\vdots$
第 n 笔会计分录的借方发生额=第 n 笔会计分录的借方发生额
Σ 所有业务借方发生额=Σ 所有业务贷方发生额

即，本期全部账户借方发生额合计=本期全部账户贷方发生额合计

发生额试算平衡是根据上面的发生额平衡关系，来检验本期发生额记录是否正确的方法。在实际工作中，本项工作是通过编制发生额试算平衡表进行的，如表 4-7 所示。

表4-7 发生额试算平衡表　　　　　　　　　　　　　　单位：元

会计科目	本期发生额	
	借方	贷方
库存现金		
银行存款	200 000	120 000
应收账款		
原材料	70 000	
固定资产	40 000	100 000
短期借款	80 000	
应付票据		50 000
应付账款	50 000	160 000
应付职工薪酬		
应付利润	20 000	
实收资本	190 000	280 000
资本公积	60 000	
合计	710 000	710 000

(二) 余额试算平衡

余额平衡是指所有账户的借方余额之和与所有账户的贷方余额之和相等。余额试算平衡就是根据此恒等关系，来检验本期记录是否正确的方法。这是由"资产=负债+所有者权益"的恒等关系决定的。在某一时点上，有借方余额的账户应是资产类账户，有贷方余额的账户应是权益类账户，分别合计其金额，看是否相等。

根据余额的时间不同，可分为期初余额平衡和期末余额平衡。本期的期末余额平衡，结转到下一期，就成为下一期的期初余额平衡。这种关系也可用下列公式表示。

资产=负债+所有者权益

⇒ 本期期末资产借方余额=本期期末负债贷方余额+本期期末所有者权益贷方余额

⇒ 本期期末全部账户的借方余额合计=本期期末全部账户的贷方余额合计

在实际工作中，本项工作是通过编制余额试算平衡表进行的，如表4-8所示。

表 4-8　余额试算平衡表　　　　　　　　　　　　　　　　　　　单位：元

会计科目	期末余额	
	借方	贷方
库存现金	1 000	
银行存款	129 000	
应收账款	80 000	
原材料	290 000	
固定资产	170 000	
短期借款		70 000
应付票据		50 000
应付账款		210 000
应付职工薪酬		30 000
应付利润		20 000
实收资本		270 000
资本公积		20 000
合计	670 000	670 000

在实际工作中也可将发生额及余额试算平衡表合并编表，如表 4-9 所示。

表 4-9　发生额及余额试算平衡表　　　　　　　　　　　　　　　　单位：元

会计科目	期初余额		本期发生额		期末余额	
	借方	贷方	借方	贷方	借方	贷方
库存现金	1 000				1 000	
银行存款	49 000		200 000	120 000	129 000	
应收账款	80 000				80 000	
原材料	220 000		70 000		290 000	
固定资产	230 000		40 000	100 000	170 000	
短期借款		150 000	80 000			70 000
应付票据				50 000		50 000
应付账款		100 000	50 000	160 000		210 000
应付职工薪酬		30 000				30 000
应付利润		40 000	20 000			20 000
实收资本		180 000	190 000	280 000		270 000
资本公积		80 000	60 000			20 000
合计	580 000	580 000	710 000	710 000	670 000	670 000

应该看到，试算平衡表只是通过借贷金额是否平衡来检查账户记录是否正确，而有些错误对于借贷双方的平衡并不发生影响。因此，在编制试算平衡表时要对以下问题引起注意。

(1) 必须保证所有账户的余额均已记入试算平衡表。因为会计等式是对 6 项会计要素整体而言的，缺少任何一个账户的余额，都会造成期初或期末借方与贷方余额合计不相等。

(2) 如果借贷不平衡，肯定账户记录有错误，应认真查找，直到实现平衡为止。

(3) 如果借贷平衡，并不能说明账户记录绝对正确，因为有些错误对于借贷双方的平衡并不发生影响。例如：①某项经济业务，将使本期借贷双方的发生额减少，借贷仍然平衡；②重记某项经济业务，将使本期借贷双方的发生额发生等额虚增，借贷仍然平衡；③某项经济业务记错有关账户，借贷仍然平衡；④某项经济业务颠倒了记账方向，借贷仍然平衡；⑤借方或贷方发生额中，偶然一多一少并相互抵消，借贷仍然平衡。

本 章 小 结

会计科目是指对会计要素的具体内容进行分类的项目。设置会计科目必须遵循合法性、相关性、统一性、灵活性、稳定性等原则。

会计科目按经济内容可分为：资产、负债、所有者权益、成本、损益五大类。按其提供信息的详细程度可分为：总分类科目和明细分类科目。

会计账户是按会计科目设置并具有一定的格式，用来分类记录经济业务、反映会计要素增减变动情况及其结果的记账实体。账户按经济内容可分为：资产类、负债类、所有者权益类、成本类、损益类。

借贷记账法是以"借"、"贷"作为记账符号，"有借必有贷，借贷必相等"作为记账规则的一种复式记账的方法。

复习思考题

1. 会计科目和账户分别指什么？两者有什么关系？
2. 什么是复式记账？其记账的理论依据是什么？
3. 如何理解"有借必有贷，借贷必相等"这一记账规则？
4. 什么是借贷记账法？
5. 在借贷记账法下，试算平衡是如何进行的？
6. 什么是会计分录？编制会计分录有哪些步骤？

练习题

一、单项选择题

1. 会计科目是对( )的具体内容进行分类核算的项目。
   A. 经济业务 B. 会计主体 C. 会计对象 D. 会计要素
2. 下列属于资产类科目的是( )。
   A. 预付账款 B. 应付账款 C. 预收账款 D. 短期借款
3. 下列项目中，不属于所有者权益类科目的是( )。
   A. 实收资本 B. 资本公积 C. 盈余公积 D. 未分配利润
4. 下列会计科目中，属于损益类的是( )。
   A. 生产成本 B. 本年利润 C. 制造费用 D. 财务费用
5. 在下列项目中，与管理费用属于同一类科目的是( )。
   A. 无形资产 B. 本年利润 C. 应交税费 D. 投资收益
6. 下列项目中，属于成本类科目的是( )。
   A. 主营业务成本 B. 制造费用 C. 其他业务成本 D. 长期借款
7. 在复式记账法下，对每项经济业务都要以相等的金额，在( )。
   A. 一个或一个以上账户汇总登记
   B. 两个账户中登记
   C. 两个或两个以上账户中登记
   D. 相互关联的两个或两个以上账户中登记
8. 引起资产和所有者权益同时增加的是( )。
   A. 收到外单位捐赠的设备一台 B. 从税后利润中提取盈余公积金
   C. 以资本公积金转增资本 D. 从银行取得短期借款存入银行
9. 预收账款属于会计要素中的( )。
   A. 资产 B. 负债 C. 收入 D. 所有者权益
10. 企业收到的购货单位的银行支票，偿还前欠款，并用以偿还供货单位的债务，此业务属于( )。
    A. 资产项目内部此增彼减 B. 权益项目内部此增彼减
    C. 资产项目和权益项目同时增加 D. 资产项目和权益项目同时减少
11. 把账户分为左右两边，哪一方记增加，哪一方记减少，取决于( )。
    A. 核算方法 B. 账户性质
    C. 记账规则 D. 记账方法和所记经济内容

12. 净资产是指( )。

　　A. 资产　　　　　B. 负债　　　　　C. 净利润　　　　　D. 所有者权益

13. 应在账户的借方核算的是( )。

　　A. 负债的增加额　　　　　　　　　B. 所有者权益的增加额

　　C. 收入的增加额　　　　　　　　　D. 资产的增加额

二、多项选择题

1. 会计账户的各项金额的关系可用( )表示。

　　A. 期末余额=期初余额+本期增加发生额-本期减少发生额

　　B. 期末余额-期初余额=本期增加发生额-本期减少发生额

　　C. 期末余额-期初余额-本期增加发生额=本期减少发生额

　　D. 期末余额+本期减少发生额=期初余额+本期增加发生额

2. 下列关于会计账户和会计科目的说法正确的是( )。

　　A. 会计科目是开设账户的依据，账户的名称就是会计科目

　　B. 二者都是对会计对象具体内容的科学分类，口径一致，性质相同

　　C. 没有账户，会计科目就无法发挥作用

　　D. 会计科目不存在结构，账户则具有一定的格式和结构

3. 下列属于成本类科目的是( )。

　　A. 生产成本　　B. 主营业务成本　　C. 制造费用　　D. 销售费用

4. 下列属于损益类科目的是( )。

　　A. 制造费用　　B. 生产成本　　　　C. 主营业务成本　　D. 管理费用

5. 下列属于所有者权益类账户的有( )。

　　A. 实收资本　　B. 股本　　　　　　C. 本年利润　　　　D. 任意盈余公积

6. 下列属于账户基本结构内容的有( )。

　　A. 账户的名称　　B. 经济业务摘要　　C. 增减金额　　　　D. 余额

7. 会计科目在会计核算中的意义有( )。

　　A. 会计科目是复式记账的基础

　　B. 会计科目是编制记账凭证的基础

　　C. 会计科目为成本计算与财产清查提供了前提条件

　　D. 会计科目为编制会计报表提供了方便

8. 下列说法中正确的有( )。
   A. 会计科目与账户都是对会计对象具体内容的科学分类
   B. 两者口径一致，性质不同
   C. 会计科目是账户的名称，也是设置账户的依据；账户是会计科目的具体运用
   D. 会计科目不存在结构，不能对其加以记录；而账户具有一定的格式和结构。但在实际中，对会计科目和账户不加以严格区分，而且互相通用

9. 账户的哪一方登记增加，哪一方登记减少，取决于( )。
   A. 会计科目的性质   B. 账户的性质
   C. 会计要素   D. 所记录经济业务的内容

10. 账户的基本结构具体包括( )。
    A. 会计科目   B. 日期及编号   C. 增减金额   D. 余额

11. 下列说法中正确的有( )。
    A. 总分类科目与明细分类科目既有区别又有联系，总分类科目是概括地反映会计对象的具体内容，提供的是总括性指标
    B. 明细分类科目是详细地反映会计对象的具体内容，提供的是比较详细具体的指标
    C. 总分类科目对明细分类科目具有统驭控制作用
    D. 明细分类科目是对总分类科目的具体化和详细说明

12. 财务成果的计算和处理一般包括( )。
    A. 利润的计算   B. 所得税的计算   C. 利润分配   D. 亏损弥补

13. 计算和判断企业经营成果及其盈亏状况的主要依据有( )。
    A. 收入   B. 支出   C. 费用   D. 成本

14. 债务是由过去的交易、事项形成的企业需要以资产或劳务等偿付的现时义务，一般包括( )。
    A. 各项借款   B. 应付及预付款项   C. 应交款项   D. 预收款项

15. 下列属于期间费用的有( )。
    A. 管理费用   B. 销售费用   C. 制造费用   D. 财务费用

16. 下列属于流动资产的有( )。
    A. 存货   B. 其他应收款   C. 预收账款   D. 预付账款

17. 下列属于所有者权益类会计科目的有( )。
    A. 股本   B. 资本公积   C. 法定盈余公积   D. 未分配利润

18. 下列属于损益类账户的有(　　)。
    A. 管理费用　　B. 制造费用　　C. 销售费用　　D. 本年利润

19. 费用按其性质分为(　　)。
    A. 营业成本　　B. 劳务成本　　C. 制造费用　　D. 期间费用

20. 下列说法中正确的有(　　)。
    A. 利润是指企业在特定时点的经营成果,利润包括收入减去费用后的净额、直接计入利润的利得和损失等
    B. 利润金额取决于收入和费用、直接计入当期利润的利得和损失金额的计量
    C. 利润有营业利润、利润总额和净利润
    D. 净利润是指利润总额减去费用后的金额

第五章

借贷记账法的具体运用

【导读】

本章是围绕借贷记账法的运用开展教学。通过学习,要求学生能设置账户、熟练运用复式记账(借贷记账法)处理经济业务。熟悉企业筹集资金、生产准备、产品生产、产品销售和财务成果等主要经济业务活动的内容,重点掌握在这些业务的核算过程中设置账户的方法及其具体应用方法。此外,还应熟练掌握材料采购成本、产品生产成本和产品销售成本的计算方法。

【学习要求】

1. 掌握各项经济业务应设置的账户及基本结构;
2. 熟悉企业主要经济业务的内容;
3. 掌握企业资金筹集业务及核算方法;
4. 掌握企业生产准备业务及核算方法,以及材料采购成本的计算方法;
5. 掌握企业产品生产业务及核算方法,以及产品生产成本的计算方法;
6. 掌握企业销售业务及核算方法,以及产品销售成本的核算方法;
7. 掌握企业财务成果的核算方法。

第一节 制造企业主要经济业务概述

制造业基本的经营活动是生产产品。为了组织生产经营活动,它首先必须通过一定渠道筹集相应的资本以满足生产经营的需要,这些资金主要是所有者投入的和债权人提供的,随着生产经营活动的进行,资金不断被运用出去,其形态也发生变化。其次,将筹集的资本投放于一定的用途。如,购买机器设备、建造厂房,为生产经营活动创造必要的条件。第三,购入材料进行生产。在生产过程中,一方面工人借助机器设备等劳动资料,对劳动对象进行加工,制造出满足社会需要的产品;另一方面发生各项费用,包括:材料的耗费、固定资产折旧、支付工资等。生产费用应按不同的方法经过归集后分配、再归集、再分配的过程,分摊到各种产品中去。在生产费用发生的同时,还引起企业同职工及其他单位之间的结算关系。第四，在销售过程，企业出售产品，回笼资金，产生债权，发生销售费用，同时根据有关规定缴纳税金，对实现的利润或发生的亏损进行分配或弥补。

企业的经营：供应、生产、销售与实物形态的变化。

制造业的生产经营过程是由供应过程、生产过程和销售过程所组成。供应过程的主要经济业务是采购材料，为生产建立储备，以供生产之需。因而在供应过程中，货币资产变换其存在形态，转化为材料存货。生产过程中的主要经济业务是制造产品，这一过程既是产品的制造过程，又是物化劳动和活劳动的耗费过程。随着材料经加工变为在产品，进而继续加工为产成品，生产过程中耗费的人力发生了工资费用，耗费材料产生了材料费用，耗用厂房、机器设备等发生了折旧费用，等等，这些费用则形成了企业的生产费用，也构成了产品成本。在这一过程中，企业的材料存货等资产又相继转化为在产品存货和产成品存货。销售过程的主要经济业务是出售产品，收回货款。在这一过程中，企业的资产又从产成品形态转化为货币形态。从价值量的变化来考察，随着销售发出产品，企业耗费的产成品表现为产品销售成本，这一资金耗费最终带来了企业资金的收回即收入的取得。后者除补偿资金耗费外，还包括无费用企业的盈利。随着工业企业生产经营活动不间断地进行，企业的资产也在不断地转换其存在形态，依次通过供产销3个过程，周而复始地循环周转，如图5-1所示。

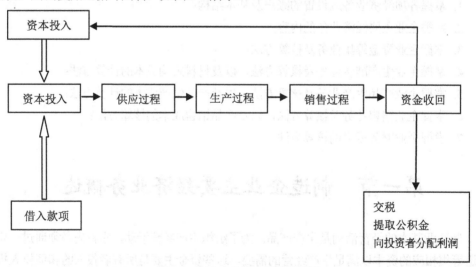

图 5-1 制造企业资金运动过程图

综上所述，根据制造企业在生产经营过程中各环节的业务特点，可将其主要经济业务分为资金筹集业务、购进业务、生产业务、销售业务、利润形成及其分配业务。本章将以这些环节的主要内容为例，说明会计账户和借贷记账法的具体应用，也就是当企业发生经济业务后，我们如何做会计处理。

第二节 资金筹集核算

资本是企业生存和发展的前提。它的来源渠道分为两大类：一是企业所有者投入的资本，它形成企业的永久性资本，并承担企业经营过程中所可能存在的风险，当然也享受经营收益。这部分资本就是所有者权益；二是企业向债权人借入的资本，这部分资本具有明确的还本付息期限，并受法律保护，通常称为负债。企业在日常的经营过程中，由于商业信用、结算付款方式等因素，也会形成一些债务如欠付其他企业的购货款，这部分资本也形成企业一项短暂的债务资本来源。

一、自有资金业务的核算

(一) 自有资金

我国有关法律规定，企业申请开业，必须具备符合国家规定并与其生产经营和服务规模相应的资金额。因此，企业要进行生产经营活动，必须要有一定的"本钱"，即设立企业必须有法定的资本金。为此，企业就要通过自筹、发行股票、吸收直接投资等方式来筹集资金，通过这种方式筹集到的资金一般不用偿还，因而称其为自有资金。

所有者向企业投入资本就形成了企业的资本金。资本金是指企业在工商行政管理部门注册登记的注册资金，或称注册资本，是国家批准企业从事生产经营活动的首要条件。资本金按投资主体分为国家资本金、法人资本金、外商资本金和个人资本金。投资者可以以库存现金资产、实物资产及无形资产等方式向企业投资。

(二) 投入资本的计价

我国《企业会计准则》规定，企业收到投资者的投资，应按实际投资数额入账。不同投资方式其实际投资数额的确定并不完全相同。其中，投资者以库存现金投入的资本，应按实际收到或存入企业开户银行的金额作为实收资本入账，实际收到或存入开户银行的金额超过其在该企业注册资本中所占份额的部分，计入资本公积；以非库存现金资产投入的资本，应按投资各方确认的价值作为实收资本入账。企业在生产经营过程中所取得的收入和收益、所发生的费用和损失，不得直接增减投入资本。

(三) 账户设置

为了核算和监督投资人的投资，应设置两个主要账户："实收资本"(股份有限公司叫"股本")账户和"资本公积"账户。

1. "实收资本"(股本)账户

性质：所有者权益类账户。

核算内容：核算和监督投资者投入资本的增减变动及结余情况。

结构：贷方登记投资者投入企业的资本，以及按规定用资本公积金、盈余公积金转增资本的数额，借方登记因减资退还的资本金，余额在贷方，表示企业实际收到的资本金数额。

明细设置：本账户按投资者设置明细分类账户，进行明细分类核算。

2. "资本公积"账户

性质：所有者权益类账户。

核算内容：核算企业收到投资者出资额超出其在注册资本或股本中所占份额的部分，以及直接计入所有者权益的利益和损失等。

结构：贷方登记形成的资本公积的数额，借方登记转增资本的数额，余额在贷方，表示资本公积的结存数额。

明细设置：本账户按资本公积的项目设置明细账，进行明细分类核算。

3. "银行存款"账户

性质：资产类账户。

核算内容：核算企业存入银行或其他金融机构的各种款项。

结构：借方登记银行存款的增加，贷方登记银行存款的减少，余额在借方，表示银行存款的实有数额。

明细设置：本账户按开户银行和其他金融机构及银行存款的种类分别设置"银行存款日记账"。有外币存款的企业，还应分别按人民币和各种外币设置"银行存款日记账"，进行明细分类核算。

4. "固定资产"账户

性质：资产类账户。

核算内容：核算企业固定资产原始价值(原价)的增减变动和结存情况。固定资产的成本也称原始价值，简称原值或原价。外购固定资产的成本，包括购买价款，相关税费，使固定资产达到可使用状态前所发生的可归属于该项资产的运输费、装卸费、安装费和专业人员服务费以及资本化的利息。

结构：其借方登记固定资产增加的原始价值，贷方登记固定资产减少的原始价值，期末余额在借方，表示期末企业现有固定资产的原始价值。

明细账的设置：该账户应按固定资产类别和项目设置明细账，进行明细分类核算。

5. "无形资产"账户

性质：账户属于资产类账户。

核算内容：核算企业持有的无形资产成本，包括专利权、非专利技术、商标权、著作权、土地使用权等。

结构:借方登记无形资产价值的增加额,贷方登记无形资产价值的减少额,期末余额在借方,反映企业无形资产的成本。

明细账的设置:按无形资产项目设置明细账。

(四) 投入资本业务核算举例

【例5-1】企业收到国家2 000 000元的货币资金投资,已存入银行。

分析:企业收到国家投资并存入银行,一方面涉及企业的资产要素;另一方面涉及企业的所有者权益要素,形成企业的投入资本。应记入反映企业资产要素增减变动情况的"银行存款"账户和反映企业所有者权益要素增减变动情况的"实收资本"账户。银行存款的存入是企业资产的增加,应记入"银行存款"账户的借方;收到投入资本是企业所有者权益的增加,应记入"实收资本"账户的贷方。两个账户登记的金额分别是2 000 000元。会计分录如下。

借:银行存款　　　2 000 000
　　贷:实收资本　　　2 000 000

【例5-2】企业收到H公司向本企业投资的全新设备一台,价值250 000元。

分析:企业收到其他单位以设备形式进行的投资,一方面涉及企业的资产要素;另一方面涉及企业的所有者权益要素,形成企业的投入资本。应记入反映企业资产要素增减变动情况的"固定资产"账户和反映企业所有者权益要素增减变动情况的"实收资本"账户。收到投入设备是企业资产的增加,应记入"固定资产"账户的借方;收到投入资本是所有者权益的增加,应记入"实收资本"账户的贷方。两个账户登记的金额分别是250 000元。会计分录如下。

借:固定资产　　　250 000
　　贷:实收资本　　　250 000

【例 5-3】新泰公司收到瑞华公司投入的不需要安装的全新机器设备一台,双方协商约定该设备价值为234 000元(含税价格,增值税税率为17%,增值税可以抵扣)。

分析:企业收到外商以设备形式进行的投资,一方面涉及企业的资产要素,另一方面涉及企业的所有者权益要素,形成企业的投入资本,应记入到反映企业资产要素增减变动情况的"固定资产"账户和反映企业所有者权益要素增减变动情况的"实收资本"账户。收到投入设备是企业资产的增加,应记入"固定资产"账户的借方;收到投入资本是企业所有者权益的增加,应记入"实收资本"账户的贷方。

由于企业接受机器设备的价值包含增值税,增值税可以抵扣,将该设备的含税价格调整为不含税价格。

机器设备不含税价格=234 000÷(1+17%)=200 000元

会计分录如下。

借：固定资产　　　　　　200 000
　　应交税费——应交增值税(进项税额)34 000
　　贷：实收资本　　　　234 000

【例5-4】企业收到A公司作为投资的非专利技术一项，经评估确认价值为80 000元。

分析：企业收到其他单位以非专利技术形式进行的投资，一方面涉及企业的资产要素；另一方面涉及企业的所有者权益要素，形成企业的投入资本。应记入到反映企业资产要素增减变动情况的"无形资产"账户和反映企业所有者权益要素增减变动情况的"实收资本"账户。无形资产的投入是企业资产的增加，应记入"无形资产"账户的借方；收到投入资本是企业所有者权益的增加，应记入"实收资本"账户的贷方。两个账户登记的金额分别是80 000元。会计分录如下。

借：无形资产　　　　　　80 000
　　贷：实收资本　　　　80 000

【例5-5】华源有限公司由甲、乙、丙3家公司出资设立，注册资本为2 000 000元，其中，甲公司以现金1 200 000元出资，已存入开户行；乙公司以价值500 000元的机器设备出资；丙公司以一项价值300 000元的非专利技术出资。甲、乙、丙持股比例分别为60%、25%和15%。

分析：该项经济业务的发生，引起企业银行存款、固定资产、无形资产和实收资本同时增加。编制会计分录如下。

借：银行存款　　　　　　　　1 200 000
　　固定资产　　　　　　　　500 000
　　无形资产　　　　　　　　300 000
　　贷：实收资本——甲公司　1 200 000
　　　　　　——乙公司　　　500 000
　　　　　　——丙公司　　　300 000

【例5-6】承前例，该公司经过几年的经营，企业稳步发展。现有投资者丁公司要加入该企业，经过协商，甲、乙、丙、丁达成协议，丁出资2 900 000元现金，已存入开户行，其中2 000 000元用于将注册资本增加至4 000 000元。增资后，丁公司享有华源公司50%的股权。

分析：该项经济业务的发生，一方面引起企业银行存款增加2 900 000元，另一方面引起企业实收资本和资本公积分别增加2 000 000元和900 000元。增资后甲、乙、丙、丁享有华源公司的股权分别为30%、12.5%、7.5%和50%。编制会计分录如下。

借：银行存款　　　　　　　　2 900 000
　　贷：实收资本——丁公司　2 000 000
　　　　资本公积——资本溢价　900 000

二、借入资金业务的核算

企业借入的资金主要是向银行或其他金融机构借入的,按偿还期不同分为短期借款和长期借款。短期借款是指企业向银行或其他金融机构借入的偿还期限在1年以下(含1年)的各种借款,主要是满足日常经营周转需要。长期借款是指企业向银行或其他金融机构借入的偿还期限在1年以上(不含1年)的各种借款,这类借款主要用于固定资产购建、改建和扩建。不管是哪种借款,企业都应按照利率进行还本付息。

(一) 账户设置

1. "短期借款"账户

性质:负债类账户。

核算内容:核算和监督企业向银行或其他金融机构借入的期限在1年以内(含1年)的各种借款。

结构:贷方登记取得的短期借款数额,借方登记已归还的短期借款数额,余额在贷方,表示尚未归还的短期借款数额。

明细设置:本账户按借款种类设置明细账户,进行明细分类核算。

2. "财务费用"账户

性质:损益类账户。

核算内容:核算和监督企业为筹集生产经营所需资金等而发生的费用,包括利息支出(减利息收入)、汇兑损失(减汇兑收益)及筹集资金相关的手续费等。

结构:借方登记发生的利息支出、汇兑损失及相关的手续费,贷方登记利息收入、汇兑收益及期末结转数,期末,本账户余额应从该账户的贷方转"本年利润"账户的借方,结转后本账户无余额。

明细设置:本账户按费用项目设置明细账,进行明细分类核算。

3. "应付利息"账户

性质:负债类账户。

核算内容:核算和监督企业按规定从成本费用中预先提取但尚未支付的费用,如预提的租金、保险费、借款利息、固定资产修理费等。

结构:贷方登记企业预提的各项费用数,借方登记实际支出数,余额在贷方,表示已经预提而尚未实际支出的数额。

明细设置:本账户按预提费用的种类设置明细账户,进行明细分类核算。

(二) 账务处理

1. 取得借款时的核算

【例5-7】2016年1月1日A企业从银行借入半年期借款10万元,年利率6%,到期还本付息。款项已存入银行。

分析：A 企业从银行借入资金后，银行存款增加，故借记"银行存款"；同时，A 企业增加了一项负债，即"短期借款"增加，故应贷记"短期借款"。A 企业会计人员应根据上述业务内容编制如下会计分录。

借：银行存款　　　　　　　　100 000
　　贷：短期借款——B 银行　　　　100 000

2. 计息

企业借入上述短期借款后，必须承担支付利息的义务。例如，在 2016 年 6 月 30 日，A 企业应确认当年 1～6 月的利息费用。对于企业发生的利息费用，应通过"财务费用"科目进行核算。

由于短期借款利息的支付方式和支付时间不同，会计处理方法也有一定的区别：如果按月计收利息或在借款到期时回收本金时一并收回利息，但利息数额不大，企业可在收到银行计息通知或在实际支付利息时，直接将发生的利息费用计入当期"财务费用"，即借记"财务费用"科目，贷记"银行存款"科目。如果银行对企业的短期借款利息采取按季或者半年等较长期间计收利息，为了合理地计算各期的收益额，企业通常按权责发生制核算基础的要求，计提利息时，借记"财务费用"，贷记"应付利息"；支付利息时，借记"应付利息"，贷记"银行存款"。

【例 5-8】2016 年 6 月 30 日，A 企业以存款支付银行上半年短期借款利息(10 万×6%×6/12=3 000 元)。

分析：企业在期末确认发生的利息费用时，费用增加，应记"财务费用"的借方；同时，增加了企业应付给银行的利息，应贷记"应付利息"。A 企业会计人员应根据上述业务内容编制如下会计分录。

计息时：
借：财务费用　　　　　　　　500(3000÷6=500)
　　贷：应付利息　　　　　　　500

按照权责发生制的原则，这样的会计分录在每个月都做一次，6 个月共计 3 000 元。利息的支付按照企业与银行协定的方式处理。本金在期末归还，具体的操作方式如下。

3. 还款

【例 5-9】2016 年 6 月 30 日，A 企业以银行存款归还 B 银行短期借款本金 10 万元。

分析：企业归还借款，则企业负债减少，故应借记"短期借款"；同时，企业还应确认并支付下半年的借款利息，所以还应借记"财务费用"，贷记"银行存款"等科目。A 企业会计人员应根据上述业务内容编制如下会计分录。

支付本金：
借：短期借款——B 银行　　　　100 000
　　贷：银行存款　　　　　　　　100 000

支付利息：

借：应付利息　　　　　500
　　贷：银行存款　　　　500

(三) 长期借款业务

长期借款业务的处理，其基本方法和短期借款相似。需要设置"长期借款"这个负债类科目，科目代码 2501，用来核算企业向银行或其他金融机构借入的期限在 1 年以上(不含 1 年)的各项借款(含本金及计提的借款利息)。企业借入长期借款及计提借款利息时，贷记本科目；归还长期借款本金及利息时，借记本科目；本科目期末贷方余额，反映企业尚未偿还的长期借款本金及利息的余额。企业还应当按照贷款单位进行明细核算。

1. 借款

【例 5-10】2015 年 1 月 1 日 A 企业从 B 银行借入两年期借款 100 000 元，年利率 12%，到期一次还本付息。

分析：企业借入资金，则银行存款增加，应借记"银行存款"；同时，企业也增加了一笔负债，故应贷记"长期借款"。A 企业会计人员应根据上述业务内容编制如下会计分录。

借：银行存款　　　　　　　　100 000
　　贷：长期借款——B 银行　　100 000

2. 计息

企业借入长期借款的利息支出应区分不同的情况处理：①为购建固定资产发生的长期借款利息，在固定资产达到可使用状态前发生的，计入固定资产价值，借记"在建工程"账户，贷记"应付利息"账户；在固定资产达到可使用状态后发生的，计入当期损益，借记"财务费用"账户，贷记"应付利息"账户。②不是为购建固定资产发生的长期借款利息，在生产经营期间发生的，计入当期财务费用。

【例 5-11】2013 年 12 月 31 日，A 企业确认本年长期借款的应计利息 12 000 元。

分析：企业借入款项后，必须承担支付利息的义务。虽然借款约定到期一次付息，但借款的受益期是整个借款期。因此，如果借款受益期跨了两个或两个以上的会计期间，应于每个会计期末确认应归属当期的利息费用及当期应承担但并未支付的利息债务。A 企业会计人员应根据上述业务内容编制如下会计分录。

借：财务费用　　　　　　　　12 000
　　贷：长期借款——B 银行　　12 000

3. 还款

【例 5-12】承例 5-9、例 5-10，到 2016 年 12 月 31 日 A 企业归还到期的长期借款本金 100 000 元，利息 24 000 元。

借：长期借款　　　　　　100 000
　　财务费用　　　　　　 24 000
　　贷：银行存款　　　　　　124 000

第三节　供应过程核算

一、固定资产购进业务的核算

(一) 固定资产购进成本的确定

固定资产是指为生产商品、提供劳务、出租或经营管理而持有的，使用寿命超过一个会计年度的有形资产，如企业生产经营用的房屋、建筑物、机器设备等。固定资产应按照其取得时的成本作为入账的价格。取得时的实际成本是指为购建某项固定资产达到预定可使用状态前所发生的一切合理、必要的支出，包括买价、运输费、保险费、包装费、安装费和专业人员服务费等。2009年1月1日起增值税改革后，企业购建(包括购进、实物投资、自制、改扩建和安装)生产用固定资产发生的增值税进项税可以从销项税额中抵扣。

(二) 设置的账户

1. "固定资产"账户

核算内容：核算企业固定资产原始价值的增减变动和结存情况。

账户性质：资产类。

明细账户：企业应当按照固定资产类别和项目进行明细核算。

账户结构：借方登记固定资产增加的原始价值，贷方登记减少固定资产的原始价值，期末余额在借方，表示期末企业现有固定资产的原始价值。

2. "应交税费——应交增值税进项税额"账户

核算内容：核算企业按照税法规定计算应交纳的增值税。

账户性质：负债类账户。

明细账户：设"进项税额""销项税额""出口退税""进项税额转出""已交税金"等专栏。

账户结构：借方登记企业购进商品或提供劳务时所支付的增值税税额，贷方登记企业销售商品或提供劳务时所收取的增值税税额，期末余额在贷方，反映企业应交的增值税税额，期末余额在借方，表示企业可抵扣的增值税税额。

3. "应付职工薪酬"账户

核算内容：核算企业根据有关规定应付给职工的各种薪酬。

账户性质：负债类账户。

明细账户：可按"工资""职工福利""社会保险费""住房公积金""工会经费""职工教育经费""职工教育经费""非货币性福利""辞退福利"等进行设置。

账户结构：贷方登记企业按规定计算出的应付职工薪酬，借方登记企业实际发放的职工薪酬，期末余额在贷方，表示企业应付但未付的薪酬，期末余额在借方，表示企业实际支付的金额。

4. "累计折旧"账户

核算内容：核算企业固定资产计提的累计折旧额。

账户性质：资产类账户。

账户结构：贷方登记企业计提的固定资产折旧额，借方登记因减少固定资产而转销的已提折旧额，期末余额在贷方，表示累计提取的固定资产折旧额。它属于固定资产的备抵账户。

(三) 购入不需要安装的固定资产的账务处理

企业购入不需要安装即可使用的固定资产，应按购入时的实际成本(即原始价值)入账，实际成本包括买价、运输费、包装费、交纳的有关税金等。新的规定，取得增值税专用发票的固定资产可以抵扣，即企业在 2009 年 1 月 1 日以后实际发生，并取得 2009 年 1 月 1 日以后开具的增值税扣税凭证上注明的或者依据增值税扣税凭证计算的增值税税额，可以予以抵扣。进行会计处理时，借记"应交税费——应交增值税(进项税额)"科目，按照专用发票上记载的应计入固定资产价值的金额，借记"固定资产""在建工程"等科目，按照应付或实际支付的金额，贷记"应付账款""应付票据""银行存款""长期应付款"等科目。

【例 5-13】企业购入一台不需要安装的生产设备，买价 200 000 元，增值税 34 000 元，运杂费、包装费 10 000 元，全部款项已用银行存款支付。

该项经济业务的发生，一方面使"固定资产"增加 244 000 元，应记入"固定资产"账户的借方；另一方面使"银行存款"减少 244 000 元，应记入"银行存款"账户的贷方。其会计分录如下。

借：固定资产　　　　　　　　　　　　　　210 000
　　应交税费——应交增值税(进项税额)　　 34 000
　贷：银行存款　　　　　　　　　　　　　244 000

(四) 购入需要安装的固定资产账户处理

企业购入需要安装的固定资产，则应通过"在建工程"账户核算其安装工程成本，将其购进时支付的买价、运杂费、包装费以及安装时发生的安装费记入"在建工程"账户的借方。当工程达到预定可使用状态时，再按全部支出(即实际成本)，从"在建工程"账户的贷方转入"固定资产"账户的借方。

【例 5-14】企业购入需要安装的机器设备，买价 100 000 元，所支付的相关税费 17 000 元，另付包装费和运杂费 2 000 元，款项以银行存款支付。另以银行存款支付安装费 4 000 元。

1. 购入设备时

该项经济业务发生，一方面企业在建工程增加，增加金额为：100 000+17 000+2 000 计 119 000 元，应记入"在建工程"账户的借方；另一方面企业银行存款减少，应记入"银行存款"的贷方。其会计分录如下。

借：在建工程　　　　　　119 000
　　贷：银行存款　　　　　　119 000

2. 支付安装费时

该项经济业务发生，涉及在建工程增加，应记入"在建工程"借方，同时，涉及银行存款的减少，应记入"银行存款"的贷方。其会计分录如下。

借：在建工程　　　　　　4 000
　　贷：银行存款　　　　　　4 000

3. 安装完毕，达到预定可使用状态

安装工程达到预定可使用状态，应按实际成本记入"固定资产"账户的借方；结转完工工程成本，应记入"在建工程"账户的贷方。其会计分录如下。

借：固定资产　　　　　　123 000
　　贷：在建工程　　　　　　123 000

(五) 固定资产折旧的账务处理

固定资产折旧，是指在固定资产的使用寿命内，按照确定的方法对应计提折旧额进行的系统分摊。企业一般应按月计提折旧，当月增加的固定资产，当月不计提折旧，从下月起计提折旧；当月减少的固定资产，当月照提折旧，从下月起不再提折旧。计提的固定资产折旧，应当贷记"累计折旧"科目，并根据固定资产的用途，分别计入相关成本费用。生产车间使用的固定资产计提的折旧应记入"制造费用"科目；行政管理部门使用的固定资产计提的折旧应记入"管理费用"科目；专设销售机构使用的固定资产计提的折旧应记入"销售费用"科目；经营性出租的固定资产计提的折旧应记入"其他业务成本"科目；未使用的固定资产，其计提的折旧应记入"管理费用"科目。

企业可选用的固定资产折旧的方法有：平均年限法(也称直线法)、工作量法、年数总和法、双倍余额法。

1. 平均年限法(直线法)

平均年限法年折旧=(原值-净残值)/预计使用年限

【例5-15】生产车间的某一机器设备原值110 000元，预计净残值为10 000元，可以使用5年，用平均年限法计算的年折旧为

(110 000-10 000)/5=20 000(元)

注意：当月增加的固定资产当月不提折旧，当月减少的固定资产，当月照提折旧。

借：制造费用　　　20 000
　　贷：累计折旧　　　20 000

【例5-16】某企业固定资产采用直线法计提折旧。2014年7月初，该企业应计提折旧的固定资产构成如表5-1所示。

表5-1　企业应计提折旧的固定资产构成

类别	原价(元)	预计使用年限	预计净残值率
房屋、建筑物	2 400 000	20年	3%
运输工具	400 000	5年	4%
设备	3 600 000	10年	3%

7月份发生的固定资产有关情况的资料如下(预计使用年限与净残值率同表5-1)。

(1) 7月18日，购入需要安装的设备一套，以银行存款支付买价440 000元、运杂费10 000元、安装费30 000元，当月安装，并交付使用。

(2) 7月21日，购入卡车一辆，以银行存款支付买价80 000元、运杂费20 000元，购入后当即投入使用。

(3) 7月31日，报废设备一台，该设备原价240 000元，已提折旧160 000元。

要求：分别计算该企业2014年7月、8月的折旧额。

(1) 该企业2014年7月折旧额：

房屋、建筑物折旧=2 400 000×(1-3%)/(20×12)=9 700(元)

设备折旧额=3 600 000(1-3%)/(10×12)=29 100(元)

运输工具折旧额=400 000(1-4%)/(5×12)=6 400(元)

7月份合计折旧额=9 700+29 100+6 400=45 200(元)

(2) 2014年8月折旧额：

购入设备折旧=480 000(1-3%)/(10×12)=3 880(元)

购入卡车折旧=100 000(1-4%)/(5×12)=1 600(元)

报废的设备应不提折旧,设备应减少提取的折旧=240 000×(1-3%)/(10×12)=1 940(元)

8月份合计折旧额=45 200+3 880+1 600-1 940=48 740(元)

2. 工作量法

单位工作量折旧额=固定资产原价×(1-预计净残值率)/预计总工作量

月折旧额=当月实际完成工作量×单位工作量折旧额

【例5-17】某公司有货运卡车一辆,原值100 000元,预计净残值率为4%,预计总行驶里程为100万公里,假定某月份行驶里程为20 000公里,请计算该月折旧额。

计算如下:

单位工作量折旧额=100 000(1-4%)÷1 000 000=0.096(元/公里)

该月应提折旧额=20 000×0.096=1 920元

3. 双倍余额递减法

年折旧率=2÷预计使用年限×100%

月折旧率=年折旧率÷12

月折旧额=固定资产账面净值×月折旧率

【例5-18】某公司一项固定资产的原值为200 000元,预计使用年限为5年,预计净残值5000元,请计算每年年折旧额。

计算如下:

年折旧率=2÷5×100%=40%

第一年折旧额=200 000×40%=80 000(元)

第二年折旧额=(200 000-80 000)×40%=48 000(元)

第三年折旧额=(200 000-80 000-48 000)×40%=28 800(元)

第四年和第五年的折旧额=(200 000-80 000-48 000-28 800-5 000)/2=19 100(元)

4. 年数总和法

年折旧率=尚可使用年限/预计使用年限的年数总和

月折旧率=年折旧率÷12

月折旧额=(固定资产原值-预计净残值)×月折旧率

【例5-19】某公司一项固定资产的原值为200 000元,预计使用年限为5年,预计净残值5 000元,请计算每年年折旧额。

计算如下:

第一年折旧率=5/(1+2+3+4+5)=5/15=1/3

第二年折旧率=4/15

第三年折旧率=3/15

第四年折旧率=2/15

第五年折旧率=1/15

第一年折旧额=(200 000-5 000)×1/3=65 000(元)

第二年折旧额=(200 000-5 000)×4/15=52 000(元)

第三年折旧额=(200 000-5 000)×3/15=39 000(元)

第四年折旧额=(200 000-5 000)×2/15=26 000(元)

第五年折旧额=(200 000-5 000)×1/15=13 000(元)

二、材料购进业务的核算

企业要进行正常的生产经营活动，除购建固定资产外，还必须购买和储备一定品种和数量的材料。在材料采购过程中，一方面是企业从供应单位购进各种材料物资，另一方面是企业要支付材料的买价、税金和各种采购费用，并与供货单位发生货款结算关系。材料采购会计处理的主要内容包括：计算材料采购的实际成本、货款的结算和材料的验收入库3方面。

(一) 账户设置

1. "在途物资"账户

性质：资产类账户。

用途：核算企业采用实际成本进行材料日常核算时，材料已采购但尚未运达或验收入库的材料采购成本。企业外购材料的采购成本，包括购买价款、相关税费、运输费、装卸费、保险费以及其他可归属于存货采购成本的费用。

结构：借方登记材料的采购成本，贷方登记已验收入库的材料采购成本，期末余额一般在借方，表示尚未运达企业或已运达企业但尚未入库的在途材料的实际成本。

明细账的设置：按供应单位和物资品种设置明细账。

此外，在材料采购业务核算中，如果库存材料的日常核算采用计划成本计价时，可不设置"在途物资"科目，而设置"材料采购"和"材料成本差异"科目。

2. "原材料"账户

性质：资产类账户。

用途：核算企业库存原材料的收入、发出、结存情况，包括原料及主要材料、辅助材料、外购半成品(外购件)、修理用备件(备品备件)、包装材料、燃料等。

结构：借方登记已验收入库材料的实际成本，贷方登记发出材料的实际成本，期末余额一般在借方，表示各种库存材料的实际成本。

明细账的设置：按原材料的类别、品种和规格分别设置明细分类账。

3. "应付账款"账户

性质：负债类账户。

用途：核算企业因购买材料、商品和接受劳务供应而应支付给供应单位的款项。

结构：借方登记应付账款的偿还数，贷方登记应付未付款项的数额，期末余额一般在贷方，反映企业尚未支付的应付账款余额。

明细账的设置：按供应单位设置明细账进行明细核算。

4. "应付票据"账户

性质：负债类账户。

用途：核算企业因购买材料、商品和接受劳务供应等而开出的商业汇票，包括银行承兑汇票和商业承兑汇票。

结构：借方登记应付票据的已偿付额，贷方登记企业开出的应付票据的金额，期末余额一般在贷方，表示尚未偿付的应付票据款。企业应设置应付票据备查簿来登记每一票据的详细资料，包括签发日期、金额、收款人、付款日期等。

明细账的设置：按债权人进行明细核算。

5. 应交税费账户

性质：负债类账户。

用途：核算企业按照税法等规定计算应交纳的各种税费，包括增值税、消费税、所得税、城市维护建设税、教育费附加等。

结构：借方登记实际缴纳的各种税费，贷方登记应缴纳的各种税费，期末余额如在贷方，表示企业尚未缴纳的税费。

明细账的设置：按税种设置明细账。其中，"应交税费——应交增值税"核算企业应交和实交增值税的结算情况，借方登记增值税的进项税额，贷方登记增值税的销项税额。一般纳税人从销项税额中抵扣进项税额后向税务部门交纳增值税。该账户期末借方余额反映多上交或尚未抵扣的增值税，期末贷方余额反映企业尚未交纳的增值税。

企业可以分为一般纳税人和小规模纳税人，只有一般纳税人收到的增值税专用发票才可以抵扣进项税额，适用的基本税率是17%，一般纳税人收到的运费发票可以抵扣7%的进项税。小规模纳税人不可以抵扣，适用的税率是3%。

6. "预付账款"账户

性质：资产类账户。

用途：核算企业按照合同的规定预付的款项。

结构：借方登记预付及补付的款项，贷方登记购进货物所需支付的款项及退回的多余的款项，期末余额在借方，表示尚未结算的预付款项，期末余额在贷方，表示尚未补付的款项。

明细账的设置：按供应单位设置明细账。

预付款项不多的企业，也可以将预付的款项直接记入"应付账款"账户的借方，不设置"预付账款"账户。

(二) 账务处理

1. 材料采购成本的构成

购入材料的采购成本，一般由买价和采购费用组成。

其计算公式为

$$材料的采购成本 = 买价 + 采购费用$$

(1) 材料买价。材料买价是指材料供货单位的发票价格。

(2) 采购费用。采购费用是指企业在采购材料过程中所发生的各项费用，包括材料的运杂费(运输费、装卸费、包装费、保险费等)、仓储费、运输途中的合理损耗、入库前的挑选整理费及购入材料应负担的税金(如关税)和其他费用等。采购费用中能分清是某种材料负担的，可以直接记入该种材料的采购成本。

采购费用的分配：

企业于同一地点同时购入两种或两种以上的材料所发生的运杂费等各项采购费用，如在发生时不能分清各种材料应负担的费用额，为了准确计算各种材料的采购成本，应采用一定的分配方法，按一定的分配标准在所采购的各种材料之间进行分配。

常用的分配标准有材料的买价和所采购的材料的重量或体积的比例。一般情况下，当材料的计量单位一致时，采用重量标准进行分配；当材料的计量单位不一致时，则采用材料的买价标准进行费用的分配。

采购费用的分配，可用以下公式计算。

$$采购费用的分配率 = \frac{材料的采购成本}{材料的总重量(或总买价)}$$

每种材料应分摊的采购费用 = 该种材料的采购重量(或买价) × 分配率

2. 材料采购过程的核算举例

【例5-20】2016年12月，华夏公司发生以下材料采购业务：向A工厂购入甲材料3 000千克，单价10元，价款30 000元，增值税5 100元，货款及增值税均以银行存款支付，材料尚未到达企业。

该项经济业务的发生，一方面使材料的买价支出增加30 000元，增值税进项税额增加5 100元；另一方面使企业银行存款减少35 100元。因此，该项经济业务涉及"在途物资""应交税费""银行存款"3个账户。其会计分录如下。

借：在途物资——甲材料　　　　　　　　30 000

应交税费——应交增值税(进项税额)　　　　5 100
　　　贷：银行存款　　　　　　　　　　　　　　　　35 100

【例5-21】用银行存款支付上述购入甲材料的运费300元。

该项经济业务的发生，一方面使材料采购费用支出增加300元；另一方面使企业银行存款减少300元。因此，该项经济业务涉及"在途物资"和"银行存款"两个账户。其会计分录如下。

　　　借：在途物资——甲材料　　　　　　　　　　300
　　　　　贷：银行存款　　　　　　　　　　　　　　　300

【例5-22】华夏公司向B公司购入乙、丙两种材料，乙材料4 000千克，单价10元，丙材料2 000千克，单价5元。增值税率为17%。上述材料均已验收入库，并开出银行转账支票，以银行存款支付。

分析：企业购入材料，但未验收入库，故在途材料这一资产增加；同时，以存款支付，故银行存款这一资产减少。故应编制分录如下。

　　　借：在途物资——乙材料　　　　　　　　　　40 000
　　　　　　　　　——丙材料　　　　　　　　　　10 000
　　　应交税费——应交增值税(进项税额)　　　　8 500
　　　贷：银行存款　　　　　　　　　　　　　　　　58 500

【例5-23】用银行存款支付上述乙、丙两种材料运费1 200元。运费按照采购材料的重量进行分配。

根据采购费用的分配公式，做如下计算。

$$采购费用的分配率=\frac{材料的采购成本}{材料的总重量(或总买价)}=1\ 200/(4\ 000+2\ 000)=0.2$$

每种材料应分摊的采购费用=该种材料的采购重量(或买价)×分配率

乙材料应分摊的采购费用=4 000×0.2=800(元)

丙材料应分摊的采购费用=2 000×0.2=400(元)

根据计算的结果，做如下分录。

　　　借：在途物资——乙材料　　　　　800
　　　　　　　　　——丙材料　　　　　400
　　　　　贷：银行存款　　　　　　　　1 200

【例5-24】华夏公司向B公司购买丙材料2 000千克，单价6元，增值税率为17%。货款尚未支付。

分析：这项经济业务的发生涉及"应付账款"，其属于负债类科目，主要核算企业因购买材料、商品和接受劳务供应等经营活动应支付而未付的款项。因购货而增加负债时，贷记本科目；因偿还货款而减少该负债时，记本科目借方；期末余额表示尚未归还的货款。本科目应当按照不同的债权人进行明细核算。

另外：一般纳税人企业购入材料时，不仅要向售货方支付货款，还要支付购进材料而应支付的增值税(进项税额)。企业支付了增值税(进项税额)，表明企业应交的税金(负债)减少或可抵扣的税金(资产)增加。故本业务应编制会计分录如下。

借：在途物资——丙材料　　　　　　　　12 000
　　应交税费——应交增值税(进项税额)　 2 040
　　贷：应付账款——B公司　　　　　　　　14 040

【例5-25】如果上题改为"华夏公司向B公司购买丙材料2000千克，单价6元，增值税率为17%。货款尚未支付，企业开出可以承兑的商业汇票偿付上述购货款。"则会计分录就应按如下操作。

借：在途物资——丙材料　　　　　　　　12 000
　　应交税费——应交增值税(进项税额)　 2 040
　　贷：应付票据——B公司　　　　　　　　14 040

【例5-26】9日，华夏公司将银行存款20 000元预付给A公司，用于购买乙材料。

这项经济业务的发生，一方面使得企业的预付货款增加，另一方面使得银行存款减少，同时涉及"预付账款""银行存款"两个账户。预付货款增加应记入"预付账款"账户的借方；银行存款的减少应记入"银行存款"账户的贷方。这项经济业务编制的会计分录如下。

借：预付账款——A公司　　20 000
　　贷：银行存款　　　　　　　　20 000

【例5-27】12日，华夏公司收到A公司发来的乙材料，10 000千克，单价6元，增值税率17%，除冲销原预付货款20 000元外，以银行存款支付其余款项。

这项经济业务的发生，一方面使购买的材料增加60 000元，另一方面使银行存款减少50 200元，预付货款减少了20 000元，并做如下分录。

借：在途物资——乙材料　　　　　　　　60 000
　　应交税费——应交增值税(进项税额)　10 200
　　贷：预付账款——A公司　　　　　　　　20 000
　　　　银行存款　　　　　　　　　　　　50 200

【例5-28】20日，华夏公司将以上购买的甲、乙、丙3种材料验收入库。

这项经济业务的发生，使得企业原材料增加153 500(30 300+100 800+22 400)，"原材料"，资产类科目，核算企业库存的各种材料(包括原料及主要材料、辅助材料、外购半成品、修理用备件、包装材料、燃料等)的计划成本或实际成本。材料因验收入库而增加时，借记本科目；材料因领用等原因而减少时，贷记本科目；本科目的期末借方余额，反映企业库存材料的计划成本或实际成本。企业应当按照材料的保管地点(仓库)、材料的类别、品种和规格等进行明细核算。结转成本后在途物资减少 153 500。做如下分录。

  借：原材料 ——甲材料   30 300
      ——乙材料   100 800
      ——丙材料   22 400
   贷：在途物资——甲材料   30 300
       ——乙材料   100 800
       ——丙材料   22 400

  注意：购入的材料全部验收入库并结转后，"在途物资"科目余额应为零。

第四节　生产过程的核算

  生产过程是制造企业经营活动的主要过程，是连接购进和销售的中心环节。在这一过程中，劳动者通过利用机器设备等劳动工具对各种材料进行加工，生产出符合社会需要的产品。这就要发生材料、人工和机器设备等固定资产的磨合损耗。产品完工后，随着产成品的验收入库，要正确计算完工产品成本。可以说，企业的生产过程一方面是产品制造的过程；另一方面也是各种耗费发生的过程。因此生产业务核算的主要内容就是归集和分配各项生产费用，确定产品的制造成本。此外，在生产过程中还会发生为组织和管理生产活动而支付的各项费用，这些费用不构成产品的制造成本，形成期间费用的一部分，计入管理费用。

一、账户设置

(一)"生产成本"账户

  性质：成本类账户。

  用途：用来核算企业生产各种产品(产成品、自制半成品等)、自制材料、自制工具、自制设备等发生的各项生产成本。

  结构：借方登记应记入产品生产成本的各项费用，包括直接材料、直接人工以及期末按照一定的方法分配计入产品成本的制造费用，贷方登记结转完工入库产品生产成本，期末余额一般在借方，表示尚未完工的产品(在产品)的实际成本。

  明细账的设置：为了具体核算每一种产品的生产费用，还应按产品的品种设置生产成本明细账，分为基本生产成本和辅助生产成本，进行明细分类核算。

(二)"制造费用"账户

  性质：成本类账户。

用途：用来归集和分配企业制造部门为生产产品和提供劳务而发生的各项间接费用，包括生产车间发生的管理人员工资及其他非生产人员工资等职工薪酬、车间发生的机物料消耗、车间固定资产折旧、车间水电费、车间办公费、季节性停工损失。

结构：其借方登记月份内发生的各种制造费用；贷方登记分配结转应由各种产品负担的制造费用。月末，一般无余额。为了考核不同车间(分厂)的经费开支情况，以及不同产品的制造费用分配标准和数额，该账户应按不同车间、部门和费用项目设置明细分类账。

明细账的设置：按不同生产车间、部门和费用项目进行明细分类核算。

(三) "应付职工薪酬"账户

性质：负债类账户。

用途：核算企业根据有关规定应付给职工的各种薪酬，包括：工资、职工福利、工会经费、社会保险费、住房公积金、职工教育经费、非货币性福利等所有为职工支付的费用。

结构：借方登记本期实际支付的职工薪酬，贷方登记企业应支付给职工的各种薪酬，期末贷方余额，反映企业应付未付的职工薪酬。

明细账的设置：可按"工资""职工福利""社会保险费""住房公积金""工会经费""职工教育经费""非货币性福利""辞退福利""股份支付"等进行明细核算。

(四) "累计折旧"账户

性质：属资产类账户，是"固定资产"账户的一个调整账户。

用途：用来核算企业固定资产发生的累计折旧。

结构：贷方登记固定资产计提的折旧额，借方登记已提固定资产折旧的减少数或转销数额，期末余额在贷方，表示现有固定资产已提的折旧。

明细账的设置：可按固定资产的类别或项目进行明细核算。

(五) "库存商品"账户

性质：资产类账户。

用途：用来核算企业生产完工并验收入库的产品的实际成本。

结构：借方登记已生产完工并验收入库商品的成本，贷方登记因销售等原因发出的库存商品的成本，期末余额在借方，表示库存商品实际成本。

明细账的设置：按商品的种类、品名和规格设置明细账，进行明细分类核算。

(六) "管理费用"账户

性质：损益类账户。

用途：核算企业为组织和管理企业生产经营所发生的管理费用，包括企业在筹建期间内发生的开办费、董事会和行政管理部门在企业的经营管理中发生的或者应由企业统一负担的公司经费(包括行政管理部门职工工资及福利费、物料消耗、低值易耗品摊销、办公费和差旅费等)、工会经费、董事会费(包括董事会成员津贴、会议费和差旅费等)、聘请中介机构费、咨询费(含顾问费)、诉讼费、业务招待费、技术转让费、矿产资源补偿费、研究费用、排污费等。企业生产车间(部门)和行政管理部门等发生的固定资产修理费用等后续支出，也在本科目核算。

结构：借方登记管理费用实际发生数，贷方登记期末转入"本年利润"的数额，期末结转后无余额。

明细账的设置：按照费用项目设置明细账，进行明细核算。

二、生产业务核算的会计处理

(一) 材料费用的核算

企业在生产过程中，必然要消耗材料。生产部门需要材料时，应该填制有关的领料凭证，向仓库办理手续领料。月末会计部门根据领料凭证编制领料汇总表，根据汇总表按不同部门及不同用途领用材料的数额分别记入有关账户。其中，直接为生产产品领用的材料，直接记入"生产成本"账户；生产车间一般耗用材料，记入"制造费用"账户；行政管理部门领用的材料，记入"管理费用"账户；销售部门领用的材料，记入"销售费用"账户；工程部门领用的材料，记入"在建工程"账户。以表5-2为例说明账务处理过程。

表5-2 领料汇总表

项目	甲材料 数量(千克)	甲材料 金额(元)	乙材料 数量(千克)	乙材料 金额(元)	丙材料 数量(千克)	丙材料 金额(元)	合计
A产品耗用	1 000	6 000	600	1 200	2 000	16 000	23 200
B产品耗用	1 000	6 000	300	600	1 000	8 000	14 600
小计	2 000	12 000	900	1 800	3 000	24 000	37 800
车间一般耗用	500	3 000			100	800	3 800
行政管理部门耗用			100	200			200
合计	2 500	15 000	1 000	2 000	3 100	24 800	41 800

编制会计分录如下。

借：生产成本——A产品　　23 200
　　生产成本——B产品　　14 600
　　制造费用　　　　　　　3 800
　　管理费用　　　　　　　　200
　贷：原材料　　　　　　　41 800

【例5-29】企业月末根据考勤记录和有关资料计算职工工资和职工福利(本例不考虑职工薪酬的其他方面),并编制"职工薪酬费用分配汇总表"(见表5-3)。

(二) 支付职工薪酬的核算

工资费用是指企业支付给劳动者的劳动报酬,包括工资、奖金和各种津贴。企业支付的职工薪酬,应根据职工的具体工作岗位不同记入不同的成本费用账户。生产工人的薪酬记入"生产成本"账户;车间管理人员的薪酬记入"制造费用"账户;企业行政管理部门人员的薪酬记入"管理费用"账户。

表5-3 职工薪酬费用分配汇总表

项目	工资	职工福利	合计
生产A产品工人	15 000	2 100	17 100
生产B产品工人	20 000	2 800	22 800
小计	35 000	4 900	39 900
车间管理人员	5 000	700	5 700
行政管理人员	10 000	1 400	11 400
合计	50 000	7 000	57 000

编制会计分录如下。

(1) 工资部分

借:生产成本——A产品　　15 000
　　生产成本——B产品　　20 000
　　制造费用　　　　　　　5 000
　　管理费用　　　　　　　10 000
　　贷:应付职工薪酬——工资　50 000

(2) 福利部分

借:生产成本——A产品　　2 100
　　生产成本——B产品　　2 800
　　制造费用　　　　　　　700
　　管理费用　　　　　　　1 400
　　贷:应付职工薪酬——福利费　7 000

【例5-30】 10日,企业开出现金支票50 000元从银行提取现金,准备用以发放职工工资。

编制会计分录如下。

借:库存现金　　50 000
　　贷:银行存款　50 000

【例5-31】10日，企业以现金50 000元发放工资。

编制会计分录如下。

借：应付职工薪酬　　　　50 000
　　贷：库存现金　　　　　　50 000

【例5-32】30日，以银行存款支付行政管理部门的办公费、水电费1 600元。根据支票存根和水电费发票，编制会计分录如下。

借：管理费用　　　　　　1 600
　　贷：银行存款　　　　　　1 600

(三) 制造费用的核算

为组织和管理生产活动而发生的各项制造费用，不能直接记入产品的成本。为了正确计算产品的成本，必须将这些费用先记入"制造费用"账户，然后再按照一定的标准，将其分配记入有关产品成本。

制造费用分配率=制造费用总额/分配标准之和(生产工人工资总额或生产工时)

某种产品应分配的制造费用=该种产品的生产工时(生产工人工资)×制造费用分配率

企业发生制造费用时，借记"制造费用"，贷记"累计折旧""银行存款""应付职工薪酬"等科目；结转或分摊时，借记"生产成本"等科目，贷记"制造费用"科目。

【例5-33】30日，企业按照规定计提本期固定资产的折旧10 400元，其中生产车间折旧为6 000元，行政管理部门折旧为4 400元。

编制会计分录如下。

借：制造费用　　　　　　6 000
　　管理费用　　　　　　4 400
　　贷：累计折旧　　　　　　10 400

【例5-34】30日，按生产工人工资比例将本期发生的制造费用，分配转入生产成本账户。具体情况见表5-4和表5-5。

表5-4 制造费用总分类

20XX年X月	凭证种类	摘要	借方	贷方	借/贷	余额
略	略	耗用材料	3 800		借	3 800
		车间管理人员工资	5 000		借	8 800
		计提车间管理人员福利费	700		借	9 500
		计提车间固定资产折旧	6 000		借	15 500
		分配转出制造费用		15 500	平	0

表 5-5 制造费用分配表

产品名称	生产工人工资(元)	分配率	分配金额(元)
A产品	15 000		6 643.5
B产品	20 000		8 856.5
合计	35 000	0.4429	15 500

分配率=15 500/(15 000+20 000)=0.4429
A产品承担的制造费用=15 000×0.4429=6 643.5(元)
B产品承担的制造费用=15 500-6 643.5=8 856.5(元)
编制会计分录：借：生产成本——A产品   6 643.5
              生产成本——B产品   8 856.5
          贷：制造费用   15 500

三、产品成本的计算

(一) 成本项目的确定

产品的生产成本就是指产品在其生产过程中所发生的各种生产费用。产品成本计算是生产业务核算的主要内容。进行产品生产成本计算，就是将企业生产过程中为制造产品所发生的各种费用，按照所生产产品的品种(即成本计算对象)进行分配和归集，计算各种产品的总成本和单位成本。

按费用的经济用途不同，记入产品成本的生产费用可以进一步划分为若干个项目，会计上称为成本项目。具体包括以下几种。

1. 直接材料

直接材料是指直接用于产品生产，构成产品实体的原料、主要材料、燃料以及有助于产品形成的辅助材料等。

2. 直接人工

直接人工是指直接从事产品生产的工人的工资、奖金、津贴、补贴以及直接从事产品生产的人员的职工福利费。

3. 制造费用

制造费用是指企业的车间(分厂)为组织和管理生产所发生的各项间接费用。包括生产车间发生的管理人员工资及其他非生产人员工资等职工薪酬、车间发生的机物料消耗、车间固定资产折旧、车间水电费、车间办公费、季节性停工损失。

(三) 成本计算的程序

企业因生产工艺特点、生产组织方式及管理要求的不同，可以采用不同成本计算方法。这些方法大致包括以下程序。

1. 确定成本计算对象

成本计算对象，就是生产费用归集的对象。即通常所说的计算什么的成本。如要计算各种产品的成本，那么产品品种就是成本计算对象。

2. 归集和分配成本费用

成本计算对象确定以后，应根据成本计算的要求，对本期发生的各项费用在各成本计算对象之间进行归集和分配。

3. 费用在完工产品和月末在产品之间的分配

月末计算产品成本时，如果某种产品都全部完工，这种产品的各项费用之和，就是这种产品的完工产品成本；如果某种产品都未完工，这种产品的各项生产费用之和，就是这种产品的月末在产品成本；如果某种产品一部分已经完工，另一部分尚未完工，这种产品的各项费用，还应采用适当的分配方法，在完工产品与月末在产品之间进行分配，分别计算完工产品成本和月末在产品成本。

生产费用如何在完工产品和在产品之间进行分配，是成本计算中的一个既重要又复杂的内容。本书不作详细讲述。

4. 编制成本计算单

为系统地归集、分配应记入各种成本计算对象的费用，首先按成本计算对象和成本核算项目分别设置和登记费用、成本明细分类账户，然后根据这些账户资料，编制各种成本计算表，借以计算确定各种成本计算对象的总成本和单位成本。见表5-6和表5-7。

表5-6　产品名称：A产品

20XX 年		摘要	成本项目			合计
月	日		直接材料	直接人工	制造费用	
6		期初余额	3 000	1 700	1 200	5 900
		生产领用材料	23 200			29 100
		生产领用材料		15 000		44 100
		计提职工福利费		2 100		46 200
		分配制造费用			6 643.5	52 843.5
		本月合计	26 200	18 800	7 843.5	52 843.5
		结转完工产品成本	−26 200	−18 800	−7 843.5	

表5-7 产品名称：B产品

20XX年		摘要	成本项目			合计
月	日		直接材料	直接人工	制造费用	
6		生产领用材料	14 600			14 600
		分配生产工人工资		20 000		34 600
		计提职工福利费		2 800		37 400
		分配制造费用			8 856.5	46 256.5
		本月合计	14 600	22 800	8 856.5	46 256.5
		结转完工产品成本	-14 600	-22 800	-8 856.5	

【例5-35】30日，期末生产A和B产品分别为100件和80件，A和B产品全部完工并已验收入库，结转入库产品的生产成本。

编制会计分录如下。

借：库存商品——A产品　　　52 843.5
　　库存商品——B产品　　　46 256.5
　贷：生产成本——A产品　　　52 843.5
　　　生产成本——B产品　　　46 256.5

【例5-36】假设华夏公司2016年12月生产A、B两种产品，耗用甲、乙、丙3种材料，设有厂部管理部门和一个生产车间。领用材料及其用途如表5-8所示。

表5-8 材料费用分配表

		甲材料	乙材料	丙材料	合计
基本生产	A产品耗用	40 000		50 000	90 000
	B产品耗用		30 000	70 000	100 000
	小计				190 000
制造费用	基本生产车间耗用		3 000		3 000
管理费用	行政管理部门耗用			1 000	1 000
合计		40 000	33 000	121 000	194 000

该项经济业务发生，一方面使企业库存材料减少194 000(112 000+30 600+51 400)元，应记入"原材料"减少。另一方面使生产费用增加194 000元：其中用于产品生产所耗用的，应记入所生产的产品的"生产成本"账户；车间一般耗用的，应记入"制造费用"

账户；行政管理部门耗用的应记入"管理费用"账户。

　　借：生产成本——A产品　　　　　　　　　90 000
　　　　　　　　——B产品　　　　　　　　　100 000
　　　　制造费用　　　　　　　　　　　　　　3 000
　　　　管理费用　　　　　　　　　　　　　　1 000
　　　　贷：原材料——甲材料　　　　　　　　40 000
　　　　　　　　　——乙材料　　　　　　　　33 000
　　　　　　　　　——丙材料　　　　　　　　121 000

【例5-37】根据工时和考勤纪录计算的本月应付职工工资如下。

生产A产品的生产工人的薪酬	80 000
生产B产品的生产工人的薪酬	70 000
生产车间管理人员的薪酬	6 000
行政管理部门人员的薪酬	30 000
合计	186 000

　　该项经济业务的发生，一方面表示本月应付职工工资186 000元，应记入"应付职工薪酬"账户的贷方；另一方面表示工资费用也增加186 000元，其中生产A、B产品的生产工人薪酬应记入"生产成本"账户借方；车间管理人员的薪酬记入"制造费用"账户的借方；企业行政管理部门人员的薪酬记入"管理费用"账户的借方。其会计分录如下。

　　借：生产成本——A产品　　　　　　　　　80 000
　　　　　　　　——B产品　　　　　　　　　70 000
　　　　制造费用　　　　　　　　　　　　　　6 000
　　　　管理费用　　　　　　　　　　　　　　30 000
　　　　贷：应付职工薪酬——工资　　　　　　186 000

【例5-38】从银行提取现金186 000元，以备发工资。

　　该项经济业务的发生，一方面表示企业现金增加，应记入"库存现金"账户借方，另一方面表示企业银行存款减少，记入"银行存款"账户贷方。其会计分录如下。

　　借：库存现金　　　　　186 000
　　　　贷：银行存款　　　186 000

【例5-39】以现金186 000元发放本月职工工资。

　　该项经济业务的发生，一方面表示企业现金减少，应记入"库存现金"的贷方，另一方面表示企业欠职工的工资性债务减少，应记入"应付职工薪酬"的借方，会计分录如下。

　　借：应付职工薪酬——工资　　186 000
　　　　贷：库存现金　　　　　　186 000

【例5-40】按工资总额的14%计提职工福利费。

应提取的福利费计算如下。

生产A产品的生产工人的福利费=80 000×14%=11 200(元)

生产B产品的生产工人的福利费=70 000×14%=9 800(元)

生产车间管理人员的福利费=6 000×14%=840(元)

行政管理部门人员的福利费=30 000×14%=4 200(元)

合计　　　　　　　　　　186 000×14%=26 040(元)

企业职工除了按规定取得工资外,还可以享受一定的福利待遇。企业按照规定合理预计当期的职工福利费。职工福利费主要用于职工医药卫生、职工困难补助等。其费用分配与工资分配基本相同,但福利部门人员计提的职工福利费应记入"管理费用"账户核算。

该项经济业务的发生,一方面表示本月负债的增加,应记入"应付职工薪酬"账户的贷方;另一方面表示成本费用增加,其中生产A、B产品的生产工人的福利费应记入"生产成本"账户借方,车间管理人员的福利费应记入"制造费用"账户借方,企业行政管理部门人员的福利费应记入"管理费用"账户借方。其会计分录如下。

借：生产成本——A产品　　　　　11 200
　　　　　　——B产品　　　　　 9 800
　　制造费用　　　　　　　　　　840
　　管理费用　　　　　　　　　　4 200
　　贷：应付职工薪酬——职工福利　26 040

【例5-41】以银行存款支付本月水电费3 360元,其中行政管理部门耗用800元,生产车间耗用2 560元(不考虑有关税费)。

该项经济业务的发生,一方面表示本月有关费用增加,其中行政管理部门耗用的水电费应记入"管理费用"账户借方,生产车间耗用的水电费应记入"制造费用"账户贷方;另一方面,银行存款减少,应记入"银行存款"账户的贷方。其会计分录如下。

借：制造费用　　　　　2 560
　　管理费用　　　　　　800
　　贷：银行存款　　　　3 360

【例5-42】按规定计提本月固定资产折旧6 800元。其中,生产车间提取的折旧为5 600元,行政管理部门提取的折旧为1 200元。

该项经济业务的发生,一方面表示本月计提的固定资产折旧费增加6 800元,应记入"累计折旧"账户的贷方;另一方面表明应记入生产费用的折旧费用增加6 800元,其中,生产车间提取的折旧,应记入"制造费用"账户的借方,行政管理部门提取的折旧应记入"管理费用"账户的借方。其会计分录如下。

借：制造费用　　　　　　　　　5 600
　　管理费用　　　　　　　　　1 200
　　贷：累计折旧　　　　　　　　　　6 800

【例5-43】月末，将本月发生的制造费用转入生产成本。A、B两种产品的生产工人工时分别是80 000工时和70 000工时。

首先将制造费用归集，总额=3 000+6 000+840+2 560+5 600=18 000(元)

其次计算制造费用分配率=18 000/(80 000+70 000)=0.12

【例5-44】月末按A、B两种产品生产工人工资比例分配制造费用。

A产品应负担的制造费用=80 000×0.12=9 600(元)

B产品应负担的制造费用=70 000×0.12=8 400(元)

根据计算结果，将制造费用从"制造费用"账户的贷方，转入"生产成本"账户的借方。同时，应在"生产成本——A产品"和"生产成本——B产品"两个明细分类账户的借方制造费用成本项目内分别登记9 600元和8 400元。其会计分录如下。

借：生产成本——A产品　　　9 600
　　　　　　——B产品　　　8 400
　　贷：制造费用　　　　　　　　18 000

【例5-45】月末，计算并结转已完工入库的实际生产成本。假设上述A产品全部完工，完工成本为226 800元。

借：库存商品——A产品　　　226 800
　　贷：生产成本——A产品　　　226 800

A产品完工入库，编制的会计分录如下。

借：库存商品——A产品　　　226 800
　　贷：生产成本——A产品　　　226 800

【例5-46】某企业2016年6月初"生产成本"明细账资料显示："生产成本——甲产品"月初余额11 800元，其中直接材料6 000元，直接人工3 400元，制造费用2 400元；如表5-13所示。"生产成本——乙产品"月初余额4 000元，其中直接材料2 800元，直接人工1 000元，制造费用200元。

6月份该企业发生如下经济业务。

(1) 30日，发料凭证汇总表资料显示，本月生产甲产品领用材料24 000元，生产乙产品领用材料36 000元，车间领用4 400元，行政管理部门领用2 000元。

(2) 30日，计提车间固定资产折旧7180元，计提行政管理部门固定资产折旧5 000元。

(3) 30日，计算本月职工薪酬20 400元，其中甲产品生产工人薪酬8 000元，乙产品生产工人薪酬4 000元，车间管理人员薪酬3 000元，行政人员薪酬5 400元。

(4) 30日，计算制造费用分配率(按生产工人工资比例)，结转本月制造费用。

(5) 30日，结转完工产品成本，本月甲产品全部完工，乙产品全部未完工。

要求：(1) 根据上述资料编制会计分录；

(2) 登记"生产成本——甲产品"明细账，如表 5-9 所示。

表 5-9　产品名称：甲产品

2016年		摘要	成本项目			合计
月	日		直接材料	直接人工	制造费用	
6	1	期初余额	6 000	3 400	2 400	11 800
6	30	生产领用材料	24 000			35 800
6	30	分配生产工人工资		8 000		43 800
6	30	分配制造费用			9 720	53 520
6	30	本月合计	30 000	11 400	12 120	53 520
6	30	结转完工产品成本	−30 000	−11 400	−12 120	−53 520

解答：

(1) 借：生产成本——甲产品　　24 000
　　　　　　　　——乙产品　　36 000
　　　　制造费用　　　　　　　4 400
　　　　管理费用　　　　　　　2 000
　　　　贷：原材料　　　　　　66 400

(2) 借：制造费用　　　　　　　7 180
　　　　管理费用　　　　　　　5 000
　　　　贷：累计折旧　　　　　12 180

(3) 借：生产成本——甲产品　　8 000
　　　　　　　　——乙产品　　4 000
　　　　制造费用　　　　　　　3 000
　　　　管理费用　　　　　　　5 400
　　　　贷：应付职工薪酬(应付工资)　　20 400

(4) 本月发生的制造费用=4 400+7 180+3 000=14 580(元)
制造费用分配率=14 580/(8 000+4 000)=1.215
甲产品分配的制造费用=8 000×1.215=9 720(元)
乙产品分配的制造费用=4 000×1.215=4 860(元)
　　借：生产成本——甲产品　　9 720
　　　　　　　　——乙产品　　4 860
　　　　贷：制造费用　　　　　14 580

(5) 甲产品完工产品成本=6 000+3 400+2 400+24 000+8 000+9 720=53 520(元)
　　借：库存商品　　　　　　　53 520
　　　　贷：生产成本——甲产品　　53 520

第五节　销售过程的核算

企业只有将生产的产品销售出去，收回货款，将商品资金转化为货币资金，才能维持再生产过程，实现盈利目标。因此，销售业务核算的主要内容是：确认售出产品所实现的销售收入，与购货单位办理价款结算，支付各项销售费用，结转产品的销售成本，计算应向国家缴纳的税费，确定其销售的业务成果。另外，企业还会发生一些其他销售业务，如销售材料、出租包装物等，这些销售业务取得的收入和发生的支出，也是企业经营性业务的内容，是企业营业利润的构成部分。

一、商品销售收入的确认与计量

企业销售商品收入的确认，必须同时符合以下条件：
(1) 企业已将商品所有权上的主要风险和报酬转移给购货方；
(2) 企业既没有保留通常与商品所有权相联系的继续管理权，也没有对已售出的商品实施控制；
(3) 收入的金额能够可靠计量；
(4) 相关的经济利益很可能流入企业；
(5) 相关的已发生的或将发生的成本能够可靠计量。

二、主要账户的设置

(一)"主营业务收入"账户

性质：损益类账户。

用途：核算企业确认的销售商品、提供劳务及让渡资产使用权等日常活动中所产生的收入。

结构：贷方登记企业销售商品或提供劳务实现的收入，借方登记发生的因销售退回而冲减的销售收入和期末转入"本年利润"账户的数额，期末结转后该账户一般无余额。

明细账的设置：按主营业务的种类进行明细核算。

(二)"主营业务成本"账户

性质：损益类账户。

用途：核算企业确认销售商品、提供劳务及让渡资产使用权等日常活动中所产生实际成本。

结构：借方登记企业本期因销售商品、提供劳务或让渡资产使用权等日常活动而发生的实际成本，贷方登记应冲减销售成本和期末转入"本年利润"账户的已销售产品的生产成本，期末结转后该账户一般无余额。

明细账的设置：按主营业务的种类进行明细核算。

(三)"税金及附加"账户

性质：损益类账户。

用途：核算企业经营活动发生的消费税、城市维护建设税、资源税和教育费附加及房产税、土地使用税、车船使用税、印花税等相关税费。财会【2016】225号文件规定：全面试行营业税改为增值税后，"营业税金及附加"科目调整为"税金及附加"来核算。

结构：借方登记按照规定计算应交纳的税金及附加，贷方登记期末转入"本年利润"账户的数额，期末结转后本账户应无余额。

(四)"应收账款"账户

性质：资产类账户。

用途：核算企业因销售商品、提供劳务等经营活动应向购货单位或接受劳务单位收取的款项。

结构：借方登记因销售商品、提供劳务等经营活动应收取的款项，贷方登记实际收回的应收款项，本科目期末如为借方余额，反映企业尚未收回的应收账款，期末如为贷方余额，反映企业预收的账款，期末余额一般在借方，表示企业尚未收回的应收账款

明细账的设置：按债务人进行明细核算。

(五)"应收票据"账户

性质：资产类账户。

用途：核算企业因销售商品、提供劳务等而收到的商业汇票。包括银行承兑汇票和商业承兑汇票。

结构：借方登记应收票据的增加，贷方登记到期收回的票据应收款。期末余额一般在借方，表示尚未到期的票据应收款项。企业应设置应收票据备查簿登记应收票据的详细资料。

(六)"预收账款"账户

性质：负债类账户。

用途：核算企业按照合同规定预收的款项。

结构：贷方登记企业向购货单位预收的款项，借方登记销售实现时与购货单位结算的款项，期末如为贷方余额，反映企业预收的款项，期末如为借方余额，反映企业应由购货单位补付的款项。

明细账的设置：按购货单位进行明细核算。预收账款情况不多的，也可以不设置本科目，将预收的款项直接记入"应收账款"科目。

(七)"销售费用"账户

性质:损益类账户。

用途:核算企业在销售商品和材料、提供劳务的过程中发生的各种费用,包括保险费、包装费、展览费和广告费、商品维修费、预计产品质量保证损失、运输费、装卸费等以及为销售本企业商品而专设的销售机构(含销售网点、售后服务网点等)的职工薪酬、业务费、折旧费等经营费用。企业发生的与专设销售机构相关的固定资产修理费用等后续支出,也在本科目核算。

结构:借方登记企业在销售商品过程中发生的各项费用,贷方登记转入"本年利润"账户的本期销售费用,期末结转后该账户应无余额。

明细账的设置:按费用项目进行明细核算。

(八)"其他应收款"账户

性质:资产类账户。

用途:核算企业除应收票据、应收账款、预付账款、应收股利、应收利息、长期应收款等以外的其他各种应收及暂付款项。

结构:借方登记企业发生的其他各种应收款项,贷方登记已收回的其他各种应收款项,期末余额在借方,表示尚未收回的其他应收款项。

明细账的设置:按对方单位(或个人)设置明细账,进行明细核算。

三、销售业务核算的会计处理

制造业企业在销售阶段发生的主要业务有:确认销售收入、结转销售成本、办理款项结算、归集有关费用、计算销售税金等。

(一)主营业务收入的核算

对于企业销售商品或提供劳务实现的收入,应按实际收到、应收或者预收的金额,借记"银行存款""应收账款""应收票据""预收账款"等科目,按确认的营业收入,贷记"主营业务收入"。

对于增值税销项税额,一般规模纳税人应贷记"应交税费——应交增值税(销项税额)"科目;小规模纳税人应贷记"应交税费——应交增值税"科目。

【例5-47】假定汇丰公司20××年6月份发生如下经济业务。

(1)企业销售A产品600件,每件售价1 200元,货款计720 000元,增值税122 400元,款项已存入银行。

该项经济业务发生,一方面使企业银行存款增加,记入"银行存款"账户的借方;另一方面使企业主营业务收入增加,记入"主营业务收入"账户的贷方,企业向购货方收取的增值税销项税额,应记入"应交税费"账户的贷方。其会计分录如下:

```
借：银行存款                              842 400
    贷：主营业务收入——A产品                720 000
        应交税费——应交增值税(销项税额)      122 400
```

(2) 5日，向新宜公司出售A产品100件，每件不含增值税的售价1 060元，计货款106 000元，增值税18 020元，产品已发出，货款尚未收到。
```
借：应收账款——新宜公司                   124 020
    贷：主营业务收入                        106 000
        应交税费——应交增值税(销项税额)       18 020
```

(3) 6日，企业向三江公司销售B产品50件，每件不含增值税售价为500元。发票注明的货款为25 000元，增值税为4 250元，企业收到三江公司开出并承兑的商业汇票一张，金额为29 250元。
```
借：应收票据——三江公司                    29 250
    贷：主营业务收入                         25 000
        应交税费——应交增值税(销项税额)        4 250
```

(4) 15日，根据销货合同预收恒通公司购货款10 000元，已存入银行。
```
借：银行存款                               10 000
    贷：预收账款——恒通公司                  10 000
```

(5) 20日，企业向恒通公司发出B产品100件，每件不含增值税售价为500元。发票上注明的货款为50 000元，增值税为8 500元。
```
借：预收账款——恒通公司                    58 500
    贷：主营业务收入                         50 000
        应交税费——应交增值税(销项税额)        8 500
```

(6) 20日当天，企业又向恒通公司收取余款计48 500元存入银行。
```
借：银行存款                               48 500
    贷：预收账款——恒通公司                  48 500
```

(二) 主营业务成本的核算

月(期)末，企业应根据本期销售各种商品、提供各种劳务等的实际成本，计算应结转的主营业务成本，借记"主营业务成本"科目，贷记"库存商品"等科目。

【例5-48】30日，结转本月销售的A产品和B产品的销售成本，本月共销售A产品100件，B产品150件，A产品的单位成本为每件860元，B产品单位成本为每件320元。
```
借：主营业务成本                          134 000
    贷：库存商品——A产品                     86 000
            ——B产品                        48 000
```

(三) 税金及附加的核算

企业按规定计算确定的与经营活动相关的税费时，借记"税金及附加"科目，贷记"应交税费"科目。

【例5-49】30日，计算本期应交纳的城市维护建设税为1 050元，应交纳的教育费附加为600元。

借：营业税金及附加　　　　　　　　　　　　　1 650
　　贷：应交税费——应交城市维护建设税　　　　　　1 050
　　　　　　　　——应交教育费附加　　　　　　　　　600

【例5-50】按规定，计算A、B两种产品应交纳的消费税，税率为5%。

该经济业务说明，A、B两种产品均属于消费税应税范围。消费税的计算公式为：主营业务收入×消费税率。根据前述资料，应交消费税=720 000×5%=36 000(元)。企业因销售商品应交纳消费税，一方面使消费税增加，应记入"税金及附加"账户的借方；另一方面消费税款尚未实际支付，形成企业的一项负债，使得应交税费增加，记入"应交税费"账户的贷方，其会计分录如下。

借：税金及附加　　　　　　　　36 000
　　贷：应交税费——应交消费税　　　　36 000

【例5-51】以银行存款交纳本月增值税56 000元。

该项经济业务的发生，一方面表明企业交纳增值税，使企业负债减少，记入"应交税费——应交增值税(已交税金)"账户借方；另一方面使企业银行存款减少，记入"银行存款"账户的贷方。其会计分录如下。

借：应交税费——应交增值税(已交税金)　　56 000
　　贷：银行存款　　　　　　　　　　　　　　56 000

第六节　财务成果的核算和分配

一、利润形成的核算

(一) 财务成果构成

利润是企业在一定会计期间的经营成果。也就是收入与成本费用相抵后的差额；如果收入大于成本，则为盈利，反之则为亏损。

1. 营业利润

　　　　　　营业收入=主营业务收入+其他业务收入
　　　　　　营业成本=主营业务成本+其他业务成本

营业利润=营业收入-营业成本-营业税金及附加-销售费用-管理费用-
财务费用-资产减值损失+公允价值变动损益+投资收益

资产减值损失是指企业计提各项资产减值准备所形成的损失。

公允价值变动收益(或损失)是指企业的交易性金融资产等资产因公允价值变动所形成的收益(或损失)。

投资净收益是指企业对外投资获得的利润、股利和利息等投资收入减去投资损失后的净额。

2. 利润总额

利润总额=营业利润+营业外收入-营业外支出

3. 净利润

净利润=利润总额-所得税费用

(二) 账户设置

1. "其他业务收入"账户

性质：损益类账户。

用途：核算除主营业务活动以外的其他经营活动实现的收入，包括出租固定资产，出租无形资产，出租包装物和商品、销售材料等实现的其他业务收入。

结构：贷方登记企业获得的其他业务收入，借方登记期末结转到"本年利润"账户的其他业务收入，结转后该账户一般无余额。

明细账的设置：按其他业务收入种类进行明细核算。

2. "其他业务成本"账户

性质：损益类账户。

用途：核算企业确认的除主营业务活动以外的其他经营活动所发生的支出，包括销售材料的成本、出租固定资产的折旧额、出租无形资产的摊销额、出租包装物的成本或摊销额等。除主营业务活动以外的其他经营活动发生的相关税费，在"营业税金及附加"科目核算。

结构：借方登记企业发生的其他业务成本，贷方登记期末结转到"本年利润"账户的其他业务成本，结转以后该账户一般无余额。

明细账的设置：按其他业务的种类设置明细账，进行明细分类核算。

3. "营业外收入"账户

性质：损益类账户。

用途：核算企业发生的各项营业外收入，主要包括非流动资产处置利得、债务重组利得、政府补助、盘盈利得、捐赠利得等。

结构：贷方登记企业发生的各项营业外收入，借方登记期末转入"本年利润"账户的营业外收入数，期末结转后一般无余额。

明细账的设置：按营业外收入项目进行明细核算。

4. "营业外支出"账户

性质：损益类账户。

用途：核算企业发生的各项营业外支出，包括非流动资产处置损失、公益性捐赠支出、非常损失、盘亏损失等。

结构：借方登记企业发生的各项营业外支出，贷方登记期末转入"本年利润"账户的营业外支出数，期末结转后该账户一般无余额。

明细账的设置：按支出项目进行明细核算。

5. "本年利润"账户

性质：所有者权益类账户。

用途：核算企业当期实现的净利润(或发生的净亏损)。

结构：贷方登记期末从"主营业务收入""其他业务收入""营业外收入"以及"投资收益"(投资净收益)等账户的转入数，借方登记期末从"主营业务成本""营业税金及附加""其他业务成本""销售费用""管理费用""财务费用""营业外支出""所得税费用"等账户的转入数。若为贷方余额表示实现的净利润；若为借方余额表示发生的亏损。

在年度中间，该账户的余额保留在本账户，不予结转，表示截止到本期的本年累计实现的净利润(或亏损)。年度终了，应将本年实现的净利润，转入"利润分配"科目，借记本科目，贷记"利润分配——未分配利润"科目；如为净亏损做相反的会计分录。年终结转后本科目应无余额。

6. "所得税费用"账户

性质：损益类账户。

用途：核算企业按规定在本期损益中减去的所得税费用。

结构：借方登记企业应记入本期损益的所得税额，贷方登记企业期末转入"本年利润"账户的所得税额，结转后该账户一般无余额。

(三) 业务处理

【例 5-52】企业售出甲材料 1 000 克，单价 10 元，增值税 1 700 元，价税合计 11 700 元存入银行。

该项经济业务的发生，一方面使企业的其他业务收入增加，应记入"其他业务收入"账户的贷方；企业向购货方收取的增值税销项税额增加 1 700 元，应记入"应交税费——应交增值税"账户的贷方。

其会计分录如下。

借：银行存款　　　　　　　　　　　　11 700
　　贷：其他业务收入　　　　　　　　　　10 000
　　　　应交税费——应交增值税(销项税额)　1 700

【例 5-53】结转出售甲材料的成本 8 000 元。

该项经济业务的发生，一方面使其他业务成本增加，应记入"其他业务成本"账户的借方；另一方面库存材料减少，应记入"原材料"账户的贷方。其会计分录如下。

借：其他业务成本　　8 000
　　贷：原材料　　　　8 000

【例 5-54】企业出售一批不需用的原材料 10 000 元，增值税率 17%，款项尚未收到。

借：应收账款　　　　　　　　　　　　11 700
　　贷：其他业务收入　　　　　　　　　　10 000
　　　　应交税费——应交增值税(销项税)　1 700

【例 5-55】结转上述已售原材料的成本 6 500 元。

借：其他业务成本　　6 500
　　贷：原材料　　　　6 500

【例 5-56】5 日，以现金支付销售 A 产品的运杂费 500 元。

借：销售费用　　　　　　　　　　　　500
　　贷：库存现金　　　　　　　　　　　500

【例 5-57】10 日，行政管理人员王明出差预借差旅费 800 元，以现金付讫。

借：应收账款——王明　　　　　　　　800
　　贷：库存现金　　　　　　　　　　　800

【例 5-58】15 日，行政管理人员王明出差回来，报销差旅费 600 元，交回现金 200 元。

借：管理费用　　　　　　　　　　　　600
　　库存现金　　　　　　　　　　　　200
　　贷：其他应收款　　　　　　　　　　800

【例 5-59】企业以银行存款支付销售产品的广告费 80 000 元。

该项经济业务的发生，一方面使得企业销售费用增加，应记入"销售费用"账户的借方；另一方面使企业银行存款减少，应记入"银行存款"账户的贷方。会计分录如下。

借：销售费用　　　　　　　　80 000
　　贷：银行存款　　　　　　　　80 000

【例5-60】 财务成果的核算举例。

(1) 15日，企业对违反本企业管理规定的职工王某罚款130元，会计部门收到现金。

借：库存现金　　　　130
　　贷：营业外收入　　　　130

(2) 20日，企业开出现金支票，向某小学捐款10 000元。

借：营业外支出　　　　　　10 000
　　贷：银行存款　　　　　　　　10 000

(3) 30日，企业结转本期实现的各项收入和成本费用到"本年利润"账户，本期实现的主营业务收入为106 000元，主营业务成本47 494元，税金及附加10 600元，其他业务收入2 800元，其他业务成本2 000元，管理费用11 314元，财务费用300元，销售费用1 000元，营业外收入130元，营业外支出10 000元。

借：主营业务收入　　　　　　106 000
　　其他业务收入　　　　　　2 800
　　营业外收入　　　　　　　　130
　　贷：本年利润　　　　　　　　108 930
借：本年利润　　　　　　　　82 708
　　贷：主营业务成本　　　　　　47 494
　　　　税金及附加　　　　　　　10 600
　　　　其他业务成本　　　　　　2 000
　　　　管理费用　　　　　　　　11 314
　　　　财务费用　　　　　　　　300
　　　　销售费用　　　　　　　　1 000
　　　　营业外支出　　　　　　　10 000

(4) 30日，假设企业所得税率为25%，本期企业应纳所得额就是企业本期的利润总额，计算企业本期应交纳的企业所得税，并结转所得税费用。

企业的利润总额=108 930−82 708=26 222(元)

缴纳企业所得税=26 222×25%=6 555.5(元)

计算企业所得税的分录如下。

借：所得税费用　　　　　　　　6 555.5
　　贷：应交税费——应交所得税　　6 555.5

结转企业的所得税费用分录如下。

借：本年利润　　　　　　　　　6 555.5
　　贷：所得税费用　　　　　　　　6 555.5

企业本期的净利润=26 222−6 555.5=19 666.59(元)

二、利润分配核算

(一) 企业利润分配程序

企业按照国家的规定或企业董事会决议提请股东大会批准的年度利润分配方案,对企业实现的净利润进行分配。企业应按下列顺序分配:

(1) 如上年有亏损,先弥补亏损;

(2) 提取盈余公积(提取法定盈余公积和提取任意盈余公积);

(3) 向投资者分配利润。

企业可供分配的利润经过上述分配后,余下的为未分配利润(或未弥补亏损)。未分配利润可留待以后年度进行分配。

(二) 账户设置

1. "利润分配"账户

性质:所有者权益类账户。

用途:反映企业利润的分配(或亏损的弥补)和历年分配(或弥补)后的结存余额。

结构:年度终了,企业应将全年实现的净利润,自"本年利润"科目转入本账户,如为净亏损,则转入该账户的借方,当年对净利润的分配记在该账户的借方。本账户年末余额,反映企业历年积存的未分配利润(或未弥补亏损)。余额在贷方表示历年累计未分配的利润;余额在借方,则表示历年累计的未弥补亏损。

明细账的设置:应当分别按"提取法定盈余公积""提取任意盈余公积""应付现金股利或利润""转作股本的股利""盈余公积补亏""未分配利润"等进行明细核算。

2. "盈余公积"账户

性质:所有者权益类账户。

用途:核算企业从净利润中提取的盈余公积。

结构:贷方登记企业按规定提取的盈余公积,借方登记以盈余公积金转增资本、弥补亏损等数额,期末余额在贷方,表示企业盈余公积金实际结存数。

明细账的设置:本科目应当分别按"法定盈余公积""任意盈余公积"等进行明细核算。

3. "应付股利"账户

性质:负债类账户。

用途:核算企业分配的现金股利或利润。

结构:贷方登记应支付的现金股利或利润,借方登记实际支付的现金股利或利润,期末余额在贷方,反映企业应付未付的现金股利或利润。

注意：企业分配的股票股利不通过本科目核算，通过"股本"科目核算。

明细账的设置：按投资者进行明细核算。

【例5-61】 年末，结转本年实现的净利润1 125 000元。

该笔转账业务，就是将本年实现的净利润1 125 000元，从"本年利润"账户的借方转入"利润分配——未分配利润"账户的贷方。其会计分录如下。

借：本年利润　　　　　　　　　　　　1 125 000
　　贷：利润分配——未分配利润　　　　　　1 125 000

【例5-62】 税后净利润为1 125 000元，按税后利润的10%提取盈余公积。

应提取的盈余公积=1 125 000×10%=112 500(元)

该笔经济业务的发生，一方面使企业的利润减少，即实际分配利润112 500元；另一方面也使企业的盈余公积增加112 500元。其会计分录如下。

借：利润分配——提取盈余公积　　　　112 500
　　贷：盈余公积——法定盈余公积　　　　　112 500

【例5-63】 经董事会决定，向投资者分配利润700 000元。

该笔经济业务的发生，一方面使企业的所有者权益减少，即实际分配利润700 000元；另一方面也使企业应付投资者的利润增加700 000元，利润分配的增加应记入"利润分配——应付现金股利"账户的借方，应付利润的增加是企业负债的增加，应记入"应付股利"账户的贷方。其会计分录如下。

借：利润分配——应付现金股利　　　　700 000
　　贷：应付股利　　　　　　　　　　　　　700 000

【例5-64】 利润分配结束后，应将"利润分配"账户其他明细账户的余额结清，转入"利润分配——未分配利润"明细账户，以便结出年末未分配利润总额。年末，结转本年已分配的利润812 500(112 500+700 000)元。假设该企业年初的未分配利润为410 000元。

该笔转账业务，就是将提取的盈余公积112 500元和向投资者分配的利润700 000元分别从"利润分配——提取盈余公积"和"利润分配——应付股利"账户的贷方，转入"利润分配——未分配利润"账户的借方。其会计分录如下。

借：利润分配——未分配利润　　　　　812 500
　　贷：利润分配——提取盈余公积　　　　　112 500
　　　　　　　——应付股利　　　　　　　　700 000

该企业年末未分配利润=410 000+1 125 000−(112 500+700 000)=722 500(元)

将记入"利润分配——未分配利润"账户贷方的本年实现的净利润1 125 000元加年初的未分配利润410 000元，与记入"利润分配——未分配利润"账户借方的本年实际分配的利润额812 500元进行相减，为期末贷方余额722 500元，即为截至本年末企业累计未分配利润。如果该账户期末余额在借方，则表示企业年末累计未弥补亏损。

三、利润分配的小结

利润分配的分录编制步骤具体如下。

(1) 首先将"本年利润"账户的贷方余额转到"利润分配——未分配利润"账户。

借：本年利润
　　贷：利润分配——未分配利润

(2) 如果上年有亏损，减去上年亏损后的金额×10%提取法定盈余公积，没有亏损就不用减。

借：利润分配——提取法定盈余公积
　　贷：盈余公积——法定盈余公积

(3) 如果提取一般盈余公积，则按公司股东大会决议的规定提取。

借：利润分配——提取一般盈余公积
　　贷：盈余公积——一般盈余公积

(4) 向投资者分配利润。

借：利润分配——应付现金股利
　　贷：应付股利

(5) 将"利润分配"账户其他明细账的余额全部转到"利润分配——未分配利润"账户。

借：利润分配——未分配利润
　　贷：利润分配——法定盈余公积
　　　　利润分配——一般盈余公积
　　　　利润分配——应付现金股利

(6) 计算"利润分配——未分配利润"账户的余额=上年未分配利润余额+今年的利润总额-今年利润分配掉的金额。

【例5-65】某公司上年度"利润分配——未分配利润"账户余额为借方3 000元，当年实现净利润83 000元，按10%提取法定盈余公积，从税后利润中向投资者分配利润22 000元。

要求：1. 编制有关分录；
　　　2. 计算该企业的未分配利润。

答：1. 分录的编制过程如下。

(1) 借：本年利润　　　　　　　　　　　　83 000
　　　　贷：利润分配——未分配利润　　　　83 000

(2) 提取法定盈余公积(83 000-3 000)×10%=8 000(元)

借：利润分配——提取法定盈余公积　　8 000
　　贷：盈余公积——法定盈余公积　　　　8 000

(3) 向投资者分配利润 22 000 元

借：利润分配——应付现金股利　　　22 000
　　贷：应付股利　　　　　　　　　　　　22 000

(4) 将利润分配其他账户余额转到利润分配——未分配利润账户

借：利润分配——未分配利润　　　　30 000
　　贷：利润分配——提取法定盈余公积　　8 000
　　　　利润分配——应付现金股利　　　　22 000

2. 未分配利润=83 000−8 000−22 000+3 000=50 000(元)

【例5-66】某公司上年度"利润分配——未分配利润"账户余额为贷方 3 000 元，当年实现净利润 83 000 元，按 10%提取法定盈余公积，从税后利润中向投资者分配利润 22 000 元。

要求：1. 编制有关分录；
　　　2. 计算该企业的未分配利润。

答：1. 编制会计分录如下。

(1) 借：本年利润　　　　　　　　　　83 000
　　　　贷：利润分配——未分配利润　　　83 000

(2) 提取法定盈余公积 83 000×10%=8 300(元)

借：利润分配——提取法定盈余公积　　8 300
　　贷：盈余公积——法定盈余公积　　　　8 300

(3) 向投资者分配利润 22 000 元

借：利润分配——应付现金股利　　　22 000
　　贷：应付股利　　　　　　　　　　　　22 000

(4) 将利润分配其他账户余额转到利润分配——未分配利润账户

借：利润分配——未分配利润　　　　30 300
　　贷：利润分配——提取法定盈余公积　　8 300
　　　　利润分配——应付现金股利　　　　22 000

2. 未分配利润=83 000−8 300−22 000+3 000=55 700(元)

本 章 小 结

制造企业的主要业务包括资金筹集、供应、生产、销售、资金收回和资金退出等。资金筹集过程的核算主要包括投入资本业务和借入资金业务的核算。

供应过程包括两方面的核算：一是固定资产的购建业务；二是材料采购业务，核算材料的采购成本，包括买价和运杂费。

产品生产过程的核算主要是核算产品的生产成本,它由3部分组成:材料费、人工费和制造费用。

收入业务的核算主要核算主营业务收入、其他业务收入,同时结转相关成本。最后计算损益,通过"本年利润"来核算。

练 习 题

一、材料采购的核算题

1. 某企业为增值税一般纳税人,2014年6月发生如下材料采购业务(假定发生的运费不考虑增值税扣除问题)。要求:根据下列采购业务编制分录。

(1) 3日,购入甲材料一批,价款80 000元,增值税13 600元,运费1 000元,全部款项以银行存款支付。

(2) 8日,购入乙材料一批,价款100 000元,增值税17 000元,运杂费1 800元,其中运费1 200元,款项尚未支付。

(3) 20日,向三星工厂购入甲、乙两种材料,甲材料500公斤,每公斤300元,增值税25 500元,乙材料800公斤,每公斤400元,增值税54 400元,甲、乙两种材料的运杂费3250元,全部款项以银行存款支付(运杂费按甲、乙两材料的重量比例分配)。

(4) 30日,上述购入材料验收入库,按实际成本转入原材料账户。

2. 中天公司为增值税一般纳税人,2014年6月份发生下列经济业务。(假定发生的运费不考虑增值税扣除问题)。要求,根据下列材料采购业务编制会计分录。

(1) 3日,购入A材料2 000千克,单价25元,计价款50 000元,增值税额8 500元,货款及税款用银行存款支付。

(2) 4日,以现金支付上述购进A材料的运杂费800元。

(3) 12日,购进B材料1 500千克,单价40元,计价款60 000元,增值税为10 200元,对方代垫运杂费1 000元,所有价款暂欠。

(4) 20日,向东风公司同时购进A、B两种材料,A材料3 000千克,单价25元,计价款75 000元,增值税为12 750元,B材料2 000千克,单价40元,计价款80 000元,增值税为13 600元,发生运费2 000元,所有款项均以银行存款支付。

(5) 30日,本月购进A、B两种材料全部已验收入库,结转所有A、B材料的实际成本。

二、生产过程的核算题

1. 某企业生产成本——A产品月初余额5 900元,其中直接材料3 000元,直接人工1 700元,制造费用1 200元。

5月份发生如下经济业务,要求:编制会计分录并登记生产成本——A产品明细账。

(1) 生产 A 产品领用材料 12 000 元, 生产 B 产品领用材料 18 000 元, 车间领用 2 200 元, 行政管理部门领用 1 000 元。

(2) 分配生产工人工资 5 000 元, (其中 A 产品工人工资 3 500 元, B 产品工人工资 1 500 元)车间管理人员工资 1 500 元, 行政管理部门工资 2 700 元。

(3) 计提车间固定资产折旧 3 590 元, 行政管理部门折旧 2 500 元。

(4) 按生产工人工资比例分配结转制造费用。

(5) 本月 A 产品月末余额为 4 503 元, 其中直接材料 2 000 元, 直接人工 1 200 元, 制造费用 1 303 元, A 产品本月完工 100 件, B 产品全部没有完工, 结转完工产品成本, A 产品的完工产品成本=5 900+12 000+3 500+5 103-4 503=22 000。请根据以上信息登记生产成本明细账, 见表 5-10。

表 5-10 生产成本明细账(产品名称：A 产品)

2014 年		摘要	成本项目			合计
月	日		直接材料	直接人工	制造费用	
5	略	月初余额				
	略	领用材料				
		分配生产工人工资				
		分配结转制造费用				
		本月合计				
		结转本月完工产品				
		月末余额				4 503

2. 请为某企业 5 月份的生产业务编写会计分录。

(1) 某企业生产 A、B 两种产品, 根据月末编制的"发料凭证汇总表", 当月生产车间领用甲材料 198 000 元, (其中 A 产品用 120 000 元, B 产品用 78 000 元)车间管理部门领用材料 3 000 元, 行政管理部门领用甲材料 2 000 元。

(2) 根据月末编制的"工资结算汇总表", 本月应付生产工人薪酬(含福利费)为 114 000 元(其中生产 A 产品的工人薪酬 67 000 元, 生产 B 产品的工人薪酬 47 000 元)应付车间管理人员薪酬 17 100 元, 应付行政人员薪酬 22 800 元。

(3) 本月计提固定资产折旧 5 000 元, 其中生产车间固定资产折旧 4 000 元, 行政管理部门折旧 1 000 元。

(4) 本月以银行存款支付其他制造费用 4 400 元。

(5) 分配制造费用, 制造费用按生产工人薪酬比例分配。

制造费用分配率=(17 100+3 000+4 000+4 400)/(67 000+47 000)

=28 500/114 000=0.25

A 产品分配的制造费用=67 000×0.25=16 750(元)

B产品分配的制造费用=11 750(元)

(6) 月末，本月生产的A、B两种产品全部完工并验收入库，其中A产品计20件，B产品计30件且无月初在产品，计算并结转完工产品成本。

A产品的完工产品成本=120 000+67 000+16 750=203 750(元)

B产品的完工产品成本=78 000+47 000+11 750=136 750(元)

A产品的单位成本=203 750/20=10 187.5(元)

B产品的单位成本=136 750/30=4 558.33(元)

(7) 销售A产品18件，不含税单价每件16 000元，B产品25件，不含税每件单价8 000元，均已收款存银行。

(8) 结转已售产品成本(假设无月初库存商品)。

A产品的销售成本=18×10 187.5=183 375(元)

B产品的销售成本=25×4 558.33=113 958.25(元)

三、销售过程的核算题

(1) 5日，向新宜公司出售A产品100件，每台不含增值税售价1 060元，计货款106 000元，增值税18 020元，产品已发出，货物尚未收到。

(2) 5日，由于A产品是应纳消费税的产品，其适用的消费税率为10%，计算上述已售A产品税金。

(3) 5日，以现金支付销售A产品的运杂费500元。

(4) 10日，行政管理人员王明出差预借差旅费800元，以现金付讫。

(5) 15日，王明出差回来，报销差旅费600元，余款交回现金200元。

(6) 15日根据销售合同预收恒通公司货款10 000元，已存入银行。

(7) 20日，企业向恒通公司发出B产品100件，每件不含增值税售价为500元，发票上注明的货款为5 000元，增值税为8 500元。

(8) 25日，向恒通公司收取余款48 500元，已存入银行。

(9) 26日，企业向三江公司销售B产品50件，每件不含增值税售价为500元，发票上注明的货款为25 000元，增值税为4 250元，企业收到三江公司开出并承兑的商业承兑汇票1张，金额为29 250元。

(10) 30日，结转本月销售的A产品和B产品的销售成本，本月售出的A产品和B产品的数量分别为100件、150件，A产品单位成本每件860元，B产品单位成本每件320元。

(11) 30日，计算本期应交的营业税3 500元，城市维护建设税1 050元，教育费附加600元。

(12) 10日，售出一批不需用的原材料10 000元，增值税率17%，款项尚未收到。

(13) 10 日企业结转上述已售原材料成本 6 500 元。请为以上业务编写会计分录。

四、利润的形成及分配的核算题

1. 某企业 2014 年 12 月份部分损益类账户的发生额及部分业务如下。

账户名称	借方	贷方
主营业务收入		125 000
主营业务成本	101 400	
税金及附加	8 750	
管理费用	1 800	
财务费用	1 240	

(1) 通过银行向希望工程捐款 5 000 元。

(2) 收到违纪职工交来罚款现金 500 元。

(3) 结转本月利润。

(4) 按 25%税率计算并结转本月所得税并结转本月所得税。

(5) 结转全年净利润("本年利润"账户 11 月末为贷 74 517.5 元)。

(6) 按全年净利润 10%提取法定盈余公积。

(7) 向投资者分配利润 30 000 元。

(8) 结转"利润分配"各明细账户余额。

(9) 计算年末利润分配——未分配利润账户余额(假如年初该账户余额为贷 6 000 元)。

要求：编制有关会计分录。

2. 企业 2013 年 12 月 1 日至 12 月 31 日损益类账户累计发生额如下。

科目名称	借方	贷方
主营业务收入		700 000
主营业务成本	525 000	
税金及附加	14 000	
管理费用	17 000	
销售费用	35 000	
财务费用	4 000	
营业外收入		14 000
营业外支出	40 000	

该公司所得税率 25%，假设无其他纳税调整事项，按本年税后利润的 10%提取法定盈余公积，从税后利润中向投资者分配利润 30 000 元，该企业利润分配——未分配利润账户年初贷方余额为 50 000 元。

要求：编制有关会计分录。

五、综合题

光明工厂 2014 年 4 月份发生下列经济业务。要求：根据资料编制会计分录。(列示计算过程及必要的明细科目)

(1) 购入甲材料 1 000 千克，每千克 5 元，计 5 000 元，增值税额 850 元，乙材料 2 000 千克，每千克 4 元，计 8 000 元，增值税额 1 360 元。货款及税金均以银行存款支付，材料已验收入库，结转材料采购成本。

(2) 仓库发出材料用于产品生产，资料如下。

A 产品领用甲材料 2 000 千克，计 10 000 元，乙材料 3 000 千克，计 12 000 元；B 产品领用甲材料 500 千克，计 2 500 元，乙材料 1 000 千克，计 4 000 元。

(3) 以银行存款预付下半年度报纸订阅费 600 元。

(4) 某职工出差预借差旅费 700 元，以现金支付。

(5) 提取折旧 5 000 元，其中生产车间 3 000 元，企业管理部门 2 000 元。

(6) 分配结转本月份职工工资 100 000 元，其中 A 产品生产工人工资 50 000 元，B 产品 30 000 元，车间管理人员 5 000 元，厂部管理人员 15 000 元。

(7) 分配结转本月制造费用 16 000 元(按生产工人工资比例分配)。

(8) 委托银行收取的货款 500 000 元收存银行。

(9) 结转本月完工入库产品成本，A 产品 200 000 元，B 产品 100 000 元。

(10) 本月销售 A 产品 10 000 千克，每千克 10 元，增值税 17 000 元，B 产品 5 000 千克，每千克 40 元，增值税 34 000 元，货款税款收存银行。

(11) 结转本月产品销售成本，A 产品 75 000 元，B 产品 180 000 元。

(12) 以银行存款支付广告费 5 000 元。

(13) 结转本月收入和费用账户的发生额。

(14) 按税率 25%计算所得税并结转本期所得税。

(15) 分别按税后利润 10%、40%提取盈余公积向投资者分配利润。

第六章 会计凭证

【导读】

会计凭证，包括原始凭证和记账凭证，是登记账簿的依据。本章重点阐述会计凭证、原始凭证和记账凭证的填制和审核问题。学习本章，要求理解会计凭证的概念、作用和种类，重点掌握原始凭证的填制和审核的基本方法以及记账凭证的填制和审核的基本方法，了解会计凭证传递的一般程序及其在保管上的要求，还要注意掌握填制原始凭证和记账凭证的技术方法。通过本章的学习，应能正确使用会计凭证这种会计核算方法。

【学习要求】

1. 掌握会计凭证的含义、作用、分类；
2. 掌握原始凭证的含义和类别；
3. 掌握原始凭证的基本内容、填制要求以及主要原始凭证的填制方法；
4. 掌握记账凭证的含义和类别；
5. 掌握记账凭证的基本内容、填制要求以及填制方法；
6. 了解会计凭证的传递与保管。

第一节 会计凭证概述

一、会计凭证的概念

会计凭证是记录经济业务、明确经济责任的书面证明，也是登记账簿的依据。

会计管理工作要求会计核算提供真实的会计资料，强调记录的经济业务必须有根有据。因此，任何企业、事业和行政单位，每发生一笔经济业务，都必须由执行或完成该项经济业务的有关人员取得或填制会计凭证，并在凭证上签名或盖章，以对凭证上所记载的内容负责。例如，购买商品、材料由供货方开出发票；支出款项由收款方开出收据；接收商品、材料入库要有收货单；发出商品要有发货单；发出材料要有领料单等。这些发票、收据、收货单、发货单、领料单都是会计凭证。

所有会计凭证都必须认真填制，同时还得经过财会部门严格审核，只有审核无误的会计凭证才能作为经济业务发生或完成的证明，才能作为登记账簿的依据。

二、会计凭证的作用

填制和审核会计凭证是会计核算工作的起点，是登记账簿的前提和依据，也是会计核算方法之一。填制和审核会计凭证在经济管理中具有重要作用。

1. 为会计核算提供原始依据

任何经济业务发生都必须取得或填制会计凭证，如实地反映经济业务发生或完成情况。会计凭证上记载了经济业务发生的时间和内容，从而为会计核算提供了原始凭据，保证了会计核算的客观性与真实性，克服了主观随意性，使会计信息的质量得到了可靠保障。

2. 发挥会计监督作用

经济业务是否合法、合理，是否客观真实，在记账前都必须经过财会部门审核。通过审核会计凭证，可以充分发挥会计监督作用。通过检查每笔经济业务是否符合有关政策、法令、制度、计划和预算的规定，有无铺张浪费和违纪行为，从而促进各单位和经办人树立遵纪守法的观念，促使各单位建立健全各项规章制度，确保财产安全完整。

3. 加强岗位责任制

每一笔经济业务发生或完成都要填制和取得会计凭证，并由相关单位和人员在凭证上签名盖章，这样能促使经办人员严格按照规章制度办事。一旦出现问题，便于分清责任，及时采取措施，有利于岗位责任制的落实。

三、会计凭证的种类

经济业务的纷繁复杂决定了会计凭证是多种多样的。为了正确地使用和填制会计凭证，必须对会计凭证进行分类。会计凭证按照编制的程序和用途不同，分为原始凭证和记账凭证。

1. 原始凭证

原始凭证是在经济业务发生或完成时由相关人员取得或填制的，用以记录或证明经济业务发生或完成情况并明确有关经济责任的一种原始凭据。任何经济业务发生都必须填制和取得原始凭证，原始凭证是会计核算的原始依据。图 6-1、图 6-2 和图 6-3 列举了一些企业实际发生的原始凭证。

图 6-1　借款单

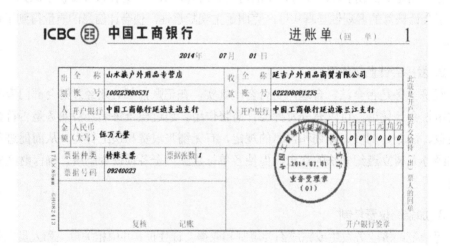

图 6-2　银行进账单

图 6-3　增值税专用发票

2. 记账凭证

记账凭证是财会部门根据审核无误的原始凭证进行归类、整理，记载经济业务简要内容，确定会计分录的会计凭证。记账凭证是登记会计账簿的直接依据。图 6-4、图 6-5 和图 6-6 列举了一些记账凭证。

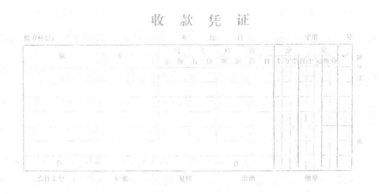

图 6-4　收款凭证

图 6-5　付款凭证

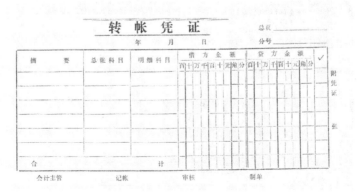

图 6-6　转账凭证

第二节 原始凭证

一、原始凭证的概念

原始凭证是在经济业务发生或完成时由相关人员取得或填制的,用以记录或证明经济业务发生或完成情况并明确有关经济责任的一种原始凭据。原始凭证是证明经济业务发生的原始依据,具有较强的法律效力,是一种很重要的会计凭证。

二、原始凭证的种类

纷繁复杂的经济业务导致原始凭证的品种繁多,为了更好地认识和利用原始凭证,必须按照一定标准对原始凭证进行分类。原始凭证按照不同的分类标准,可以分为不同的种类。

1. 原始凭证按其来源不同分类

原始凭证按其来源不同分类,可以分为外来原始凭证和自制原始凭证两种。

1) 外来原始凭证

外来原始凭证是在经济业务活动发生或完成时,从其他单位或个人处直接取得的原始凭证。如增值税专用发票、非增值税及小规模纳税人的发票、铁路运输部门的火车票、由银行转来的结算凭证和对外支付款项时取得的收据等都是外来原始凭证。其格式如图 6-7、6-8 和 6-9 所示。

图 6-7 工商银行付款凭证

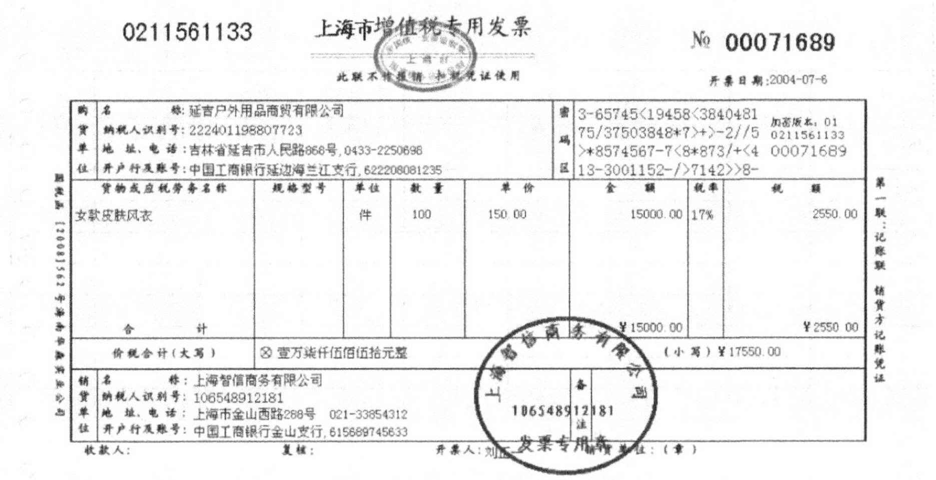

0211561133 上海市增值税专用发票 № 00071689

此联不作报销、扣税凭证使用

开票日期：2004-07-6

购货单位	名称：延吉户外用品商贸有限公司 纳税人识别号：222401198807723 地址、电话：吉林省延吉市人民路868号，0433-2250698 开户行及账号：中国工商银行延边海兰江支行，622208081235			密码区	3-65745<19458<3840481 75/37503848*7>+>-2//5 >*8574567-7<8*873/+<4 13-3001152-/>7142>>8-	加密版本：01 0211561133 00071689	
货物或应税劳务名称	规格型号	单位	数量	单价	金额	税率	税额
女款皮肤风衣		件	100	150.00	15000.00	17%	2550.00
合计					￥15000.00		￥2550.00
价税合计（大写）	⊗壹万柒仟伍佰伍拾元整				（小写）￥17550.00		
销货单位	名称：上海智信商务有限公司 纳税人识别号：106548912181 地址、电话：上海市金山西路288号 021-33854312 开户行及账号：中国工商银行金山支行，615689745633			备注			

收款人： 复核： 开票人：刘 销货单位：（章）

第一联：记账联 销货方记账凭证

图6-8 增值税发票

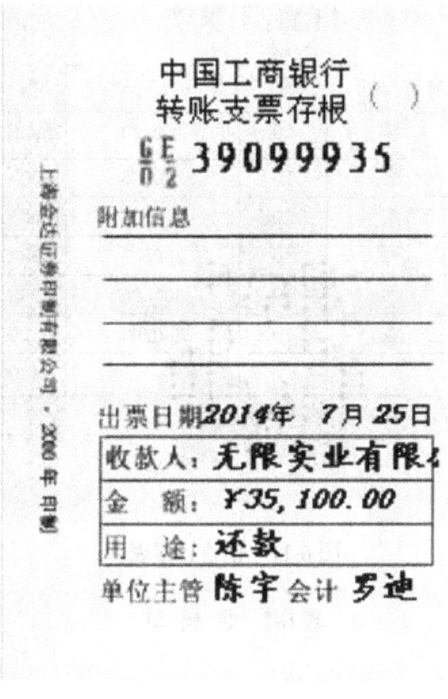

中国工商银行

转账支票存根（ ）

GE
02 39099935

附加信息

出票日期2014年 7月 25日

收款人：无限实业有限公

金 额：￥35,100.00

用 途：还款

单位主管 陈宇 会计 罗迪

图6-9 支票存根

2) 自制原始凭证

自制原始凭证是指本单位内部具体经办业务的部门和人员，在执行或完成经济业务时所填制的原始凭证。如企业的“‘五险一金’计提表”(见图6-10)、“销售日报表”(见图6-11)、“收料单”、“领料单”(见表6-1)、“销货发票”、“产品入库单”(见表6-2)、“工资结算表”和“固定资产验收单”(见图6-12)等。

"五险一金"计提表

2014年7月31日　　　　　　　　　　　　　　　　　　　　单位：元

计算项目 应借科目	总额	住房公积金 计提比例 （12%）	失业保险 计提比例 （2%）	医疗保险 计提比例 （6%）	养老保险 计提比例 （20%）	工伤保险 计提比例 （1%）	生育保险 计提比例 （0.8%）	合计
总经理办公室								
资产部								
财务部								
销售部								
采购部								
仓管部								
人力资源部								
合　计								

主管（略）　　　　记账（略）　　　　审核（略）　　　　制表（略）

图6-10　"五险一金"计提表

销 售 日 报 表

2014年7月22日　　　　　　　　　　　　　　　　　　　　编号：012

编码	货物名称	计量单位	数量	单价（不含税）	金额	税率	价税合计
0101	女款皮肤风衣	件	20	150.00	3000.00	17%	3510.00
0102	女款三合一冲锋衣	套	10	200.00	2000.00	17%	2340.00
0104	女款修身防风裤	条	30	160.00	4800.00	17%	5616.00
0201	男款短袖T恤	件	40	200.00	8000.00	17%	9360.00
0202	男款防风冲锋衣	件	10	300.00	3000.00	17%	3510.00
0205	男款防滑登山鞋	双	10	350.00	3500.00	17%	4095.00
合计					24300.00		28431.00

实收金额合计（大写）贰万捌仟肆佰叁拾壹元整

填表人：胡莹

图6-11　销售日报表

表6-1　领　料　单

领料部门：　　　　　　　　　　　　　　　　　　　凭证编号：201401
用　途：　　　　　年　　月　　日　　　　　　　收料仓库：

材料编号	材料规格及名称	计量单位	数量		价格	
			请领	实领	单价	金额(元)
备注					合计	

记账　　　　　　　　发料　　　　　　　　审批　　　　　　　　领料

表6-2 产品入库单

凭证编号：201402
交库单位：　　　　　　年　　月　　日　　　　　　收料仓库：

产品编号	产品名称	规格	计量单位	交付数量	检验结果		实收数量	单价	金额
					合格	不合格			
备注							合计		

固定资产验收单

2014年07月21日　　　　　　　编号：60495

名称	规格型号	来源	数量	购(造)价	使用年限	预计残值
方正电脑		外购	1	¥3500.00	5年	残值率1%
安装费	月折旧率	建造单位		交工日期		附件
				2014年17月21日		
验收部门	销售部	验收人员	胡莹	管理部门		管理人员
备注	本设备已经过调试，可投入使用。					

审核：略　　　　制单：略

图6-12　固定资产验收单

2. 原始凭证按其填制方法不同分类

原始凭证按其填制方法不同分类，可以分为一次凭证、累计凭证和汇总凭证3种。

1) 一次凭证

一次凭证是指一次填制完成的原始凭证。它反映一笔经济业务或同时反映若干同类经济业务的内容。外来原始凭证一般均属一次凭证，自制原始凭证中大多数也是一次凭证。日常的原始凭证多属此类，如"现金收据"、"发货票"、"收料单"等。一次凭证能够清晰地反映经济业务活动情况，使用方便灵活，但数量较多。

2) 累计凭证

累计凭证，是指在一张凭证上连续登记一定时期内不断重复发生的若干同类经济业务，直到期末才能填制完毕的原始凭证。累计凭证可以连续登记相同性质的经济业务，随时计算出累计数及结余数，期末按实际发生额记账。如"费用限额卡"、"限额领料单"等。"限额领料单"的格式如表6-3所示。

表 6-3　限额领料单

领料部门：＿＿＿＿＿＿　　　　　　　　　　　　凭证编号：＿201403＿

产品名称、号码：＿＿＿＿＿＿　　　年　月　日

计划产量：＿＿＿＿　　　单位消耗定额：＿＿＿＿＿　　　编号：＿＿＿＿

材料编号	材料名称	规格	计量单位	计划单位	领料限额	全月实用	
						数量	金额

领料日期	请领数量	实发数量	领料人签章	发料人签章	限额结余
合计					

供应部门负责人：　　　　生产部门负责人：　　　　仓库管理员：

3) 汇总凭证

汇总凭证，也叫原始凭证汇总表，是根据许多同类经济业务的原始凭证或会计核算资料定期加以汇总而重新编制的原始凭证。如"发出材料汇总表"、"差旅费报销单"等。汇总凭证既可以提供经营管理所需要的总量指标，又可以大大简化核算手续。"发出材料汇总表"的格式如表6-4所示。

表 6-4　发出材料汇总表

年　月　日

会计科目		领料部门	原材料	燃料	合计
生产成本	基本生产车间	一车间			
		二车间			
		小计			
	辅助生产车间	供电车间			
		供气车间			
		小计			
制造费用		一车间			
		二车间			
		小计			
管理费用		行政部门			
合计					

财会负责人：　　　　　复核：　　　　　制表：

3. 原始凭证按用途不同分类

原始凭证按其用途不同分类，可以分为通知凭证、执行凭证和计算凭证 3 种。

(1) 通知凭证是指要求、指示或命令企业进行某项经济业务的原始凭证，如"罚款通知书""付款通知单"等。

(2) 执行凭证是用来证明某项经济业务发生或已经完成的原始凭证，如"销货发票""材料验收单""领料单"等。

(3) 计算凭证是指根据原始凭证和有关会计核算资料而编制的原始凭证。计算凭证一般是为了便于以后记账和了解各项数据来源和产生的情况而编制的，如"制造费用分配表""产品成本计算单""工资结算表"等。

4. 原始凭证按其格式不同分类

原始凭证按其格式不同分类，可以分为通用凭证和专用凭证两种。

(1) 通用凭证是指全国或某一地区、某一部门统一格式的原始凭证。如由银行统一印制的结算凭证、税务部门统一印制的发票等。

(2) 专用凭证是指一些单位具有特定内容、格式和专门用途的原始凭证。如高速公路通过费收据、养路费缴款单等。

以上是按不同的标志对原始凭证进行的分类。它们之间是相互依存、密切联系的，有些原始凭证按照不同的分类标准分别属于不同的种类。如现金收据对出具收据的单位来说是自制原始凭证；而对接收收据的单位来说则是外来原始凭证；同时，它既是一次凭证，又是执行凭证，也是专用凭证。外来的凭证大多为一次凭证，计算凭证、累计凭证大多为自制原始凭证。

根据上述原始凭证的分类，归纳如图 6-13 所示。

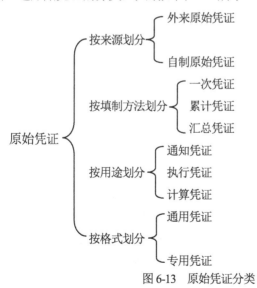

图 6-13 原始凭证分类

三、原始凭证的基本内容

企业发生的经济业务纷繁复杂，反映其具体内容的原始凭证也品种繁多。虽然原始凭证反映经济业务的内容不同，但无论哪一种原始凭证，都应该说明有关经济业务的执行和完成情况，都应该明确有关经办人员和经办单位的经济责任。因此，各种原始凭证，尽管名称和格式不同，但都应该具备一些共同的基本内容。这些基本内容就是每一张原始凭证所应该具备的要素。原始凭证必须具备以下基本内容：

(1) 原始凭证的名称；
(2) 填制原始凭证的日期和凭证编号；
(3) 接受凭证的单位名称；
(4) 经济业务内容，如品名、数量、单价、金额大小写；
(5) 填制原始凭证的单位名称和填制人姓名；
(6) 经办人员的签名或盖章。

【小思考】：
请指出下列原始凭证的各个要素。

有些原始凭证，不仅要满足会计工作的需要，还应满足其他管理工作的需要。因此，在有些凭证上，除具备上述内容外，还应具备其他一些项目，如与业务有关的经济合同、结算方式、费用预算等，以更加完整、清晰地反映经济业务。

在实际工作中，各单位根据会计核算和管理的需要，可自行设计印制适合本单位需要的各种原始凭证。但是对于在一个地区范围内经常发生大量同类经济业务，应由各主管部门统一设计印制原始凭证。如银行统一印制的银行汇票、转账支票和现金支票等，由铁路部门统一印制的火车票，由税务部门统一印制的有税务登记的发票，财政部门统一印制的收款收据等。这样，可以使原始凭证的内容格式统一，便于加强监督管理。

四、原始凭证的填制要求

填制原始凭证，要由填制人员将各项原始凭证要素按规定方法填写齐全，办妥签章手续，明确经济责任。

由于各种凭证的内容和格式千差万别，因此，原始凭证的具体填制方法也不同。一般来说，自制原始凭证通常有3种形式。一是根据经济业务的执行和完成的实际情况直接填列，如根据实际领用的材料品名和数量填制领料单等。二是根据账簿记录对某项经济业务进行加工整理填列，如月末计算产品成本时，先要根据"制造费用"账户本月借方发生额填制"制造费用分配表"，将本月发生的制造费用按照一定的分配标准分配到有关产品成本中去，然后再计算出某种产品的生产成本。三是根据若干张反映同类业务的原始凭证定期汇总填列，如发出材料汇总表。外来原始凭证是由其他单位或个人填制的。它同自制原始凭证一样，也要具备能证明经济业务完成情况和明确经济责任所必备的内容。

原始凭证是具有法律效力的证明文件，是进行会计核算的依据，必须认真填制。为了保证原始凭证能清晰地反映各项经济业务的真实情况，原始凭证的填制必须符合以下要求。

(1) 记录要真实。原始凭证上填制的日期、经济业务内容和数字必须是经济业务发生或完成的实际情况，不得弄虚作假，不得以匡算数或估计数填入，不得涂改、挖补。

(2) 内容要完整。原始凭证中应该填写的项目要逐项填写，不可缺漏；名称要写全，不要简化；品名和用途要填写明确，不能含糊不清；有关部门和人员的签名和盖章必须齐全。

(3) 手续要完备。单位自制的原始凭证上必须有经办业务的部门和人员的签名盖章；对外开出的凭证必须加盖本单位的公章或财务专用章；从外部取得的原始凭证上必须有填制单位的公章或财务专用章。总之，取得的原始凭证必须符合手续完备的要求，以明确经济责任，确保凭证的合法性、真实性。

(4) 填制要及时。所有业务的有关部门和人员，在经济业务实际发生或完成时，必须及时填写原始凭证，做到不拖延、不积压、不事后补填，并按规定的程序审核。

(5) 编号要连续。原始凭证要连续或分类编号，在填制时要按照编号的顺序使用，跳号的凭证要加盖"作废"戳记，连同存根一起保管，不得撕毁。

(6) 书写要规范。原始凭证中的文字、数字的书写都要清晰、工整、规范，做到字迹端正、易于辨认，不草、不乱、不造字。大小写金额要一致。复写的凭证要不串行、不串格、不模糊，一式几联的原始凭证，应当注明各联的用途。数字和货币符号的书写要符合下列要求。

(1) 数字要一个一个地写，不得连笔写。特别是在要连写几个"0"时，也一定要单个来写，不能将几个"0"连在一起一笔写完。数字排列要整齐，数字之间的间隔要均匀，不宜过大。此外，阿拉伯数字的书写还应有高度的标准，一般要求数字的高度占凭证横格的1/2。书写时还要注意紧靠横格底线，使上方能有一定的空位，以便需要进行更正时可以再次书写。

(2) 阿拉伯数字前面应该书写货币币种或者货币名称简写和币种符号。币种符号与阿拉伯数字之间不得留有空白。凡阿拉伯金额数字前写有货币币种符号的，数字后面不再写货币单位。所有以元为单位(其他货币种类为货币基本单位，下同)的阿拉伯数字，除表示单价等情况外，一律填写到角分；无角分的，角位和分位写"00"或者符号"——"；有角无分的，分位应当写"0"，不得用符号"——"代替。在发货票等必须填写大写金额数字的原始凭证上，如果大写金额数字前未印有货币名称，应当加填货币名称，然后在其后紧接着填写大写金额数字，货币名称和金额数字之间不得留有空白。

(3) 汉字填写金额如零、壹、贰、叁、肆、伍、陆、柒、捌、玖、拾、佰、仟、万、亿等，应一律用正楷或行书体填写，不得用0、一、二、三、四、五、六、七、八、九、十等简化字代替。不得任意自造简化字。大写金额数字到元或角为止的，在"元"或"角"之后应当写"整"或"正"字。阿拉伯金额数字之间有"0"时，汉字大写金额应写"零"字；阿拉伯金额数字中间连续有几个"0"时，大写金额中可以只有一个"零"；阿拉伯金额数字元位为"0"或者数字中间连续有几个"0"，元位也是"0"，但角位不是"0"时，汉字大写金额可以只写一个"零"字，也可以不写"零"字。

五、原始凭证的审核

为了正确反映和监督各项经济业务，财务部门对取得的原始凭证，必须进行严格审核和核对，保证核算资料的真实、合法、完整。只有经过审查无误的凭证，方可作为编制记账凭证和登记账簿的依据。原始凭证的审核，是会计监督工作的一个重要环节，一般应从以下两方面进行。

1. 审查原始凭证所反映经济业务的合理性、合法性和真实性

这种审查是以有关政策、法规、制度和计划合同等为依据，审查凭证所记录的经济业务是否符合有关规定，有无贪污盗窃、虚报冒领、伪造凭证等违法乱纪现象，有无不讲经济效益、违反计划和标准的要求等。对于不合理、不合法及不真实的原始凭证，财会人员应拒绝受理。如发现伪造或涂改凭证弄虚作假、虚报冒领等不法行为，除拒绝办理外，还应立即报告有关部门，提请严肃处理。

2. 审核原始凭证的填制是否符合规定的要求

首先审查所用的凭证格式是否符合规定，凭证的要素是否齐全，是否有经办单位和经办人员签章。

其次审查凭证上的数字是否完整，大、小写是否一致。

最后审查凭证上数字和文字是否有涂改、污损等不符合规定之处。如果通过审查发现凭证不符合上述要求，那么凭证本身就失去作为记账依据的资格，会计部门应把那些不符合规定的凭证退还给原编制凭证的单位或个人，要求重新补办手续。

原始凭证的审核，是一项很细致而且十分严肃的工作。要做好原始凭证的审核，充分发挥会计监督的作用，会计人员应该做到精通会计业务；熟悉有关的政策、法令和各项财务规章制度；对本单位的生产经营活动有深入了解。会计人员具有维护国家法令、制度和本单位财务管理的高度责任感，敢于坚持原则，才能在审核原始凭证时正确掌握标准，及时发现问题。

原始凭证经过审核后，对于符合要求的原始凭证，及时编制记账凭证并登记账簿；并对于手续不完备、内容记载不全或数字计算不正确的原始凭证，应退回有关经办部门或人员补办手续或更正；对于伪造、涂改或经济业务不合法的凭证，应拒绝受理，并向本单位领导汇报，提出拒绝执行的意见；对于弄虚作假、徇私舞弊、伪造涂改凭证等违法乱纪行为，必须及时揭露并严肃处理。

第三节　记账凭证

一、记账凭证的基本内容

记账凭证是会计人员根据审核后的原始凭证进行归类、整理，并确定会计分录而编制的会计凭证，是登记账簿的依据。由于原始凭证只表明经济业务的内容，而且种类繁多、数量庞大、格式不一，因而不能直接记账。为了做到分类反映经济业务的内容，必须按会计核算方法的要求，将其归类、整理、编制记账凭证，标明经济业务应记入的账户名称及应借应贷的金额，作为记账的直接依据。所以，记账凭证必须具备以下内容：

(1) 记账凭证的名称；
(2) 填制凭证的日期、凭证编号；
(3) 经济业务的内容摘要；
(4) 经济业务应记入账户的名称、记账方向和金额；
(5) 所附原始凭证的张数和其他附件资料；
(6) 会计主管、记账、复核、出纳、制单等有关人员的签名或盖章。

记账凭证和原始凭证同属于会计凭证，但二者存在以下不同：
(1) 原始凭证是由经办人员填制，记账凭证一律由会计人员填制；
(2) 原始凭证根据发生或完成的经济业务填制，记账凭证根据审核后的原始凭证填制；
(3) 原始凭证仅用以记录、证明经济业务已经发生或完成，记账凭证要依据会计科目对已经发生或完成的经济业务进行归类、整理；

(4) 原始凭证是填制记账凭证的依据，记账凭证是登记账簿的依据。

二、记账凭证的种类

由于会计凭证记录和反映的经济业务多种多样，因此，记账凭证也是多种多样的。记账凭证按不同的标志，可以分为不同的种类。

1. 记账凭证按其反映的经济内容不同，可分为收款凭证、付款凭证、转账凭证3种

(1) 收款凭证。收款凭证是指专门用于记录现金和银行存款收款业务的会计凭证，收款凭证是出纳人员收讫款项的依据，也是登记总账、现金日记账和银行存款日记账以及有关明细账的依据，一般按现金和银行存款分别编制。

收款凭证格式如图6-14所示。

图6-14　收款凭证

(2) 付款凭证。付款凭证是指专门用于记录现金和银行存款付款业务的会计凭证。付款凭证是出纳人员支付款项的依据，也是登记总账、现金日记账和银行存款日记账以及有关明细账的依据，一般按现金和银行存款分别编制。

付款凭证格式如图6-15所示。

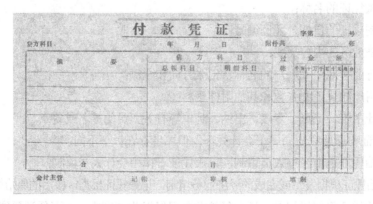

图6-15　付款凭证

(3) 转账凭证。转账凭证是指专门用于记录不涉及现金和银行存款收付款业务的会计凭证。它是登记总账和有关明细账的依据。

转账凭证格式如图 6-16 所示。

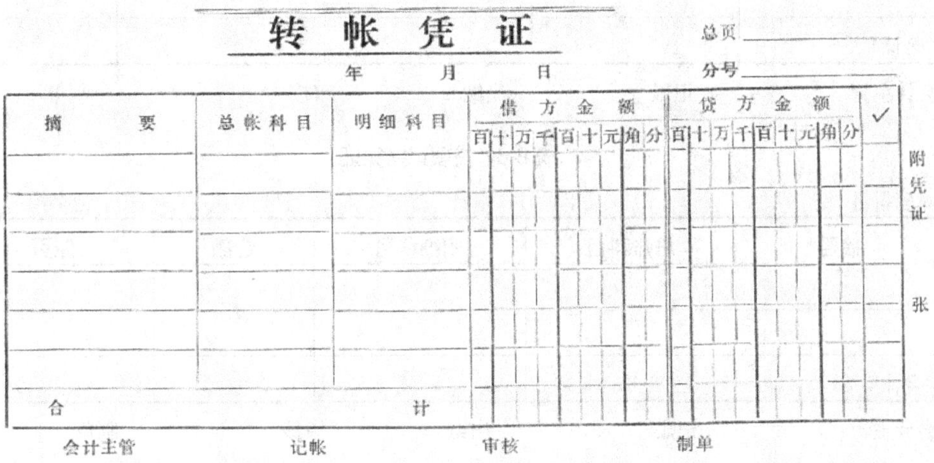

转帐凭证

年 月 日

总页

分号

摘要	总帐科目	明细科目	借方金额									贷方金额									✓
			百	十	万	千	百	十	元	角	分	百	十	万	千	百	十	元	角	分	
合		计																			

附凭证 张

会计主管 记帐 审核 制单

图 6-16 转账凭证

收款凭证、付款凭证和转账凭证分别用以记录现金、银行存款收款业务、付款业务和转账业务(与现金、银行存款收支无关的业务)，为了便于识别，各种凭证印制成不同的颜色。在会计实务中，对于现金和银行存款之间的收付款业务，为了避免记账重复，一般只编制付款凭证，不编制收款凭证。

2. 记账凭证按其填制方式不同，可分为单式记账凭证和复式记账凭证两种

(1) 单式记账凭证。单式记账凭证是在每张凭证上只填列经济业务事项所涉及的一个会计科目及其金额的记账凭证。填列借方科目的称为借项记账凭证，填列贷方科目的称为贷项记账凭证。一项经济业务涉及几个科目，就分别填制几张凭证，并采用一定的编号方法将它们联系起来。单式凭证的优点是内容单一，便于记账工作的分工，也便于按科目汇总，并可加速凭证的传递。其缺点是凭证张数多，内容分散，在一张凭证上不能完整地反映一笔经济业务的全貌，不便于检验会计分录的正确性，故需要加强凭证的复核、装订和保管工作。

单式记账凭证的一般格式如表 6-5 和表 6-6 所示。

表 6-5　借项记账凭证

对应科目　　　　　　　　　　年　月　日　　　　　　　　　　记字第　　号

摘要	总账科目	明细科目	金额	账页
合计				

会计主管　　　　记账　　　　出纳　　　　审核　　　　制单

表 6-6　贷项记账凭证

对应科目　　　　　　　　　　年　月　日　　　　　　　　　　记字第　　号

摘要	总账科目	明细科目	金额	账页
合计				

会计主管　　　　记账　　　　出纳　　　　审核　　　　制单

(2) 复式记账凭证。复式记账凭证是指将每一笔经济业务事项所涉及的全部会计科目及其发生额均在同一张凭证中反映的一种记账凭证。即一张记账凭证上登记一项经济业务所涉及的两个或者两个以上的会计科目，既有"借方"，又有"贷方"。复式记账凭证优点是可以集中反映账户的对应关系，有利于了解经济业务的全貌；同时还可以减少凭证的数量，减少编制记账凭证的工作量，便于检验会计分录的正确性。其缺点是不便于汇总计算每一会计科目的发生额和进行记账工作的分工。在实际工作中，普遍使用的是复式记账凭证。前文介绍的收款凭证、付款凭证、转账凭证都是复式记账凭证。

3. 记账凭证按汇总方法不同，可分为分类汇总凭证和全部汇总凭证两种

(1) 分类汇总凭证。它是指定期按现金、银行存款及转账业务进行分类汇总，也可以按科目进行汇总。如可以将一定时期的收款凭证、付款凭证、转账凭证分别汇总，编制汇总收款凭证、汇总付款凭证、汇总转账凭证。

(2) 全部汇总凭证。它是指将单位一定时期内编制的会计分录，全部汇总在一张记账凭证上，将一定时期的所有记账凭证按相同会计科目的借方和贷方分别汇总，编制记账凭证汇总表(或称科目汇总表)。

汇总凭证是将许多同类记账凭证逐日或定期(3 天、5 天、10 天等)加以汇总后编制的记账凭证，有利于简化总分类账的登记工作。

收款凭证、付款凭证和转账凭证，称为专用记账凭证。实际工作中，货币资金的管理是财会人员的一项重要工作。为了单独反映货币资金收付情况,在货币资金收付业务量较多的单位,往往对货币资金的收付业务编制专用的收、付款凭证。有些经济业务简单或收、付款业务不多的单位,可以使用一种通用格式的记账凭证。这种通用记账凭证既可用于收、付款业务,又可用于转账业务,所以称为通用记账凭证。

记账凭证的分类,如图6-17所示。

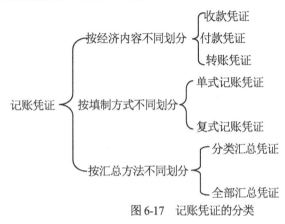

图6-17 记账凭证的分类

三、记账凭证的填制

1. 记账凭证的填制要求

填制记账凭证是一项重要的会计工作,为了便于登记账簿,保证账簿记录的正确性,填制记账凭证应符合以下要求。

1) 依据真实

除结账和更正错误外,记账凭证应根据审核无误的原始凭证及有关资料填制,记账凭证必须附有原始凭证并如实填写所附原始凭证的张数。记账凭证所附原始凭证张数的计算一般应以原始凭证的自然张数为准。如果记账凭证中附有原始凭证汇总表,则应该把所附的原始凭证和原始凭证汇总表的张数一起记入附件的张数之内。但报销差旅费等的零散票券,可以粘贴在一张纸上,作为一张原始凭证。一张原始凭证如果涉及几张记账凭证,可以将原始凭证附在一张主要的记账凭证后面,在该主要记账凭证摘要栏注明"本凭证附件包括XX号记账凭证业务"字样,并在其他记账凭证上注明该主要记账凭证的编号或者附上该原始凭证的复印件,以便复核查阅。如果一张原始凭证所列的支出需要由两个以上的单位共同负担时,应当由保存该原始凭证的单位开给其他应负担单位原始凭证分割单,原始凭证分割必须具备原始凭证的基本内容,并可作为填制记账凭证的依据,计算在所附原始凭证张数之内。

2) 内容完整

记账凭证应具备的内容都要具备,要按照记账凭证上所列项目逐一填写清楚,有关人员的签名或者盖章要齐全不可缺漏。如有以自制的原始凭证或者原始凭证汇总表代替记账凭证使用的，也必须具备记账凭证应有的内容。金额栏数字的填写必须规范、准确，与所附原始凭证的金额相符。金额登记方向、数字必须正确，角分位不留空格。

3) 分类正确

填制记账凭证，要根据经济业务的内容，区别不同类型的原始凭证，正确应用会计科目和记账凭证。记账凭证可以根据每一张原始凭证填制，或者根据若干张同类原始凭证汇总填制，也可以根据原始凭证汇总表填制，但不得将不同内容或类别的原始凭证汇总填制在一张记账凭证上，会计科目要保持正确的对应关系。一般情况下，现金或银行存款的收、付款业务，应使用收款凭证或付款凭证；不涉及现金和银行存款收付的业务，如将现金送存银行，或者从银行提取现金，应以付款业务为主，只填制付款凭证不填制收款凭证，以避免重复记账。在一笔经济业务中，如果既涉及现金或银行存款收、付业务，又涉及转账业务，则应分别填制收款或付款凭证和转账凭证。例如，单位职工出差归来报销差旅费并交回剩余现金时，就应根据有关原始凭证按实际报销的金额填制一张转账凭证，同时按收回的现金数额填制一张收款凭证。各种记账凭证的使用格式应相对稳定，特别是在同一会计年度内，不宜随意更换，以免引起编号、装订、保管方面的不便与混乱。

4) 日期正确

记账凭证的填制日期一般为填制记账凭证当天的日期，不能提前或拖后；按权责发生制原则计算收益、分配费用、结转成本利润等调整分录和结账分录的记账凭证，虽然需要到下月才能填制，但为了便于在当月的账内进行登记，仍应填写当月月末的日期。

5) 连续编号

为了分清会计事项处理的先后顺序，以便记账凭证与会计账簿之间的核对，确保记账凭证完整无缺，填制记账凭证时，应当对记账凭证连续编号。记账凭证编号的方法有多种：一种是将全部记账凭证作为一类统一编号；另一种是分别按现金和银行存款收入业务、现金和银行存款支出业务、转账业务 3 类进行编号，这样记账凭证的编号应分为收字第 X 号、付字第 X 号、转字第 X 号；还有一种是分别按现金收入、现金支出、银行存款收入、银行存款支出和转账业务 5 类进行编号，这种情况下，记账凭证的编号应分为现收字第 X 号、现付字第 X 号、银收字第 X 号、银付字第 X 号和转字第 X 号，或者将转账业务按照具体内容再分成几类编号。各单位应当根据本单位业务繁简程度、会计人员多寡和分工情况来选择便于记账、查账和内部稽核的简单严密的编号方法。无论采用哪一种编号方法，都应该按月顺序编号，即每月都从 1 号编起，按自然数 1、2、3、4、5……的顺序编至月末，不得跳号、重号。一笔经济业务需要填制两张或两张以上记账凭证的，可以采用分数编号法进行编号，例如有一笔经济业务需要填制 3 张记账凭证，凭证顺序号为 6，就可以编成 6 1/3、6 2/3、6 3/3，前面的数表示凭证顺序，后面分数的分母表示该号凭证共有 3 张，分子表示 3 张凭证中的第一张、第二张、第三张。

6) 简明扼要

记账凭证的摘要栏是填写经济业务简要说明的,摘要应与原始凭证内容一致,能正确反映经济业务的主要内容,既要防止简而不明,又要防止过于烦琐。应能使阅读者通过摘要就能了解该项经济业务的性质、特征,判断出会计分录的正确与否,一般不需要再去翻阅原始凭证或询问有关人员。

7) 分录正确

会计分录是记账凭证中重要的组成部分,在记账凭证中,要正确编制会计分录并保持借贷平衡,就必须根据国家统一会计制度的规定和经济业务的内容,正确使用会计科目,不得任意简化或改动。应填写会计科目的名称,或者同时填写会计科目的名称和会计科目编号,不应只填编号,不填会计名称。应填明总账科目和明细科目,以便于登记总账和明细分类账。会计科目的对应关系要填写清楚,应先借后贷,一般填制一借一贷、一借多贷或者多借一贷的会计分录。但如果某项经济业务本身就需要编制一个多借多贷的会计分录时,也可以填制多借多贷的会计分录,以集中反映该项经济业务的全过程。填入金额数字后,要在记账凭证的合计行计算填写合计金额。记账凭证中借、贷方的金额必须相等,合计数必须计算正确。

8) 空行注销

填制记账凭证时,应按行次逐行填写,不得跳行或留有空行。记账凭证填完经济业务后,如有空行,应当在金额栏自最后一笔金额数字下的空行至合计数上的空行处划斜线或"~"线注销。

9) 填错更改

填制记账凭证时如果发现错误,应当重新填制。已经登记入账的记账凭证在当年内发现错误的,如果是使用的会计科目或记账凭证方向有错误,可以用红字金额填制一张与原始凭证内容相同的记账凭证,在摘要栏注明"注销某月某日某号凭证"字样,同时再用蓝字重新填制一张正确的记账凭证,在摘要栏注明"更正某月某日某号凭证"字样;如果会计科目和记账方向都没有错误,只是金额错误,可以按正确数字和错误数字之间的差额,另编一张调整的记账凭证,调增金额用蓝数字,调减金额用红数字。发现以前年度的金额有错误时,应当用蓝字填制一张更正的记账凭证。

记账凭证中,文字、数字和货币符号的书写要求,与原始凭证相同。实行会计电算化的单位,其机制记账凭证应当符合对记账凭证的基本要求,打印出来的机制凭证上,要加盖制单人员、审核人员、记账人员和会计主管人员的印章或者签字,以明确责任。

2. 记账凭证的填制方法

1) 收款凭证的填制

收款凭证是根据审核无误的现金和银行存款收款业务的原始凭证编制的。收款凭证左上角的"借方科目",按收款的性质填写"现金"或者"银行存款";日期填写的是编制本凭证的日期；右上角填写编制收款凭证顺序号；"摘要栏"简明扼要地填写经济业务的内容梗概；"贷方科目"栏内填写与收入"现金"或"银行存款"科目相对应的总账科目及所属明细科目；"金额"栏内填写实际收到的现金或银行存款的数额，各总账科目与所属明细科目的应贷金额，应分别填入与总账科目或明细科目同一行的"总账科目"或"明细科目"金额栏内；"金额栏"的合计数，只合计"总账科目"金额，表示借方科目"现金"或"银行存款"的金额；"记账栏"供记账人员在根据收款凭证登记有关账簿后做记号用，表示已经记账，防止经济业务的事项的重记或漏记；该凭证右边"附件 张"根据所附原始凭证的张数填写；凭证最下方有关人员签章处供有关人员在履行了责任后签名或签章，以明确经济责任。

【例6-1】某企业2014年6月12日收到蓝天公司偿还所欠货款10 000元，存入银行。根据经济业务的原始凭证填制的收款凭证如表6-7所示。

表6-7 收款凭证

借方科目：银行存款　　　　　2014年6月12日　　　　收字第___号银收___

摘要	贷方科目		金额									记账
	总账科目	明细科目	千	百	十	万	千	百	十	元	角	分	
收到蓝天公司偿还货款	应收账款	蓝天公司				¥	1	0	0	0	0	0	0	
合计						¥	1	0	0	0	0	0	0	

会计主管(签章)　　　记账(签章)　　　稽核(签章)　　　制单(签章)　　　出纳(签章)

2) 付款凭证的填制

付款凭证是根据审核无误的现金和银行付款业务的原始凭证编制的。付款凭证的左上角"贷方科目"，应填列"现金"或者"银行存款"，"借方科目"栏应填写与"现金"或"银行存款"科目相对应的总账科目及所属的明细科目。其余各部分的填制方法与收款凭证基本相同，不再赘述。

【例6-2】某企业2014年8月17日以现金支付采购员郭亮预借差旅费3 000元。根据这项经济业务的原始凭证填制的付款凭证如表6-8所示。

表6-8 付款凭证

贷方科目：库存现金　　　2014年8月17日　　　付字第＿＿＿号　现付＿＿＿

摘要	借方科目		金额									记账
	总账科目	明细科目	千	百	十	万	千	百	十	元	角	分	
预支差旅费	其他应收款	郭亮				3	0	0	0	0	0	
合计						¥	3	0	0	0	0	0	

会计主管(签章)　　记账(签章)　　稽核(签章)　　制单(签章)　　出纳(签章)

3) 转账凭证的填制

转账凭证是根据审核无误的不涉及现金和银行存款收付的转账业务的原始凭证编制的。转账凭证的"会计科目"栏应按照先借后贷的顺序分别填写应借应贷的总账科目及所属的明细科目；借方总账科目及所属明细科目的应记金额，应在与科目同一行的"借方金额"栏内的相应栏次填写，贷方总账科目及所属明细科目的应记金额，应在与科目同一行的"贷方金额"栏内的相应栏次填写；"合计"行只合计借方总账科目金额和贷方总账科目金额，借方总账科目金额合计数与贷方总账金额合计数应相等。

【例6-3】某企业2014年10月28日销售产品30 000元，冲减美华公司的预收款。根据该项经济业务的原始凭证填制的转账凭证如表6-9所示。

表6-9 转账凭证

记　字：　　填写日期　2014年10月28日　　　　　　　　　附单据数：2

摘　要	科　目		借方金额	贷方金额
	总账科目	明细科目		
销售商品，冲减美华公司预收款	预收账款	美华公司	35 100	
	主营业务收入			30 000
	应交税费	应交增值税(销项税额)		5 100
合　计			¥35 100.00	¥35 100.00

主管　　　　记账　　　　审核　　　　出纳　　　　制单

四、记账凭证的审核

记账凭证编制以后,必须由专人进行审核,借以监督经济业务的真实性、合法性和合理性,并检查记账凭证的编制是否符合要求。特别要审核最初证明经济业务实际发生、完成的原始凭证。因此,对记账凭证的审核是一项严肃细致、政策性很强的工作。只有做好这项工作才能正确地发挥会计反映和监督的作用。记账凭证审核的基本内容包括以下几项。

(1) 内容是否真实。审核记账凭证是否有原始凭证为依据,所附原始凭证的内容是否与记账凭证的内容一致,记账凭证汇总表的内容与其所依据的记账凭证的内容是否一致等。

(2) 项目是否齐全。审核记账凭证各项目的填写是否齐全,如日期、凭证编号、摘要、金额、所附原始凭证张数及有关人员的签章等。

(3) 科目是否准确。审核记账凭证的应借、应贷科目是否正确,是否有明确的账户对应关系,所使用的会计科目是否符合国家统一的会计制度的规定等。

(4) 金额是否正确。审核记账凭证所记录的金额与原始凭证的有关金额是否一致、计算是否正确,记账凭证汇总表的金额与记账凭证的金额合计是否相符等。

(5) 书写是否规范。审核记账凭证中的记录是否文字工整、数字清晰,是否按规定进行更正等。

在审核过程中,如果发现不符合要求的地方,应要求有关人员采取正确的方法进行更正。只有经过审核,确认准确无误的记账凭证,才能作为登记账簿的依据。

第四节 会计凭证的传递与保管

一、会计凭证的传递

会计凭证尤其是原始凭证,其填制并非都在会计部门,但最终都必须集中到会计部门。会计人员将它们经过适当处理全部登记入账。会计凭证除了作为记账依据之外,还有其他用途,如据以组织经济活动,协调业务关系,强化内部控制,明确岗位责任,加强会计监督等。因此,企业必须认真做好会计凭证的传递与保管工作。

会计凭证的传递,是指从会计凭证取得或填制起至归档保管时止,在单位内部有关部门和人员之间按照规定的时间、程序进行处理的过程。各种会计凭证,他们所记载的经济业务不同,涉及的部门和人员不同,办理的业务手续也不同,因此,应当为各种会计凭证规定一个合理的传递程序，即一张会计凭证填制后应交到哪个部门、哪个岗位，由谁办理业务手续等，直到归档保管为止。

二、会计凭证传递的意义

正确组织会计凭证的传递，对于提高会计核算资料的及时性、正确组织经济活动、加强经济责任和实行会计监督具有重要意义。

1. 正确组织会计凭证的传递，有利于提高工作效率

正确组织会计凭证的传递，能够及时、真实地反映和监督各项经济业务的发生和完成情况，为经济管理提供可靠的经济信息。例如，材料运到企业后，仓库保管员应在规定的时间内将材料验收入库，填制"收料单"，注明实收数量等情况，并将"收料单"及时送到财会部门及其他有关部门。财会部门接到"收料单"，经审核无误，就应及时编制记账凭证和登记账簿，生产部门得到该批材料已验收入库的凭证后，便可办理有关领料手续，用于产品生产等。如果仓库保管员未按时填写"收料单"或虽填写"收料单"，但没有及时送到有关部门，就会给人以材料尚未入库的假象，影响企业生产正常进行。

2. 正确组织会计凭证的传递，能更好地发挥会计监督作用

正确组织会计凭证的传递，便于有关部门和个人分工协作，相互牵制，加强岗位责任制，更好地发挥会计监督作用。例如，从材料运到企业验收入库，需要多长时间，由谁填制"收料单"，何时将"收料单"送到供应部门和财会部门，会计部门收到"收料单"后由谁进行审核，并同供应部门的发货票进行核对，由谁何时编制记账凭证和登记账簿，由谁负责整理保管凭证等。这样，就把材料收入、验收入库到登记入账的全部工作，在本单位内部进行分工，由大家共同完成。同时可以考核经办业务的有关部门和人员是否按规定的会计手续办理，从而加强经营管理，提高工作质量。

三、会计凭证传递的基本要求

各单位的经营业务性质是多种多样的，各种经营业务又有各自的特点，所以，办理各项经济业务的部门和人员以及办理凭证所需要的时间、传递程序也必然各不相同。这就要求每个单位都必须根据自己的业务特点和管理特点，由单位领导与会计部门及有关部门共同设计制定出一套会计凭证的传递程序，使各个部门保证有序、及时地按规定的程序处理凭证传递。各单位在设计制定会计凭证传递程序时，应注意以下几个问题。

1. 根据经济业务的特点、机构设置和人员分工情况，明确会计凭证的传递程序

由于企业生产经营业务的内容不同，企业管理的要求也不尽相同。在会计凭证的传递过程中，要根据具体情况，确定每一种凭证的传递程序和方法。合理制订会计凭证所经过的环节，规定每个环节负责传递的相关责任人员，规定会计凭证的联数以及每一联凭证的用途。做到既可使各有关部门和人员了解经济活动情况、及时办理手续，又可避免凭证经过不必要的环节，以提高工作效率。

2. 规定会计凭证经过每个环节所需要的时间，以保证凭证传递的及时性

会计凭证的传递时间，应考虑各部门和有关人员的工作内容和工作量在正常情况下完成的时间，明确规定各种凭证在各个环节上停留的最长时间，不能拖延和积压会计凭证，以免影响会计工作的正常程序。一切会计凭证的传递和处理，都应在报告期内完成，不允许跨期，否则将影响会计核算的准确性和及时性。

会计凭证在传递过程中的衔接手续，应该做到既完备、严密，又简单易行。凭证的收发、交接都应当按一定的手续制度办理，以保证会计凭证的安全和完整。在会计凭证的传递程序、传递时间和衔接手续明确后，制定凭证传递程序，规定凭证传递路线、环节及在各个环节上的时间、处理内容及交接手续，使凭证传递工作有条不紊、迅速而有效地进行。

四、会计凭证的保管

会计凭证的保管是指会计凭证记账后的整理、装订、归档和存查工作。

会计凭证是记录经济业务、明确经济责任、具有法律效力的证明文件，又是登记账簿的依据，所以，它是重要的经济档案和历史资料。任何企业在完成经济业务手续和记账之后，必须按规定立卷归档，形成会计档案资料，妥善保管，以便日后随时查阅。

新的《会计档案管理办法》自2016年1月1日起施行，具体规定如下。

(1) 各种记账凭证，连同所附原始凭证和原始凭证汇总表，要分类按顺序编号，定期(1天、5天、10天或1个月)装订成册，并加具封面、封底，注明单位名称、凭证种类、所属年月和起讫日期、起止号码、凭证张数等。为防止任意拆装，应在装订处贴上封签，并由经办人员在封签处加盖骑缝章。

(2) 对一些性质相同、数量很多或各种随时需要查阅的原始凭证，可以单独装订保管，在封面上写明记账凭证的时间、编号、种类，同时在记账凭证上注明"附件另订"。

(3) 各种经济合同和重要的涉外文件等凭证，应另编目录，单独登记保管，并在有关原始凭证和记账凭证上注明。

(4) 会计凭证应加贴封条，防止抽换凭证。原始凭证不得外借，其他单位因有特殊原因需要使用原始凭证时，经本单位领导批准，可以复制，但应在专门的登记簿上进行登记，并由提供人员和收取人员共同签章。

(5) 会计凭证装订成册后，应有专人负责分类保管，年终应登记归档。会计凭证的保管期限和销毁手续，应严格遵照《会计档案管理办法》。一般来说，会计凭证的保管期限为30年，会计账簿的保管期限为30年，中期财务报告的保管期限为10年，年度财务报告的保管期限为永久。保管期未满，任何人不得随意销毁会计凭证。按规定销毁会计凭证时，必须开列清单，报经批准后，由档案部门和会计部门共同派员监销。在销毁会计凭证前，监督销毁人员应认真清点核对，销毁后，在销毁清册上签名或盖章，并将监销情况报本单位负责人。

(6) 会计凭证在归档后，应按年月日顺序排列，以便查阅。已归档凭证的查阅、调用和复制，都应得到批准，并办理一定的手续。会计凭证在保管中应防止霉烂破损和鼠咬虫蛀，以确保其安全和完整。

第五节　会计凭证处理举例

企业发生经济业务时取得各种各样的原始凭证，财务人员收到原始凭证后编写会计分录，并将其登记到记账分录中。

【例6-4】以延吉户外用品商贸公司发生经济业务的实际票据，向大家讲授企业发生经济业务如何处理。

借款单				现金付讫
2014年7月1日				第005号
借款部门	采购部	姓名	高鑫	事由 联系业务
借款金额（大写）	零万壹仟零佰零拾零元零角零分			￥1000.00
部门负责人签署	陈宇	借款人签章	高鑫	注意事项：一、凡借用公款必须使用本单 二、出差返回后三天内结算
单位领导批示	张昊	财务经理审核意见	陈宇	

图6-18　借款单

分析过程：此项经济业务的发生，表明采购部的高鑫由于联系业务的需要向财务借款1 000元。财务人员取得这张原始凭证后，要编写如下的会计分录，并将会计分录填到记账凭证上。记账凭证的选择也依据企业业务量的多少而定，如果业务比较多，一般选择收款凭证、付款凭证和转账凭证这种格式，如果企业业务量不大，一般直接填到记账凭证中。

借：其他应收款——高鑫　　　1 000.00
　贷：库存现金　　　　　　　　1 000.00

记 账 凭 证

记 字： 01　　　　　填写日期　2014年7月1日　　　　附单据数：1

摘　要	科　目		借方金额	贷方金额
	总账科目	明细科目		
采购部高鑫预借差旅费	其他应收款	高鑫	1 000.00	
	库存现金			1 000.00
合　计			¥1 000.00	¥1 000.00

主管　陈宇　　　记账　李明　　　审核　王鹏　　　出纳　张放　　　制单　李明

图6-19　记账凭证

【例6-5】

购 销 合 同

合同编号：XS001

卖方：延吉户外用品商贸有限公司
买方：山水族户外用品专营店

为保护买卖双方的合法权益，买卖双方根据《中华人民共和国合同法》的有关规定，经友好协商，一致同意签订本合同，共同遵守。

一、货物的名称、数量及金额

货物的名称	规格	计量单位	数量	单价（不含税）	金额（不含税）	税率	价税合计
女款皮肤风衣		件	300	240.00	72000.00	17%	84240.00
女款三合一冲锋衣		套	200	380.00	76000.00	17%	88920.00

二、合同总金额：人民币壹拾柒万叁仟壹佰陆拾元整（¥173160.00）。
三、付款时间及付款方式：
签订合同当日，买方向卖方以转账支票方式支付部分货款，即：人民币伍万元整（¥50000.00）。
交货并验收合格后，买方即向卖方开出转账支票结算剩余货款，即：人民币壹拾贰万叁仟壹佰陆拾元整（¥123160.00）。
四、交货时间与地点：交货时间：2014年07月01日 交货地点：山水族户外用品专营店公司。
五、发运方式与运输费用承担方式：由卖方发货，运输费用由买方承担。

卖　方：延吉户外用品商贸有限公司　　　买　方：山水族户外用品专营店
授权代表：张昊　　　　　　　　　　　　授权代表：顾帆
日　期：2014年7月1日　　　　　　　　日　期：2014年7月1日

图6-20 购销合同

收 据

2014年07月01日　　　字 NO 00123

交款单位（人）山水族户外用品专营店　　收款方式 银行存款

人民币合计（大写）伍万元整（支票号：09240023）

（小写）¥50000.00　　　　转讫

交款事由 收到部分货款

会计：　　出纳：姚婧　　复核

第二联：记账联

图6-21 收据

图 6-22　工商银行进账单

图 6-23　增值税专用发票

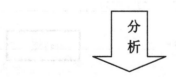

分析过程：以上各票据的取得表明，延吉户外用品商贸公司与山水族户外用品专营店签订销售合同，总金额是 173 160.00 元，已收款 50 000.00 元，按照合同约定余款在交货验收合格后才能收到。财务人员做如下会计分录。

借：银行存款　　　　　　　　　　　　　　　50 000.00
　　应收账款　　　　　　　　　　　　　　　123 160.00
　贷：主营业务收入　　　　　　　　　　　　148 000.00
　　　应交税费——应交增值税(进项税额)　　25 160.00

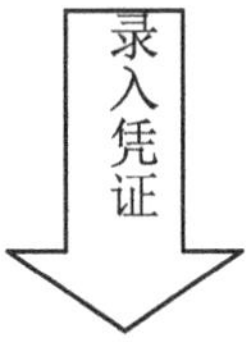

记 账 凭 证

记 字：02　　　　填写日期　2014 年 7 月 1 日　　　　附单据数：4

摘　要	科　　目		借方金额	贷方金额
	总账科目	明细科目		
销售商品	银行存款		50 000.00	
	应收账款		123 160.00	
	主营业务收入			148 000.00
	应交税费	应交增值税(销项税额)		25 160.00
合　计			¥1 000.00	¥1 000.00

图 6-24　记账凭证

【例 6-6】

ICBC 中国工商银行　凭　证

中国工商银行电子缴税付款凭证　No 14812041

转账日期：2014年 07月 03日　　凭证字号：04330966

纳税人全称及纳税人识别号：延吉户外用品商贸有限公司 222401198807723

付款人全称：延吉户外用品商贸有限公司

付款人账号：622208081235　　征收机关名称：延吉市河北区国家税务局

付款人开户银行：中国工商银行延边海兰江支行　　收款国库（银行）名称：国家金库延吉市河北区支库

小写（合计）金额：¥91710.50　　缴款书交易流水号：201412319201608

大写（合计）金额：人民币玖万壹仟柒佰壹拾元零伍角　　税票号码：22125789

税（费）种名称	所属日期	实缴金额
增值税	20140401—20140630	¥68650.00
企业所得税	20140401—20140630	¥23060.50

中国工商银行延边海兰江支行　2014.07.03　业务受理章（01）

第 1 次打印　　打印时间：2014-07-03

第 联 作付款回单（无银行收讫章无效）　复核：　记账：

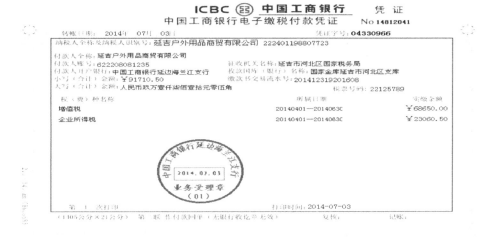

图 6-25　工商银行电子缴税付款凭证

分析过程：这项经济票据的取得，表明延吉户外用品商贸有限公司向国家税务局缴纳了增值税和企业所得税。财务人员接到银行的缴税付款凭证后，据此做如下会计分录。

借：应交税费——应交增值税　　68 650.00
　　应交税费——企业所得税　　23 060.50
　　贷：银行存款　　　　　　　　　　91 710.50

记 账 凭 证

记 字：03　　　填写日期　2014 年 7 月 3 日　　　　　　附单据数：4

摘　要	科　目		借方金额	贷方金额
	总账科目	明细科目		
上缴税费	应交税费	应交增值税	68 650.00	
		企业所得税	23 060.50	
	银行存款			91 710.50
合　计			¥91 710.50	¥91 710.50

主管　陈宇　　　记账　李明　　　审核　王鹏　　　出纳　姚婧　　　制单　李明

图 6-26　记账凭证

本 章 小 结

　　本章主要介绍了会计凭证即原始凭证和记账凭证的相关内容以及会计凭证的传递和保管。

　　会计凭证是记录经济业务、明确经济责任的书面证明，也是登记账簿的依据。

　　原始凭证是在经济业务发生或完成时由相关人员取得或填制的，用以记录或证明经济业务发生或完成情况并明确有关经济责任的一种原始凭据。原始凭证按其来源不同可分为自制原始凭证和外来原始凭证。各类原始凭证，都必须按规定的方法取得和填制，同时为了保证核算资料的真实、准确和合法，还必须按要求对原始凭证进行认真严格的审核。

　　记账凭证是会计人员根据审核后的原始凭证进行归类、整理，并确定会计分录而编制的会计凭证，是登记账簿的依据。记账凭证按其适用的经济业务不同，可分为收款凭证、付款凭证和转账凭证。各类凭证都必须按相应的方法填制，并按要求进行审核，才能作为记账的依据。

会计凭证作为会计核算的原始资料，不仅是记账的重要依据，而且是企业加强内部控制、会计监督等的有效手段。所以会计凭证的传递和保管也是会计工作中的一项不可或缺的内容。

复习思考题

1. 什么是会计凭证？填制和审核会计凭证有哪些作用？
2. 为什么要取得和编制原始凭证？
3. 原始凭证的填制有哪些要求？如何进行凭证的审核？
4. 记账凭证如何进行审核？
5. 会计凭证应如何传递和保管？

练习题

一、单项选择题

1. 将会计凭证分为原始凭证和记账凭证的依据是(　　)。
   A. 填制的方式　　　　　　B. 取得的来源
   C. 填制的程序和用途　　　D. 反映经济业务的次数
2. 限额领料单是一种(　　)。
   A. 记账凭证　B. 汇总凭证　C. 一次凭证　D. 累计凭证
3. 发料凭证汇总表属于(　　)。
   A. 累计凭证　B. 汇总原始凭证　C. 记账凭证　D. 记账凭证汇总表
4. 对于以现金存入银行的业务，按规定应编制(　　)。
   A. 现金收款凭证　　　　　B. 银行存款收款凭证
   C. 现金付款凭证　　　　　D. 银行存款付款凭证
5. 下列项目中属于外来原始凭证的是(　　)。
   A. 入库单　　　　　　　　B. 银行收款通知书
   C. 出库单　　　　　　　　D. 收料凭证汇总表
6. 将记账凭证分为收款、付款和转账凭证的依据是(　　)。
   A. 按凭证的来源划分的　　B. 按凭证填制的手续划分的
   C. 按反映的经济内容划分的　D. 按所包括的会计科目是否单一划分的

7. 销售产品一批，部分货款收回存入银行，部分货款对方暂欠时，应填制的记账凭证是(　　)。

　　A. 收款凭证和转账凭证　　　　B. 付款凭证和转账凭证
　　C. 两张转账凭证　　　　　　　D. 收款凭证和付款凭证

8. 下列会计凭证中，属于原始凭证的是(　　)。

　　A. 收款凭证　　B. 付款凭证　　C. 转账凭证　　D. 制造费用分配表

9. 证明经济业务已发生或完成并作为原始依据的凭证是(　　)。

　　A. 记账凭证　　B. 原始凭证　　C. 转账凭证　　D. 收款凭证

10. 收付款凭证适用于(　　)。

　　A. 转账业务　　　　　　　　　B. 货币资金收、付款业务
　　C. 应收、应付款业务　　　　　D. 成本、费用结转业务

11. 下列各选项中，属于原始凭证的是(　　)。

　　A. 盘存单　　　　　　　　　　B. 往来款项对账单
　　C. 银行存款余额调节表　　　　D. 购货合同书

二、多项选择题

1. 属于原始凭证的有(　　)。

　　A. 一次凭证　　　　B. 限额领料单　　　　C. 收款凭证
　　D. 供货单位发货票　E. 收款收据

2. 记账凭证填制的依据是(　　)。

　　A. 付款凭证　　　　B. 收款凭证　　　　　C. 原始凭证
　　D. 原始凭证汇总表　E. 备查账簿资料

3. 可以用来记录货币资金收付业务的记账凭证是(　　)。

　　A. 收款凭证　　　　B. 付款凭证　　　　　C. 转账凭证
　　D. 实物记账凭证　　E. 单式记账凭证

4. 凡采用收、付、转记账凭证的单位，其凭证的编号可采用(　　)。

　　A. 顺序编号法　　　B. 付款凭证编号法　　C. 类别编号法
　　D. 双重编号法　　　E. 分数编号法

5. 记账凭证按其与货币资金有无联系，可分为(　　)。

　　A. 一次凭证　　　　B. 付款凭证　　　　　C. 转账凭证
　　D. 汇总凭证　　　　E. 收款凭证

6. 填制和审核会计凭证的作用有(　　)。

　　A. 提供会计信息　　B. 监督经济活动　　　C. 提供记账依据
　　D. 控制经济活动　　E. 加强经济责任制

7. 各种原始凭证必须具备的基本内容包括( )。

   A. 凭证的名称、填制日期和编号

   B. 应借应贷的会计科目名称

   C. 填制和接受单位的名称

   D. 经济业务的基本内容

   E. 凭证所附原始凭证的张数

8. 记账凭证必须具备的基本要素包括( )。

   A. 填制单位的名称

   B. 填制凭证的日期

   C. 记账凭证的名称和编号

   D. 经济业务的内容摘要

   E. 会计科目的名称、记账方向和金额以及所附原始凭证的张数

三、业务题

下列是宏达公司2016年10月发生的经济业务，请根据内容练习填制记账凭证，将相关内容填写到收款凭证、付款凭证和转账凭证中。

(1) 2日，收回B公司前欠的货款225 000元存入银行。

(2) 6日，偿还到期的，6个月的短期借款共计250 000元。

(3) 8日，向明达公司购入甲材料一批，货款10 000元，增值税率为17%，运费500元，全部款项已从银行存款中支付。

(4) 9日，以银行存款支付车间的水电费2 000元。

(5) 10日，采购部张三出差预借差旅费3 000元。

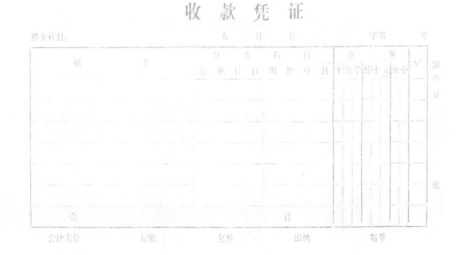

付　款　凭　证						
贷方科目		年　月　日			字第　　　号 附件共　　　张	
摘　要	借方科目		过帐	金　额		
	总帐科目	明细科目		千百十万千百十元角分		
合　　计						
会计主管　　　记帐　　　审核　　　填制						

转　账　凭　证					
		年　月　日		总页　　　 分号	
摘　要	总帐科目	明细科目	借方金额 百十万千百十元角分	贷方金额 百十万千百十元角分	√ 附凭证　张
合　　计					
会计主管　　　记帐　　　审核　　　制单					

第七章

会计账簿

【导读】

会计账簿是会计信息的存储器，在手工会计条件下是企业内部在编制会计报表前生成会计信息的主要方式。本章重点阐述会计账簿的设置与登记、错账的查找和结账、对账等问题。学习本章，要求理解会计账簿的概念、设置账簿的意义及账簿的种类，重点掌握日记账、总分类账和明细分类账的设置要求、格式与登记方法，熟练运用账簿的登记规则，熟悉错账的查找与更正方法，掌握账簿记录的试算平衡方法以及结账和对账的基本方法。通过本章的学习，使学生掌握设置和登记账簿这一会计核算方法的基本知识和技能，具备较强的登记账簿和利用账簿的能力。

【学习要求】

1. 掌握账簿的含义，了解设置账簿的意义；
2. 掌握账簿的种类和基本内容；
3. 掌握账簿设置原则、主要账簿的基本格式和登记方法；
4. 掌握平行登记的含义及基本内容与应用；
5. 掌握账簿启用、登记、对账和结账等规则；
6. 掌握账簿查错方法及错账的更正方法。

第一节 会计账簿概述

一、会计账簿的含义

会计账簿，是指由一定格式账页组成的，以经过审核的会计凭证为依据，全面系统连续地记录各项经济业务的账簿。在形式上，会计账簿是若干账页的组合；在实质上，会计账簿是会计信息形成的重要环节，是会计资料的主要载体之一，也是会计资料的重要组成部分。

二、会计账簿与账户的关系

会计账簿是账户的表现形式，两者既有区别又有联系。账户是在账簿中以规定的会计科目开设户头,用以规定不同的账簿所记录的内容,账户存在于账簿之中,账簿中的每一账页就是账户的存在形式和信息载体。如果没有账户也就没有所谓的账簿;如果没有账簿,账户也成了一种抽象的东西,无法存在。但是账簿只是一种外在形式,账户才是它的真实内容。账簿序时分类地记载经济业务,是在个别账户中完成的,也可以说,账簿是由若干张账页组成的一个整体,而开设于账页上的账户则是这个整体上的个别部分。因此,账簿和账户的关系,是形式和内容的关系。

三、设置会计账簿的意义

各单位每发生一项经济业务,都必须取得或填制原始凭证,并根据审核无误的原始凭证及有关资料填制记账凭证。通过记账凭证的填制和审核,可以反映和监督单位每一项经济业务的发生和完成情况。但是由于会计凭证数量多,格式不一,所提供的资料比较分散,缺乏系统性,每张凭证一般只能反映个别经济业务的内容。为了连续、系统、全面地反映单位在一定时期内的某一类和全部经济业务及其引起的资产与权益的增减变化情况,给经济管理提供完整而系统的会计核算资料,并为编制会计报表提供依据,就需要设置会计账簿,把分散在会计凭证中的大量核算资料加以集中和归类整理,分门别类地记录在账簿中。因此,每一单位都应按照国家统一的会计制度和会计业务的需要设置和登记会计账簿。通过账簿记录,既能对经济活动进行序时核算,又能进行分类核算;既可提供各项总括的核算资料,又可提供明细核算资料。

合理地设置和登记账簿,能系统地记录和提供企业经济活动的各种数据。它对加强企业经济核算,改善经营有着重要意义,主要表现在以下3个方面。

(1) 通过设置和登记账簿,可以系统地归纳和积累会计核算的资料,为改善企业经营管理,合理使用资金提供资料。通过账簿的序时核算和分类核算,把企业承包经营情况,收入的构成和支出的情况,财物的购置、使用、保管情况,全面、系统地反映出来,用于监督计划、预算的执行情况和资金的合理有效使用,促使企业改善经营管理。

(2) 通过设置和登记账簿,可以为计算财务成果编制会计报表提供依据。根据账簿记录的费用、成本和收入、成果资料,可以计算一定时期的财务成果,检查费用、成本、利润计划的完成情况。经核对无误的账簿资料,及其加工的数据为编制会计报表提供总括和具体的资料,是编制会计报表的主要依据。

(3) 通过设置和登记账簿,利用账簿的核算资料,为开展财务分析和会计检查提供依据。通过对账簿资料的检查、分析,可以了解企业贯彻有关方针、政策、制度的情况,用以考核各项计划的完成情况。另外,对资金使用是否合理,费用开支是否符合标准,经济效益有无提高,利润的形成与分配是否符合规定等做出分析、评价,从而找出差距,挖掘潜力,提出改进措施。

第二节 会计账簿的分类

在会计账簿体系中,有各种不同功能和作用的账簿,它们各自独立,又相互补充。为了便于了解和使用,必须从不同的角度对会计账簿进行分类。

一、会计账簿按用途分类

1. 会计账簿按其用途不同,可分为序时账簿、分类账簿和备查账簿。

1) 序时账簿

序时账簿是按经济业务发生时间的先后顺序,逐日逐笔进行连续登记的账簿,也叫日记账。它按所登记的经济业务范围的大小,可分为两种:一是登记全部经济业务内容的普通日记账;二是登记特定经济业务内容的特种日记账。在一般大、中型企业中,基本上没有设置普通日记账的,只设置特种日记账。

普通日记账是指用来逐笔记录全部经济业务的序时账簿。即把每天发生的各项经济业务逐日逐笔地登记在日记账中,并确定会计分录,然后据以登记分类账。

特种日记账是用来逐笔记录某一经济业务的序时账簿。我国会计制度规定,那些发生频繁,要求严格管理和控制的业务,应设置特种日记账,一般必须设现金日记账和银行存款日记账,对库存现金和银行存款的收付款及结存情况进行序时登记。三栏式库存现金日记账的格式如表 7-1 所示。

表 7-1 三栏式库存现金日记账(示例)

XX年		凭证		摘要	对方科目	收入	支出	结余
月	日	种类	号数					
1	1			上年转入				1 000
1	7	现付	1	付购入材料运费	材料采购		100	900
1	7	银付	1	提现金备发工资	银行存款	12 000		12 900
1	7	现付	2	黄红预借差旅费	其他应收款		500	12 400
1	7	现收	1	张玲报销差旅费	其他应收款	50		12 450
1	7			本日合计		12 050	600	12 450
				…	…	…	…	…
1	31			本日合计		1 200	1 800	900
1	31			本月合计		17 500	17 600	900

2) 分类账簿

分类账簿,是对全部经济业务按照会计要素的具体类别而设置的分类账户进行分类登记的账簿。分类账簿按其反映内容的详细程度和范围可分为总分类账簿和明细分类账簿。

按照总分类账户分类登记经济业务事项的是总分类账簿，简称总账，它提供总括核算资料，为编制会计报表提供直接数据资料。

按照明细分类账户分类登记经济业务事项的是明细分类账簿，简称明细账。

它是根据二级或明细会计科目设置账户，详细记录某一经济业务情况，提供明细核算资料的账簿。明细分类账簿的格式可采用三栏式明细账、数量金额式明细账和多栏式明细账。

3) 备查账簿

备查账簿，简称备查账，是对某些能在序时账簿和分类账簿等主要账簿中进行登记或者登记不够详细的经济业务事项进行补充登记时使用的账簿，又称为辅助账簿。这些账簿可以对某些经济业务的内容提供必需的参考资料，但是它记录的信息不需要编入会计报表中，所以也称表外记录。备查账簿没有固定格式，可由各单位根据管理的需要自行设置与设计。如租入固定资产登记簿、应收票据备查簿、受托加工来料登记簿等。

二、会计账簿按外形特征分类

会计账簿按其外形特征不同，可以分为订本式账簿、活页式账簿和卡片式账簿。

1) 订本式账簿

订本式账簿，也称订本账，是指在账簿启用前就把具有账户基本结构并连续编号的若干张账页固定地装订成册的账簿。

这种账簿的优点是：可以避免账页丢失，防止账页被随意抽换，比较安全。其缺点是：由于账页固定，不能根据需要增加或减少，不便于按需要调整各账户的账页，也不便于分工记账。这种账簿一般用于总分类账、现金日记账和银行存款日记账。

2) 活页式账簿

活页式账簿，也称活页账，是指年度内账页不固定装订成册，而是将其放置在活页账夹中的账簿。当账簿登记完毕之后(通常是一个会计年度结束之后)，才能将账页装订，加具封面，并给各账页连续编号。

这种账簿的优点是：随时取放，便于账页的增加和重新排列，便于分工记账和记账工作电算化。缺点是：账页容易丢失和被随意抽换。活页账在年度终了时，应及时装订成册，妥善保管。各种明细分类账一般采用活页账簿式。

3) 卡片式账簿

卡片式账簿，又称卡片账，是指由许多具有一定格式的卡片组成，存放在一定卡片箱内的账簿。卡片账的卡片一般装在卡片箱内，不用装订成册，可跨年度长期使用。

这种账簿的优点是：便于随时查阅，也便于按不同要求归类整理，不易损坏。其缺点是：账页容易丢失和随意抽换。因此，在使用时应对账页连续编号，并加盖有关人员图章，卡片箱应由专人保管，更换新账后也应封扎保管，以保证其安全。在我国，单位一般只对固定资产和低值易耗品等资产明细账采用卡片账簿形式。

三、会计账簿按账页的格式分类

会计账簿按其账页的格式不同，可以分为三栏式账簿、多栏式账簿、数量金额式账簿和横线登记式账簿。

1) 三栏式账簿

三栏式账簿，是指其账页的格式主要部分为借方、贷方和余额三栏或者收入、支出和余额三栏的账簿。三栏式账簿又可分为设对方科目和不设对方科目两种。区别是在摘要栏和借方科目栏之间是否有"对方科目"一栏。有"对方科目栏"的，称为设对方科目的三栏式账簿；不设"对方科目"栏的，称为不设对方科目的三栏式账簿。它主要适用于各种日记账和总分类账以及资本、债权债务明细账等。三栏式账簿的格式如表 7-2 所示。

表 7-2 三栏式账簿

账户名称

年		凭证		摘要	借方	贷方	借或贷	余额
月	日	种类	号数					

2) 多栏式账簿

多栏式账簿，是指根据经济业务的内容和管理的需要，在账页的"借方"和"贷方"栏内再分别按照明细科目或某明细科目的各明细项目设置若干专栏的账簿。这种账簿可以按"借方"和"贷方"分别设专栏，也可以只设"借方"专栏，"贷方"的内容在相应的借方专栏内用红字登记，表示冲减。收入、费用明细账一般均采用这种格式的账簿。多栏式账簿的格式如表 7-3 所示。

表 7-3 多栏式账簿

年		凭证		摘要	借方(项目)		余额
月	日	种类	号数			合计	

3) 数量金额式账簿

数量金额式账簿，是指在账页中分设"借方"、"贷方"和"余额"或者"收入"、"发出"和"结存"三大栏，并在每一大栏内分设数量、单价和金额三小栏的账簿，数量金额式账簿能够反映出财产物资的实物数量和价值量。原材料和库存商品、产成品等明细账一般采用数量金额式账簿。数量金额式账簿的格式如表7-4所示。

表7-4 数量金额式明细账

材料类别：

材料名称：　　　　　　　　　　　　　　　　　　　数量单位：

年		凭证		摘要	收入			发出			结存		
月	日	种类	号数		数量	单价	金额	数量	单价	金额	数量	单价	金额

此外，企业还可以设置横线登记式账簿，它是账页分为借方和贷方两个基本栏目，每一个栏目再根据需要分设若干栏次，在账页两方的同一行记录某一经济业务自始至终所有事项的账簿。它主要适用于需要逐笔结算的经济业务的明细账，如物资采购、应收账款等明细账。

第三节 会计账簿的设置和登记

一、会计账簿的基本内容

1. 会计账簿的基本内容

各种账簿所记录的经济内容不同，账簿的格式又多种多样，不同账簿的格式所包括的具体内容也不尽一致，但各种主要账簿应具备以下基本内容。

(1) 封面。主要用于表明账簿的名称，如现金日记账、银行存款日记账、总分类账、应收账款明细账等。

(2) 扉页。主要用于载明经管人员一览表，其应填列的内容主要有：经管人员、移交人(签章)和移交日期；接管人(签章)和接管日期。

(3) 账页。账页是用来记录具体经济业务的载体，其格式因记录经济业务的内容的不同而有所不同，但每张账页上应载明的主要内容有：账户的名称(即会计科目)；记账日期栏；记账凭证种类和号数栏；摘要栏(经济业务内容的简要说明)；借方、贷方金额及余额的方向、金额栏；总页次和分页次等。

2. 会计账簿的启用

为了保证会计账簿记录的合法性和会计资料的真实性、完整性，明确经济业务，会计账簿应由专人负责登记。启用会计账簿应遵守以下规则。

1) 认真填写封面及账簿启用和经管人员一览表

启用会计凭证时应在账簿封面上写明单位名称和账簿名称，并在账簿扉页附账簿启用和经管人员一览表(简称启用表)。启用表内容主要包括：账簿名称、启用日期、账簿页数、记账人员和会计机构负责人、会计主管人员姓名，并加盖名章和单位公章。如图 7-1 和图 7-2 所示。

帐 簿 启 用 表

用户名称	沈阳车床厂	负责人	职别	副厂长	盖 章
帐簿名称	材料明细 帐簿 2 册		姓名	苏永强	
帐簿号码	第 2 号	主办会计员	职别	会计师	
帐簿页数	本帐簿共计 100 页		姓名	郑 文	
启用日期	2011 年 1 月 1 日		盖章		

图 7-1 账簿启用表

经 管 本 帐 簿 人 员 一 览 表

经管人员		盖章	接管			移交			附 注
职别	姓名		年	月	日	年	月	日	

图 7-2 账簿经管人员一览表

启用订本式账簿，应当从第一页到最后一页按序编定页数，不得跳页、缺页。使用活页式账簿，应当按账户顺序编号，并要定期装订成册；装订后再按实际使用的账页顺序编定页码，另加目录，记明每个账户的名称和页次。卡片式账簿在使用前应当登记卡片登记簿。

2) 严格交接手续

记账人员或者会计机构负责人、会计主管人员调动工作时，必须办理账簿交接手续，在账簿启用和经管人员一览表中注明交接日期、交接人员和监交人员姓名，并由双方交接人员签名或者盖章，以明确有关人员的责任，增强有关人员的责任感，维护会计记录的严肃性。

3) 及时结转旧账

每年年初更换新账时，应将旧账的各账户余额过入新账的余额栏，并在摘要栏中注明“上年结转”字样。

3. 会计账簿的设置原则

会计账簿的设置和登记，包括确定账簿的种类、设计账页的格式和内容以及规定账簿登记的方法等。各单位应根据经济业务的特点和管理要求，科学、合理地设置账簿。具体表现为：

(1) 账簿的设置必须保证能够全面、系统地核算和监督各项经济活动，为经济管理提供必要的考核指标；

(2) 账簿的设置要从各单位经济活动和业务工作特点出发进行设置，以利于会计分工和加强岗位责任制；

(3) 账簿结构要求科学严密，有关账簿之间要有统驭关系或平行制约关系，并应避免重复记账或遗漏；

(4) 账簿的格式，要力求简明实用，既要保证会计记录的系统和完整，又要避免过于烦琐，以便于日常使用和保存。

账簿的设置要保证组织严密、层次分明。账簿之间要互相衔接、互相补充、互相制约，能清晰地反映账户间的对应关系，以便能提供完整、系统的资料。

4. 会计账簿的登记规则

(1) 应当根据审核无误的会计凭证登记会计账簿。账簿记录中的日期，应该填写记账凭证上的日期；应当将会计凭证日期、编号、业务内容摘要、金额和其他有关资料逐项记入账内，做到数字准确、摘要清楚、登记及时、字迹工整。

(2) 登记完毕后，要在记账凭证上签名或者盖章，并注明已经登账的符号，避免重记、漏记。

(3) 账簿中书写的文字和数字上面要留有适当的空格，不要写满格，一般应占格距的1/2。

(4) 登记账簿必须使用蓝黑墨水或者碳素墨水并用钢笔书写，不得使用圆珠笔或者铅笔书写，但是，银行的复写账簿可以用圆珠笔书写。

(5) 下列情况，可以用红色墨水记账。

- 按照红字冲账的记账凭证，冲销错误记录；
- 在不设借贷等栏的多栏式账页中，登记减少数；
- 在三栏式账户的余额栏前，如未印明余额方向的，在余额栏内登记负数余额。
- 根据国家统一的会计制度的规定可以使用红字登记的其他会计记录。

(6) 在登记各种账簿时，应按页次顺序连续登记，不得隔页、跳行。如果发生隔页、跳行，应在空页、空行处用红色墨水划对角线注销，或者注明"此页空白"或"此行空白"字样，并由记账人员签名或者盖章。对订本式账簿，不得任意撕毁账页，对活页式账簿也不得任意抽换账页。

(7) 凡需要结出余额的账户，结出余额后，应当在"借或贷"栏内注明"借"或者"贷"字样。没有余额的账户，应当在"借或贷"栏内写"平"字，并在余额栏内用"０"

特殊符号表示。注意：现金日记账和银行存款日记账必须逐日结出余额。

(8) 账页记满时，应办理转页手续。每一账页登记完毕结转下页时，应当结出本页合计数及余额，写在本页最后一行和下页第一行有关栏内，并在摘要栏内注明"过次页"和"承前页"字样；也可以将本页合计数及金额只写在下页第一行有关栏内，并在摘要栏内注明"承前页"字样。对需要结计本月发生额的账户，结计"过次页"的本页合计数应当为自本月初起至本页末止的发生额合计数；对需结计本年累计发生额的账户，结计"过次页"的本页合计数应当为自年初起至本页末止的累计数；对既不需要结计本月发生额，也不需要结计本年累计发生额的账户，可以将每页末的余额结转次页。(以银行存款日记账为例)

(9) 实行会计电算化的单位，总账和明细账应当定期打印。发生收款和付款业务的，在输入收款凭证和会计凭证的当天必须打印出库存现金日记账和银行存款日记账，并与库存现金核对无误。

会计账簿登记示例如表 7-5 和表 7-6 所示。

表 7-5　会计账簿登记示例(1)

XX 年		凭证		摘要	对方科目	收入	支出	结余
月	日	种类	号数					
1				上年结转				190 000
1	7	银付	1	提取现金备发工资	库存现金		12 000	178 000
1	7	银收	1	销售产品	主营业务收入	100 000		278 000
1	7			本日合计		100 000	12 000	295 000
				…	…	…	…	…
1	31			本日合计		23 500	20 000	760 000
1	31			本月合计		776 590	206 590	760 000
2	1	银收	1	销售产品	主营业务收入	200 000		960 000
2	1	银付	1	还以前欠款	应付账款		180 000	780 000
				过次页		200 000	180 000	780 000

表 7-6　会计账簿登记示例(2)

XX 年		凭证		摘要	对方科目	收入	支出	结余
月	日	种类	号数					
				承前页		200 000	180 000	780 000
2	1	银收	2	销售材料	其他业务收入	20 000		800 000
2	1	银收	3	收到以前欠款	应收账款	80 000		880 000
2	1	银收	4	收到押金	其他应付款	10 000		890 000

(续表)

XX年		凭证		摘要	对方科目	收入	支出	结余
月	日	种类	号数					
2	1	银付	2	付税费	应交税费		30 000	860 000
				本日合计		310 000	210 000	860 000
2	2	银收	1	销售商	主营业务收入	200 000		1 060 000
				过次页		510 000	210 000	1 060 000

二、日记账的设置和登记

日记账有普通日记账和特种日记账两类。

1. 普通日记账

普通日记账是逐日序时登记特种日记账以外的经济业务的账簿。在不设特种日记账的企业，则要序时地逐笔登记企业的全部经济业务，因此普通日记账也称分录簿。

普通日记账一般分为"借方金额"和"贷方金额"两栏，登记每一分录的借方账户和贷方账户及金额，这种账簿不结余额。其格式如表 7-7 所示。

表 7-7 普通日记账

第　　页

年		会计科目	摘要	借方金额	贷方金额	过账
月	日					

2. 特种日记账

常用的特种日记账是"现金日记账"和"银行存款日记账"。在企业、行政、事业单位中，现金日记账和银行存款日记账的登记，有利于加强货币资金的日常核算和监督，有利于贯彻执行国家规定的货币资金管理制度。

1) 现金日记账

现金日记账是用来核算和监督库存现金每日的收入、支出和结存状况的账簿。它由出纳人员根据现金收款凭证、现金付款凭证和银行存款付款凭证，按经济业务发生时间的先后顺序，逐日逐笔进行登记，并根据"上日余额+本日收入-本日支出=本日余额"的公式，逐日结出库存现金余额，与库存现金实存数核对，以检查每日现金收付是否有误。

现金日记账的结构一般采用"收入""支出""结余"三栏式。现金日记账中的"年、月、日""凭证字号""摘要"和"对方科目"等栏，根据有关记账凭证登记；"收入"栏根据现金收款凭证和引起现金增加的银行存款付款凭证登记(从银行提取现金，只编制银行存款付款凭证);"支出"栏根据现金付款凭证登记。每日终了应计算全日的现金收入、支出合计数,并逐日结出现金余额,与库存现金实存数核对,以检查每日现金收付是否有误。每月期末,应结出当期"收入"栏和"支出"栏的发生额和期末余额,并与"现金"总分类账户核对一致,做到日清月结,账实相符。如账实不符,应查明原因。现金日记账的登记过程如图 7-3、图 7-4 和图 7-5 所示。

收款凭证

借方科目:**现金**　　2014年5月12日　　收字第001号

摘要	贷方凭证		金额	过账
	总账科目	明细科目		
张三退回现金	其他应收款	张三	500.00	
合		计	500.00	

付款凭证

贷方科目:**现金**　　2014年5月18日　　付字第001号

摘要	贷方凭证		金额	过账
	总账科目	明细科目		
购办公用品	管理费用	办公费	200.00	
合		计	200.00	

图 7-3　现金日记账登记过程(1)

收款凭证

借方科目:**银行存款**　　2014年5月22日　　收字第002号

摘要	贷方凭证		金额	过账
	总账科目	明细科目		
存现	现金		600.00	
合		计	600.00	

付款凭证

贷方科目:**银行存款**　　2014年5月28日　　付字第002号

摘要	贷方凭证		金额	过账
	总账科目	明细科目		
提现	现金		800.00	
合		计	800.00	

图 7-4　现金日记账登记过程(2)

现金日记账

第 页

2014年		凭证号数	摘要	对方科目	收入	支出	结余
月	日						
5	1		期初				700
5	12	收-001	张三退现	其他应收款	500		1200
5	18	付-001	购办公用	管理费用		200	1000
5	22	收-002	存现	银行存款		600	400
5	28	付-002	提现	银行存款	800		1200

图 7-5 现金日记账登记过程(3)

另外还需要掌握下列内容。

(1) 日期栏登记的是记账凭证的日期，即编制记账凭证的日期，而不是登记入账的日期。

(2) 要做到日清月结。"日清"的含义是：每日终了，应分别计算现金收入和支出的合计数并结出账面余额，同时将余额与出纳员的库存现金核对。"月结"的含义是：月终要计算出现金收、付和结存的合计数。

2) 银行存款日记账

银行存款日记账是用来核算和监督银行存款每日的收入、支出和结存情况的账簿。它是由出纳人员根据银行存款收款凭证、银行存款付款凭证和现金付款凭证按经济业务发生时间的先后顺序，逐日逐笔进行登记的序时账簿。银行存款日记账应按企业在银行开立的账户和币种分别设置，每个银行存款账户设置一本银行存款日记账。

银行存款日记账的结构一般也采用"收入""支出"和"结余"三栏式，由出纳人员根据银行存款的收、付款凭证，逐日逐笔按顺序登记。对于将现金存入银行的业务，因习惯上只填制现金付款凭证，不填制银行存款收款凭证，所以此时的银行存款收入数，应根据相关的现金付款凭证登记。另外，因在办理银行存款收付业务时，均根据银行结算凭证办理，为便于和银行对账，银行存款日记账还设有"结算凭证种类和号数"栏，单独列出每项存款收付所依据的结算凭证种类和号数。银行存款日记账和现金日记账一样，每日终了时要结出余额，做到日清，以便检查监督各项收支款项，避免出现透支现象，同时也便于同银行对账单进行核对。银行存款日记账的格式同现金日记账的格式相似。三栏式银行存款日记账的格式如表 7-8 所示。

表 7-8 三栏式银行存款日记账

XX年		凭证		摘要	对方科目	收入	支出	结余
月	日	种类	号数					
1				上年结转				190 000
1	7	银付	2	提取现金备发工资	库存现金		12 000	178 000
1	7	银收	1	销售产品	主营业务收入	100 000		278 000
1	7	银收	1	收取增值税	应交税费	17 000		295 000
1	7			本日合计		117 000	12 000	295 000
				…	…	…	…	…
1	31			本日合计		23 500	20 000	760 000
1	31			本月合计		776 590	206 590	760 000

三、分类账的设置和登记

分类账有总分类账和明细分类账两类。

1. 总分类账

总分类账也称总账，是按总分类账户进行分类登记，全面、总括地反映和记录经济活动情况，并为编制会计报表提供资料的账簿。由于总分类账能全面地、总括地反映和记录经济业务引起的资金运动和财务收支情况，并为编制会计报表提供数据。因此，任何单位都必须设置总分类账。

总分类账一般采用订本式账，按照会计科目的编码顺序分别开设账户，并为每个账户预留若干账页。由于总分类账只进行货币度量的核算，因此最常用的格式是三栏式，在账页中设置借方、贷方和余额3个基本金额栏。总分类账中的对应科目栏，可以设置也可以不设置。"借或贷"栏是指账户的余额在借方还是在贷方。

总分类账的登记，可以根据记账凭证逐笔登记，也可以通过一定的方式分次或按月一次汇总成汇总记账凭证或科目汇总表，然后据以登记，还可以根据多栏式现金、银行存款日记账在月末时汇总登记。总分类账登记的依据和方法，取决于企业采用的账务处理程序。可以直接根据记账凭证登记；可以根据汇总记账凭证登记，可以根据记账凭证汇总表登记。

下面以记账凭证登记总分类账为例。

【例7-1】某企业2014年6月初现金总分类账的期初余额为500元。

(1) 2014年6月10日，到银行提现800元。

凭证：付-0001

借：库存现金　　　　　800

　　贷：银行存款　　　　　800

(2) 2014 年 6 月 20 日，支付差旅费 1 000 元。

凭证：付-0002

借：管理费用　　　　　1 000

　　贷：库存现金　　　　　1 000

根据以上记账凭证，登记总分类账如表 7-9 所示。

表 7-9　总分类账

2014 年		凭证号数	摘要	对方科目	借方	贷方	借或贷	余额
月	日							
6	1		期初				借	500
6	10	付-0001	提现	银行存款	800		借	
6	20	付-0002	差旅费	管理费用		1 000	贷	
6	30		本期合计				借	300

2. 明细分类账

明细分类账是根据明细账户开设账页，分类、连续地登记经济业务以提供明细核算资料的账簿。根据实际需要，各种明细账分别按二级科目或明细科目开设账户，并为每个账户预留若干账页，用来分类、连续记录有关资产、负债、所有者权益、收入、费用、利润等详细资料。设置和运用明细分类账，有利于加强资金的管理和使用，并可为编制会计报表提供必要的资料，因此，各单位在设置总分类账的基础上，还要根据经营管理的需要，按照总账科目设置若干必要的明细账，以形成既能提供经济活动总括情况，又能提供具体详细情况的账簿体系。

明细账的格式，应根据它所反映经济业务的特点，以及财产物资管理的不同要求来设计，一般有三栏式明细分类账、数量金额式明细账、多栏式明细分类账和横线登记式明细分类账 4 种。

1) 三栏式明细分类账

三栏式明细分类账账页的格式同总分类账的格式基本相同，它只设借方、贷方和余额 3 个金额栏，不设数量栏。所不同的是，总分类账簿为订本账，而三栏式明细分类账簿多为活页账。这种账页适用于采用金额核算的应收账款明细账、应付账款明细账、其他应收款明细账、应交税金明细账等账户的明细核算。应收账款明细账的格式见表 7-10。

表 7-10 应收账款明细账

会计科目：应收账款

明细科目：明达公司

2014年		凭证		摘要	借方	贷方	借或贷	余额
月	日	字	号					
6	1			月初余额			借	48 000
	2	转		明达公司购买A产品	18 000		借	66 000
	7	收		收到明达公司欠款		18 000	借	48 000
				…				

2) 数量金额式明细账

数量金额式明细账账页格式为在收入、发出、结存三栏内，再分别设置"数量""单价"和"金额"等栏目，以分别登记实物的数量和金额。

数量金额式明细账适用于既要进行金额明细核算，又要进行数量明细核算的财产物资项目。如"原材料""库存商品"等账户的明细核算。它能提供各种财产物资收入、发出、结存等的数量和金额资料，便于开展业务和加强管理的需要。原材料明细账的格式如表 7-11 所示。

表 7-11 原材料明细分类账

一级科目：原材料

二级科目：甲材料

材料规格：　　　　　　　　　　　　　　　　　　　　　　　　　计量单位：元/千克

年		凭证		摘要	入库			发出			结存		
月	日	字	号		数量	单价	金额	数量	单价	金额	数量	单价	金额
6	1			月初余额							10	40	400
	4	收	1	验收入库	60	40	2 400				70	40	2 800
	8	领	6	车间领用				20	40	800	50	40	2 000

3) 多栏式明细分类账

多栏式明细分类账是根据经济业务的特点和经营管理的需要，在一张账页的借方栏或贷方栏设置若干专栏，集中反映有关明细项目的核算资料。它主要适用于只记金额、不记数量，而且在管理上需要了解其构成内容的费用、成本、收入、利润账户，如"生产成本""制造费用""管理费用""主营业务收入"等账户的明细分类账。"本年利润""利润分配"和"应交税金——应交增值税"等科目所属明细科目则需采用借、贷方均为多栏式的明细账。

多栏式明细账的格式视管理需要而呈多种多样。它在一张账页上，按明细科目分设若干专栏，集中反映有关明细项目的核算资料。如"制造费用明细账"，它在借方栏下，可分设若干专栏，如：工资和福利费、折旧费、修理费、办公费。

企业发生的制造费用，借记本科目；分配计入有关成本核算对象时，贷记本科目。除季节性生产企业外，本科目月末应无余额。这类账页，多用于关于费用、成本、收入、成果类科目的明细核算。

多栏式明细分类账是由会计人员根据审核无误的记账凭证或原始凭证，按照经济业务发生的时间先后顺序逐日逐笔进行登记的，对于成本费用类账户，只在借方设专栏，平时在借方登记费用、成本发生额，贷方登记月末将借方发生额一次转出的数额。平时如发生贷方发生额，应用"红字"在借方有关栏内登记，表示应从借方发生额中冲减。同样，对于收入、成果类账户，只在贷方设专栏，平时在贷方登记收入的发生额，借方登记月末将贷方发生额一次转让"本年利润"的数额，若平时发生退货，应用"红字"在贷方有关栏内登记。制造费用明细账的格式如表7-12所示。

表7-12 制造费用明细账

2014年		凭证		摘要	借方						贷方	金额
月	日	字	号		工资	福利费	折旧费	办公费	水电费	其他		
6	1			月初余额								4 000
	2	转	2	登记工资	8 000							1 200
				…								

第四节 对账、结账和错账更正

一、对账

在账簿记录中，由于主客观的原因，常常会出现账实不符的情况。为了使账簿如实地反映经济活动的情况，在结转会计期间的账簿记录之前，必须对账簿记录进行核对。因此，对账是日常会计工作的一个必要的环节。

对账，就是核对账目，是指对账簿和账户所记录的有关数据加以检查和核对，以做到账证相符、账账相符和账实相符，它是保证会计账簿记录质量的重要程序。

在会计工作中，由于种种原因，难免会发生记账、计算差错，也难免会出现账实不符的现象。为了保证各账簿记录和会计报表的真实、完整和正确，如实地反映和监督经济活动，各单位必须做好对账工作。

账簿记录的准确与真实可靠，不仅取决于账簿的本身，还涉及账簿与凭证的关系，账簿记录与实际情况是否相符的问题等。所以，对账应包括账簿与凭证的核对、账簿与账簿的核对、账簿与实物的核对。把账簿记录的数字核对清楚，做到账证相符、账账相符和账实相符。对账工作至少每年进行一次。对账的主要内容有账证核对、账账核对和账实核对。

1. 账证核对

账证核对是指将会计账簿记录与会计凭证包括记账凭证和原始凭证有关内容进行核对。由于会计账簿是根据会计凭证登记的，两者之间存在钩稽关系，因此，通过账证核对，可以检查、验证会计账簿记录与会计凭证的内容是否正确无误，以保证账证相符。各单位应当定期将会计账簿记录与其相应的会计凭证记录(包括时间、编号、内容、金额、记录方向等)逐项核对，检查是否一致。如有不符之处，应当及时查明原因，予以更正。保证账证相符，是会计核算的基本要求之一，也是账账相符、账实相符和账表相符的基础。

2. 账账核对

账账核对是指将各种会计账簿之间相对应的记录进行核对。由于会计账簿之间相对应的记录存在着内在联系，因此，通过账账相对，可以检查、验证会计账簿记录的正确性，以便及时发现错账，予以更正，保证账账相符。账账核对的内容主要包括：

(1) 总分类账各账户借方余额合计数与贷方余额合计数核对相符；
(2) 总分类账各账户余额与其所属明细分类账各账户余额之和核对相符；
(3) 现金日记账和银行存款日记账的余额与总分类账中"现金"和"银行存款"账户余额核对相符；
(4) 会计部门有关财产物资的明细分类账余额与财产物资保管或使用部门登记的明细账核对相符。

3. 账实核对

账实核对是在账账核对的基础上，将各种财产物资的账面余额与实存数额进行核对。由于实物的增减变化、款项的收付都要在有关账簿中如实反映，因此，通过会计账簿记录与实物、款项的实有数进行核对，可以检查和验证款项、实物会计账簿记录的正确性，以便于及时发现财产物资和货币资金管理中存在的问题，查明原因，分清责任，改善管理，保证账实相符。账实核对的主要内容包括：

(1) 现金日记账账面余额与现金实际库存数核对相符；
(2) 银行存款日记账账面余额与开户银行对账单核对相符；
(3) 各种材料、物资明细分类账账面余额与实存数核对相符；
(4) 各种债权债务明细账账面余额与有关债权、债务单位或个人的账面记录核对相符。

实际工作中，账实核对一般要结合财产清查进行。有关财产清查的内容和方法将在以后的章节介绍。

二、错账更正

登记会计账簿是一项很细致的工作。在记账工作中,可能由于种种原因会使账簿记录发生错误,有的是填制凭证和记账时发生的单纯笔误;有的是写错了会计科目、金额等;有的是合计时计算错误;有的是过账错误,登记账簿中发生的差错,一经查出就应立即更正。对于账簿记录的错误,不准涂改、挖补、刮擦或者用药水消除字迹,不准重新抄写,而必须根据错误的具体情况和性质,采用规范的方法予以更正。

错账更正方法通常有划线更正法、红字更正法和补充登记法等几种。

1. 划线更正法

划线更正法,是指用划红线注销原有错误记录,然后在错误记录的上方写上正确记录的方法。

(1) 适用条件:会计人员结账前发现账簿记录中文字或数字有错误,而记账凭证填制正确,应采用划线更正法。

(2) 更正方法:先在错误的文字或数字上划一条红线,表示注销,划线时必须使原有字迹仍可辨认;然后将正确的文字或数字用蓝(黑)墨水笔写在划线处的上方,并由记账人员在更正处盖章,以明确责任。对于文字的错误,可以只划去错误的部分,并更正错误的部分,对于错误的数字,应当全部划红线更正,不能只更正其中的个别错误数字。例如,把"3 457"元误记为"8 457"元时,应将错误数字"8 457"全部用红线注销后,再写上正确的数字"3 457",而不是只删改一个"8"字,并在更正处盖章,明确责任。

2. 红字更正法

在记账以后,如果发现记账凭证中应借、应贷科目或金额发生错误时,可以用红字更正法进行更正。具体做法是:先用红字填写一张与错误记账凭证内容完全相同的记账凭证,且在摘要栏注明"更正某月某日第×号凭证",并据以用红字金额登记入账,以冲销账簿中原有的错误记录,然后再用蓝字重新填制一张正确的记账凭证,登记入账。这样,原来的错误记录便得以更正。

红字更正法一般适用于以下两种错账情况的更正。

(1) 记账后,如果发现记账凭证中的应借、应贷会计科目有错误,那么可以用红字更正法予以更正。

【例 7-2】A 车间领用甲材料 2 000 元用于一般消耗。填制记账凭证时,误将借方科目写成"生产成本",并已登记入账。原错误记账凭证为

  借:生产成本   2 000
   贷:原材料   2 000

第一步，红字冲销。发现错误后，用红字填制一张与原错误记账凭证内容完全相同的记账凭证，在摘要栏注明"冲销×月×日×号错账"，并据以入账。

借：生产成本　　　2 000
　　贷：原材料　　　　　2 000

第二步，蓝字补记。用蓝字填制一张正确的记账凭证，在摘要栏内写明"补记×月×日×号账"，并据以入账。

借：制造费用　　　2 000
　　贷：原材料　　　　　2 000

(2) 记账后，如果发现记账凭证和账簿记录中应借、应贷的账户没有错误，只是所记金额大于应记金额。对于这种账簿记录的错误，更正的方法是：将多记的金额用红字填制一张与原错误记账凭证会计科目相同的记账凭证，并在摘要栏注明"更正某月某日第×号凭证"，并据以登记入账，以冲销多记的金额，使错账得以更正。

【例 7-3】仍以例 7-2 为例，假设在编制记账凭证时应借、应贷账户没有错误，只是金额由 2 000 元写成了 20 000 元，并且已登记入账。

该笔业务只需用红字更正法编制一张记账凭证将多记的金额 18 000 元用红字冲销即可。编制的记账凭证为

借：制造费用　　　18 000
　　贷：原材料　　　　　18 000

3. 补充登记法

在记账之后，如果发现记账凭证中应借、应贷的账户没有错误，但所记金额小于应记金额，造成账簿中所记金额也小于应记金额，这种错账应采用补充登记法进行更正。更正的方法是：将少记金额用蓝笔填制一张与原错误记账凭证会计科目相同的记账凭证，并在摘要栏内注明"补记某月某日第×号凭证"并予以登记入账，补足原少记金额，使错账得以更正。

【例 7-4】仍以例 7-2 为例，假设在编制记账凭证时应借、应贷账户没有错误，只是金额由 2 000 元写成了 200 元，并且已登记入账。

该笔业务只需用补充登记法编制一张记账凭证将少记的金额 1 800 元补足便可。其记账凭证为

借：制造费用　　　1 800
　　贷：原材料　　　　　1 800

错账更正的 3 种方法中，红字更正法和补充登记法都是用来更正因记账凭证错误而产生的记账错误，如果非因记账凭证的差错而产生的记账错误，只能用划线更正法更正。

以上 3 种方法是对当年内发现填写记账凭证或者登记账错误而采用的更正方法，如

果发现以前年度记账凭证中有错误(指会计科目和金额)并导致账簿登记出现差错,应当用蓝字或黑字填制一张更正的记账凭证。因错误的账簿记录已经在以前会计年度终了进行结账或决算,不可能将已经决算的数字进行红字冲销,只能用蓝字或黑字凭证对除文字外的一切错误进行更正,并在更正凭证上特别注明"更正××年度错账"的字样。

三、结账

结账,是在把一定时期内发生的全部经济业务登记入账的基础上,按规定的方法将各种账簿的记录进行小结,计算并记录本期发生额和期末余额。

为了正确反映一定时期内在账簿中已经记录的经济业务,总结有关经济活动和财务状况,为编制会计报表提供资料,各单位应在会计期末进行结账。会计期间一般按日历时间划分为年、季、月,结账于各会计期末进行,所以分为月结、季结、年结。

1. 结账的基本程序

结账前,必须将属于本期内发生的各项经济业务和应由本期受益的收入、负担的费用全部登记入账。在此基础上,才可保证结账的实用性,确保会计报表的正确性。不得把将要发生的经济业务提前入账,也不得把已经在本期发生的经济业务延至下期(甚至以后期)入账。结账的基本程序具体如下。

(1) 将本期发生的经济业务事项全部登记入账,并保证其正确性。不得为了编报会计报表而提前结账,把本期发生的经济业务延至下期登记,也不得先编制会计报表而后结账。

(2) 根据权责发生制的要求,调整有关账项,合理确定本期应计的收入和应计的费用。

① 应计收入和应计费用的调整。应计收入是指那些已在本期实现、因款项未收而未登记入账的收入。企业发生的应计收入,主要是本期已经发生且符合收入确认标准,但尚未收到相应款项的商品或劳务。对于这类调整事项,应确认为本期收入,借记"应收账款"等科目,贷记"营业收入"等科目;待以后收到款项时,再借记"现金"或"银行存款"等科目,贷记"应收账款"等科目。② 收入分摊和成本分摊的调整。收入分摊是指企业已经收取有关款项,但未完成或未全部完成销售商品或提供劳务,需在期末按本期已完成的比例,分摊确认本期已实现收入的金额,并调整以前预收款项时形成的负债,如企业销售商品预收定金、提供劳务预收佣金。在收到预收款项时,应借记"银行存款"等科目,贷记"预收账款"等科目;在以后提供商品或劳务、确认本期收入时,借记"预收账款"等科目,贷记"营业收入"等科目。

成本分摊是指企业的支出已经发生,能使若干个会计期间受益,为正确计算各个会计期间的盈亏,将这些支出在其受益期间进行分配。如企业已经支出,但应由本期或以后各期负担的待摊费用、购建固定资产和无形资产的支出等。企业在发生这类支出时,应借记"待摊费用""固定资产""无形资产"等科目,贷记"银行存款"等科目。在会计期末进行摊销时，应借记"制造费用""管理费用""销售费用"等科目，贷记"待摊费用""累计折旧""累计摊销"等科目。

(3) 将损益类账户转入"本年利润"账户，结平所有损益类账户。在本期全部业务登记入账的基础上，结清各项收入和费用账户，计算确定本期的成本、利润或亏损，把经营成果在账上反映出来。

(4) 结算出资产、负债和所有者权益账户的本期发生额和余额，并结转下期，作为下期的期初余额。

2. 结账的基本方法

结账时，应当结出每个账户的期末余额。需要结出当月(季、年)发生额的账户，如各项收入、费用账户等，应单列一行登记发生额，在摘要栏内注明"本月(季)合计"或"本年累计"。结出余额后，应在余额前的"借或贷"栏内写"借"或"贷"字样，没有余额的账户，应在余额栏前的"借或贷"栏内写"平"字，并在余额栏内用"0"表示。为了突出本期发生额及期末余额，表示本会计期间的会计记录已经截止或者结束，应将本期与下期的会计记录明显分开，结账一般都划"结账线"。划线时，月结、季结用单线，年结划双线。划线应划红线并应划通栏线，不能只在账页中的金额部分划线。

结账时应根据不同的账户记录，分别采用不同的结账方法。

(1) 总账账户的结账方法。总账账户平时只需结计月末余额，不需要结计本月发生额。每月结账时，应将月末余额计算出来并写在本月最后一笔经济业务记录的同一行内，并在下面通栏划单红线。年终结账时，为了反映全年各会计要素增减变动的全貌，便于核对账目，要将所有总账账户结计全年发生额和年末余额，在摘要栏内注明"本年累计"字样，并在"本年累计"行下划双红线。

(2) 现金日记账、银行存款日记账和需要按月结计发生额的收入、费用等明细账的结账方法。现金日记账、银行存款日记账和需要按月结计发生额的各种明细账，每月结账时，要在每月的最后一笔经济业务下面通栏划单红线，结出本月发生额和月末余额写在红线下面，并在摘要栏内注明"本月合计"字样，再在下面通栏划单红线。

(3) 不需要按月结计发生额的债权、债务和财产物资等明细分类账的结账方法。对这类明细账，每次记账后，都要在该行余额栏内随时结出余额，每月最后一笔余额即为月末余额。也就是说月末余额就是本月最后一笔经济业务记录的同一行内的余额。月末结账时只需在最后一笔经济业务记录之下通栏划单红线即可，无须再结计一次余额。

(4) 需要结计本年累计发生额的收入、成本等明细账的结账方法。对这类明细账，先按照需按月结计发生额的明细账的月结方法进行月结，再在"本月合计"行下的摘要栏内注明"本年累计"字样，并结出自年初起至本月末止的累计发生额，再在下面通栏划单红线。12月末的"本年累计"就是全年累计发生额，全年累计发生额下面通栏划双红线。

(5) 年度终了结账时，有余额的账户，要将其余额结转到下一会计年度，并在摘要栏内注明"结转下年"字样；在下一会计年度新建有关会计账簿的第一行余额栏内填写上年结转的余额，并在摘要栏内注明"上年结转"字样。结转下年时，既不需要编制记账凭证，也不必将余额再记入本年账户的借方或贷方，使本年有余额的账户的余额变为零，而是使有余额的账户的余额如实反映在账户中，以免混淆有余额账户和无余额的账户的区别。

若由于会计准则或会计制度改变而需要在新账中改变原有账户名称及其核算内容的，可将年末余额按新会计准则或会计制度的要求编制余额调整分录，或编制余额调整工作底稿，将调整后的账户余额抄入新账的有关账户余额栏内。

第五节 会计账簿的更换和保管

一、会计账簿的更换

会计账簿是记录和反映经济业务的重要历史资料和证据。为了使每个会计年度的账簿资料明晰和便于保管，一般来说，总账、日记账和多数明细账要每年更换一次，这些账簿在每年年终按规定办理完毕结账手续后，就应更换，启用新的账簿，并将余额结转记入新账簿中。但有些财产物资明细账和债权、债务明细账，由于材料等财产物资的品种、规格繁多，债权、债务单位也较多，如果更换新账，重抄一遍的工作量相当大，应此，可以跨年度使用，不必每年更换一次。卡片式账簿，如固定资产卡片，以及各种备查账簿，也都可以连续使用。

更换账簿时，应将上年度各账户的余额直接记入新年度相应的账簿中，应在旧账簿中各账户年终余额的摘要栏内加盖"结转下年"戳记。同时，在新账簿中相关账户的第一行摘要栏内加盖"上年结转"戳记，并在余额栏内记入上年余额。

二、会计账簿的保管

会计账簿同会计凭证和会计报表一样，都属于会计档案，是重要的经济档案，各单位必须按规定妥善保管，确保其安全与完整，并充分加以利用。

1. 会计账簿的装订整理

在年度终了更换新账簿后,应将使用过的各种账簿(跨年度使用的账簿除外)按时装订整理立卷。

(1) 装订前,首先要按账簿启用和经管人员一览表的使用页数核对各个账户是否相符,账页数是否齐全,序号排列是否连续;然后按会计账簿封面、账簿启用表、账户目录、该账簿按页码顺序排列的账页、装订封底的顺序装订。

(2) 对活页账簿,要保留已使用过的账页,将账页数填写齐全,除去空白页并撤掉账夹,用质地好的牛皮纸做封面和封底,装订成册。多栏式、三栏式、数量金额式等活页账页不得混装,应将同类业务、同类账页装订在一起。装订好后,应在封面上填明账目的种类,编号卷号,并由会计主管人员和装订人员签章。

(3) 装订后会计账簿的封口要严密,封口处要加盖有关印章。封面要齐全、平整,并注明所属年度、账簿名称和编号。不得有折角、缺角、错页、掉页、加空白纸的现象。会计账簿要按保管期限分别编制卷号。

2. 按期移交档案部门进行保管

年度结账后,更换下来的账簿,可暂由本单位财务会计部门保管一年,期满后原则上应由财务会计部门移交本单位档案部门保管。移交时需要编制移交清册,填写交接清单,交接人员按移交清册和交接清单项目核查无误后签章,并在账簿使用日期栏内填写移交日期。

已归档的会计账簿作为会计档案供本单位使用,原件不得借出,如有特殊需要,须经上级主管单位或本单位领导、会计主管人员批准,在不拆散原卷册的前提下,可以提供查阅或者复制,但要办理登记手续。

会计账簿是重要的会计档案之一,必须严格按《会计档案管理办法》规定的保管年限妥善保管,不得丢失和任意销毁。通常总账(包括日记总账)和明细账保管期限为30年;日记账保管期限为 30 年;固定资产卡片账在固定资产报废清理后保管 5 年;辅助账簿保管期限为 30 年。各种会计账簿保管期满后,应按照规定的审批程序报经批准后才能销毁。

本 章 小 结

本章主要介绍了会计账簿的概念及日记账与分类账的设置和登记、对账、结账和错账更正及账簿的更换与保管。

会计账簿是指由一定格式账页组成的,以经过审核的会计凭证为依据,全面、系统、连续地记录各项经济业务的簿籍。账簿能够提供系统、完整的会计信息;也能够为会计报表的编制提供数据资料;同时也是企业业绩考核的重要依据。

日记账和分类账应按照账簿的一般规则进行设置和登记。日记账按其登记业务的类型不同，可分为普通日记账和特种日记账。设置普通日记账的企业一般不再使用记账凭证。特种日记账主要有现金日记账和银行存款日记账两种。

分类账包括总分类账和明细分类账两种。总分类账与明细分类账的登记要符合平行登记的原则。

对账、结账是会计期末的一项重要工作。对账即核对账目，主要包括账证核对，账账核对和账实核对。而结账是会计期末对账簿记录的总结工作，必须按照规定的程序进行。

会计账簿是重要的经济档案和历史资料，应按照有关规定妥善地保管。

复习思考题

1. 为什么要设置账簿？账簿与记账凭证的区别是什么？账簿的作用是什么？
2. 账簿按用途不同可分为几类？
3. 请说明各账簿的登记方法。
4. 错账更正方法有哪些？各适用于什么情况下形成的错账更正？

练 习 题

一、单项选择题

1. 日记账按用途分类属于(　　)。
   A. 备查账簿　　B. 序时账簿　　C. 分类账簿　　D. 订本账簿
2. 租入固定资产登记簿属于(　　)。
   A. 备查账簿　　B. 通用日记账　　C. 分类账簿　　D. 专用日记账
3. 总分类账簿应用(　　)。
   A. 活页账簿　　B. 卡片账簿　　C. 订本账簿　　D. 备查账簿
4. 活页账簿和卡片账簿可适用于(　　)。
   A. 现金日记账　　B. 联合账簿　　C. 通用日记账　　D. 明细分类账
5. 材料明细账的外表形式一般采用(　　)。
   A. 订本式　　B. 活页式　　C. 三栏式　　D. 多栏式
6. 卡片式账簿可用于(　　)。
   A. 总账　　　　　　　　　　B. 日记账
   C. 固定资产明细账　　　　D. 应收账款明细账

7. 下列会计科目中，采用三栏式明细账格式的是( )。
   A. 生产成本　　　B. 营业费用　　　C. 材料　　　D. 制造费用

8. 会计人员在结账前发现，在根据记账凭证登记入账时，误将600元写成6 000元，而记账凭证无误，应采用( )。
   A. 补充登记法　　B. 划线更正法　　C. 红字更正法　　D. 横线登记法

9. 发现记账凭证中会计科目和应借应贷方向未错，但所记金额大于应记金额，并已据此登记入账，应采用( )进行更正。
   A. 划线更正法　　B. 补充登记法　　C. 红字更正法　　D. 平等登记法

10. 下列4种情况下，可用补充登记法的是( )。
    A. 记账凭证中的应记科目与金额正确，但登记入账时所记金额大于应记金额
    B. 记账凭证中的应记科目和金额正确，但登记入账时所记金额小于应记金额
    C. 记账凭证中的应记科目正确，但所记金额大于应记金额，并已入账
    D. 记账凭证中的应记科目正确，但所记金额小于应记金额，并已入账

11. "生产成本"明细分类账户，一般使用的账簿格式是( )。
    A. 多栏式账簿　　　　　　　　B. 数量金额式账簿
    C. 横线登记式账簿　　　　　　D. 三栏式账簿

12. 序时账簿按其记录内容的不同分为( )。
    A. 普通日记账和特种日记账　　B. 银行存款日记账和现金日记账
    C. 普通日记账和日记总账　　　D. 三栏式日记账和多栏式日记账

13. 制造费用明细分类账户一般使用的账簿格式是( )。
    A. 三栏式账簿　　　　　　　　B. 多栏式账簿
    C. 数量金额式账簿　　　　　　D. 横线登记式账簿

14. 根据复式记账的原理，对每笔经济业务必须同时在( )中相互联系地加以登记。
    A. 一个账户的借方和另一个账户的贷方
    B. 一个资产账户和一个负债账户
    C. 一个总分类账户和其所属几个明细账户
    D. 两个或两个以上账户

15. 平行登记是同时在( )之间登记同一项经济业务的方法。
    A. 总账及所属明细账　　　　　B. 汇总凭证与有关账户
    C. 各有关总分类账户　　　　　D. 各有关明细分类账户

16. 将账簿划分为序时账、分类账和备查账、联合账簿的依据是( )。
    A. 账簿的登记方法　　　　　　B. 账簿的用途
    C. 账簿登记的内容　　　　　　D. 账簿的外表形式

二、多项选择题

1. 多栏式明细账，适用于( )。
   A. 材料采购明细分类核算　　　　B. 其他应收款明细分类核算
   C. 营业外支出明细分类核算　　　D. 固定资产明细分类核算
   E. 生产成本明细分类核算

2. 在会计实务中，下列账簿中通常采用订本式账的有( )。
   A. 总分类账　　　B. 固定资产总账　　　C. 银行存款日记账
   D. 现金日记账　　E. 带有统驭性和比较重要的账簿

3. 会计账簿按用途分类，可以分为( )。
   A. 序时账簿　　　B. 分类账簿　　　C. 订本账簿
   D. 联合账簿　　　E. 备查账簿

4. 若出现记账错误，正确的更正方法有( )。
   A. 差数法　　　B. 除九法　　　C. 划线更正法
   D. 红字更正法　E. 补充登记

5. 下列账簿中可以采用多栏式账页格式的有( )。
   A. 总账　　　　　B. 日记账　　　　C. 材料明细账
   D. 物资采购明细账　　E. 主营业务收入明细账

6. 账簿按外表形式分，可以分为( )。
   A. 订本式账簿　　B. 三栏式账簿　　C. 多栏式账簿
   D. 活页式账簿　　E. 明细分类账

7. 下列情况适合采用划线更正法的有( )。
   A. 结账前发现记账凭证无误，但账簿记录中数字登记有误
   B. 结账后发现记账凭证金额错误，并已登记入账
   C. 记账时发现记账凭证金额有错误，原始凭证、记账凭证尚未登记入账
   D. 结账前发现记账凭证的科目有错，并未登记入账
   E. 结账后发现记账凭证无误，但账簿记录中数字登记有误

三、填空题

1. 分类账簿是指对全部经济业务按照＿＿＿＿和＿＿＿＿进行分类登记的账簿。

2. 序时账簿可以用来记录全部经济业务的发生情况，也可以用来记录某一类经济业务的发生情况，其中后者称为＿＿＿＿。

3. 现金日记账一般由＿＿＿＿根据＿＿＿＿进行登记。

4. 银行存款日记账的格式一般有_____和_____两种。

5. 明细分类账的格式主要有_____、_____、和_____。

6. 账簿记账规则主要包括_____、_____和_____。

7. 从银行提取现金的收入数，应据_____登记现金日记账的_____。

8. 备查账是对某些未能在_____和_____中进行登记的经济事项进行补充登记的辅助的账簿。

四、名词解释

1. 账簿　　2. 序时账簿　　3. 分类账簿　　4. 明细分类账簿　　5. 总分类账簿

五、简答题

1. 设置和登记账簿有何意义？设置账簿应遵循哪些原则？

2. 什么是总分类账户与明细分类账户的平行登记？简述平行登记基本规则。

3. 什么是结账？结账工作包括哪些内容？

4. 什么是对账？对账的意义是什么？

六、业务计算题

资料：某工业企业对账时，账簿记录与记账凭证相核对，发现下列经济业务的凭证内容或账簿记录有错误。要求更正错账。

1. 5日，开出转账支票5 000元，预付下季度房屋租赁费。记账凭证会计分录为

借：预提费用　　　5 000
　　贷：银行存款　　　5 000

2. 10日，领用材料一批，直接用于产品生产的5 000元，用于车间一般耗用的1 000元，用于厂部消耗的1 500元。记账凭证的会计分录为

借：生产成本　　　5 000
　　制造费用　　　1 000
　　管理费用　　　1 500
　　贷：原材料　　　7 500

在登记账时，"管理费用"账户借方登记了5 100元。

3. 收到购货单位偿还上月欠款5 600元，存入银行。记账凭证的会计分录为

借：银行存款　　　6 500
　　贷：应收账款　　　6 500

4. 20日，开出现金支票1 000元，交供应科作为备用金。所编记账凭证的会计分录为

借：其他应收款　　1 000
　　贷：现金　　　　　1 000

5. 25日，验收材料入库，材料实际成本为5 400元。记账凭证会计分录为

借：原材料　　　　3 400
　　贷：物资采购　　　3 400

第八章

会计处理程序

【导读】

本章在研究会计凭证和账簿的基础上,阐述各种会计凭证、账簿、会计报表和账务处理程序相互结合的方式,即会计核算组织程序(也称会计核算组织形式、账务处理程序和记账程序等)问题。学习本章,要求理解合理建立会计核算组织程序的意义和基本要求,明确各种会计核算组织程序的基本内容,包括凭证、账簿的设置,账务处理程序及其优缺点,并根据企业的业务性质、经营规模、财会人员业务水平等条件,研究各种会计核算组织程序的适用范围。通过本章的学习,要能掌握几种基本的会计核算组织程序,以便针对实际工作中的具体情况,按账务处理程序的基本原理选择合适的账务处理程序。

【学习要求】

1. 掌握账务处理程序的含义及基本要求;
2. 掌握记账凭证账务处理程序的基本特点、内容及优缺点与应用范围;
3. 掌握科目汇总表账务处理程序的基本特点、内容及优缺点与应用范围;
4. 了解汇总记账凭证账务处理程序的基本特点、内容及优缺点与应用范围;
5. 了解日记总账账务处理程序的基本特点、内容及优缺点与应用范围;
6. 了解多栏式日记账账务处理程序的基本特点、内容及优缺点与应用范围;
7. 了解通用日记账账务处理程序的基本特点、内容及优缺点与应用范围。

第一节 账务处理程序概述

一、账务处理程序的意义

账务处理程序,也称会计核算形式,是指从取得原始凭证到产生会计信息的步骤和方法。其主要内容包括整理、汇总原始凭证,填制记账凭证,登记各种账簿,编制会计报表这一整个过程的步骤和方法。

在会计工作中,不仅要了解会计凭证的填制、账簿的设置和登记,以及会计报表的编制，还必须明确规定各会计凭证、会计账簿和会计报表之间的关系，使之构成一个有机整体。而不同的账簿组织、记账程序和记账方法的有机结合，就构成了不同的账务处理程序。

要想准确理解会计账务处理程序的真正意义，还要先了解以下两个概念。

(一) 会计循环

所谓会计循环，是指企业在一个会计期间所需要经历的会计工作环节，一般包括编审凭证、编制分录、记账、试算、调整、结账和编制财务报表等一系列程序。由于这些程序和方法在每一会计期间循环往复、周而复始，故称之为会计循环。典型的会计循环见图8-1。

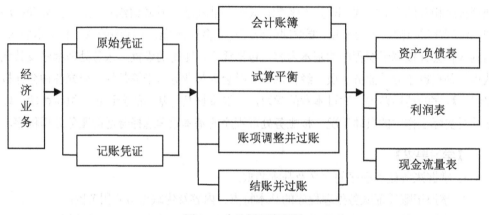

图8-1 会计循环流程图

在会计循环的过程中，我们清楚地看到，任何会计主体要核算和监督所发生的经济业务，都必须采用适合的会计核算方法，而会计凭证的取得和填制、会计账簿的登记和会计报表的编制，就是会计主体在会计核算中常用的3种核算方法。在持续经营的企业，会计循环正是通过各种记账凭证的填制、各种账簿的登记和各种会计报表的编制在每一个会计期间周而复始地不断进行的。

(二) 记账程序

记账程序是指企业在会计循环中，利用不同种类和格式的会计凭证、会计账簿和会计报表对发生的经济业务进行记录和反映的具体做法。

会计凭证、会计账簿和会计报表是会计用以记录和储存会计信息的重要载体。在实务中所使用的会计凭证、会计账簿和会计报表种类繁多，格式也各不相同。一个特定的会计主体应当根据选定的业务处理程序和方法，选择一定种类和格式的会计凭证、会计账簿和会计报表。这就决定了在不同的会计主体，他们所采用的会计凭证、会计账簿和会计报表的种类和格式也有所不同。因而，对其所发生的经济业务如何进行具体处理，特别是如何在有关的总分类账户中进行登记，有着不同的做法。也就是说，即使是对于同样内容的经济业务进行账务处理，由于所采用的会计凭证、会计账簿和会计报表的种类与格式不同，在采用不同记账程序的会计主体也有着截然不同的方法，也就形成在做法上各不相同的记账程序。这个程序在不同的会计主体是采用不同的组织方法来完成的。

综合以上分析，会计核算组织程序就是指在会计循环中，会计主体所采用的会计凭证、会计账簿、会计报表的种类与格式与一定的记账程序有机结合的方法和步骤。

一个单位由于业务性质、规模大小和经济业务的繁简程度各异，决定其适用账务处理程序也不同。为此，科学地组织账务处理程序，对提高会计核算质量和会计工作效率，充分发挥会计的核算和监督职能，具有重要意义。

二、账务处理程序的种类

目前，我国企业、事业、机关等单位会计核算一般采用的主要账务处理程序有以下6种：

(1) 记账凭证账务处理程序；
(2) 汇总记账凭证账务处理程序；
(3) 科目汇总表账务处理程序；
(4) 日记总账账务处理程序；
(5) 多栏式日记账账务处理程序；
(6) 通用日记账账务处理程序。

以上6种账务处理程序既有共同点，又有各自的特点。其中，记账凭证账务处理程序是最基本的一种，其他账务处理程序都是由此发展、演变而来的。在实际工作中，各经济单位可根据实际需要选择其中一种账务处理程序，也可将多种账务处理程序的优点结合起来使用，以满足本单位经营管理的需要。

三、账务处理程序的要求

科学、合理地组织账务处理程序是做好会计工作的重要前提之一。确定账务处理程序一般应符合以下几点要求。

第一，要与本单位的经济性质、经营特点、规模大小及业务的繁简程度相适应，有利于岗位责任制的建立和分工协作。

第二，要能够及时、准确、全面、系统地提供会计信息，满足各会计信息使用者对会计信息的需要。

第三，要在保证核算资料及时、准确、完整的前提下，尽可能地提高会计工作效率，节约核算费用。

第二节 记账凭证账务处理程序

一、记账凭证账务处理程序的设计要求

记账凭证账务处理程序是最基本的一种账务处理程序,在这种账务处理程序下,要求直接根据记账凭证逐笔登记总分类账。

在记账凭证账务处理程序下,应当设置现金日记账、银行存款日记账、明细分类账和总分类账。日记账和总账可采用三栏式;明细分类账可根据需要采用三栏式、数量金额式和多栏式;记账凭证一般使用收款凭证、付款凭证和转账凭证 3 种格式,也可采用通用记账凭证。

二、记账凭证账务处理程序的基本内容

记账凭证账务处理程序的基本内容如下(见图 8-2):

(1) 根据原始凭证或原始凭证汇总表填制记账凭证;
(2) 根据收款凭证和付款凭证逐笔登记现金日记账和银行存款日记账;
(3) 根据原始凭证、原始凭证汇总表或记账凭证登记各种明细分类账;
(4) 根据记账凭证逐笔登记总分类账;
(5) 月末,将现金日记账、银行存款日记账的余额,以及各种明细分类账的余额合计数,分别与总分类账中相关账户的余额核对确保相符;
(6) 月末,根据核对无误的总分类账和明细分类账的相关资料,编制会计报表。

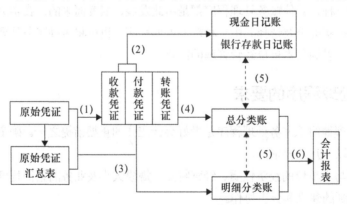

图 8-2 记账凭证账务处理程序

三、记账凭证账务处理程序的优缺点及适用范围

记账凭证账务处理程序的主要优点是简单明了,方法易学,总分类账能详细反映经

济业务状况，方便会计核对与查账；但登记总分类账的工作量较大，也不利于分工。因此，一般其适用于规模较小、经济业务较简单的企业。

第三节 汇总记账凭证账务处理程序

一、汇总记账凭证账务处理程序的设计要求

汇总记账凭证账务处理程序区别于其他账务处理程序的主要特点是：定期将记账凭证分类编制汇总记账凭证，然后根据汇总记账凭证登记总分类账。

采用汇总记账凭证账务处理程序时，其账簿设置、各种账簿的格式以及记账凭证的种类和格式基本上与记账凭证账务处理程序相同。但应增设汇总记账凭证、汇总收款凭证和汇总转账凭证，以作为登记总分类账的依据。另外，总分类账的账页格式必须增设"对应账户"栏。

二、汇总记账凭证及其编制方法

汇总记账凭证分为汇总收款凭证、汇总付款凭证和汇总转账凭证3种。其格式如图8-3、图8-4、图8-5所示。它是根据收款凭证、付款凭证和转账凭证定期汇总编制而成，间隔天数视业务量多少而定，一般5天或10天汇总填制一次，每月编制一张。

汇总收款凭证应根据现金和银行存款收款凭证，分别按"现金"、"银行存款"的借方设置，按对应贷方科目进行归类汇总。月末，结算出汇总收款凭证的合计数，分别记入现金、银行存款总分类账的借方及其各对应账户总分类账的贷方。

汇总收款凭证

借方科目： ×年×月 汇收×号

贷方科目	金 额				总账页数	
	(1)	(2)	(3)	合计	借方	贷方
合 计						
附件	(1) 自___日至___日___凭证 共___张					
	(2) 自___日至___日___凭证 共___张					
	(3) 自___日至___日___凭证 共___张					

图8-3 汇总收款凭证

汇总付款凭证应根据现金和银行存款付款凭证，分别按"现金""银行存款"的贷

方设置，按对应借方科目进行归类汇总。月末，结算出汇总付款凭证的合计数，分别记入现金、银行存款总分类账的贷方及其各对应账户总分类账的借方。

汇总付款凭证

贷方科目：　　　　　　　×年×月　　　　　　　汇付×号

借方科目	金　额			合计	总账	页数
	(1)	(2)	(3)		借方	贷方
合计						
附件	(1) 自＿＿日至＿＿日＿＿凭证　　共＿＿张					
	(2) 自＿＿日至＿＿日＿＿凭证　　共＿＿张					
	(3) 自＿＿日至＿＿日＿＿凭证　　共＿＿张					

图8-4　汇总付款凭证

在填制时，若是现金和银行存款之间的相互划转业务，则应按付款凭证进行汇总，以免重复。若是将现金存入银行的业务，只需根据现金付款凭证汇总，银行存款收款凭证就不再汇总。

汇总转账凭证应根据转账凭证中有关账户的贷方设置，按对应借方科目进行归类汇总。月末，结算出汇总转账凭证的合计数，分别记入该汇总转账凭证所开设的应贷账户总分类账的贷方及其各对应账户总分类账的借方。

为便于汇总转账凭证的编制，所有转账凭证应是一贷一借或一贷多借，否则，会给汇总凭证的编制带来不便。

汇总转账凭证

贷方科目：　　　　　　　×年×月　　　　　　　汇转×号

借方科目	金　额			合计	总账	页数
	(1)	(2)	(3)		借方	贷方
合计						
附件	(1) 自＿＿日至＿＿日＿＿凭证　　共＿＿张					
	(2) 自＿＿日至＿＿日＿＿凭证　　共＿＿张					
	(3) 自＿＿日至＿＿日＿＿凭证　　共＿＿张					

图8-5　汇总转账凭证

三、汇总记账凭证账务处理程序的基本内容

汇总记账凭证账务处理程序的基本内容如下(见图 8-6):
(1) 根据原始凭证或原始凭证汇总表填制记账凭证;
(2) 根据收款凭证和付款凭证逐笔登记现金日记账和银行存款日记账;
(3) 根据原始凭证、原始凭证汇总表或记账凭证登记各种明细分类账;
(4) 根据记账凭证定期编制各种汇总记账凭证;
(5) 月末,根据编制的汇总记账凭证登记总分类账;
(6) 月末,将现金日记账、银行存款日记账的余额,以及各种明细分类账的余额合计数,分别与总分类账中相关账户的余额核对确保相符;
(7) 月末,根据核对无误的总分类账和明细分类账的相关资料,编制会计报表。

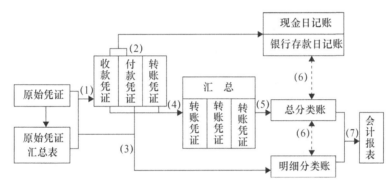

图 8-6 汇总记账凭证账务处理程序

四、汇总记账凭证账务处理程序的优缺点及适用范围

汇总记账凭证账务处理程序的主要优点是:能通过汇总记账凭证中有关科目的对应关系,了解经济业务的来龙去脉,而且可大大地简化总分类账的登记工作。但由于汇总转账凭证是根据每一账户的贷方而不是按经济业务类型归类汇总的,故不利于会计分工。因此,一般适用于规模较大、经济业务较多的企业。

第四节 科目汇总表账务处理程序

一、科目汇总表账务处理程序的设计要求

在科目汇总表账务处理程序下,要求定期将记账凭证编制成科目汇总表,然后根据科目汇总表登记总分类账。

采用科目汇总表账务处理程序时,其账簿设置、各种账簿的格式以及记账凭证的种

类和格式基本上与记账凭证账务处理程序相同。但应增设科目汇总表，以作为登记总分类账的依据。

二、科目汇总表的填制方法

科目汇总表(其格式见图8-7)的填制方法是：先将汇总期内各项经济业务所涉及的会计科目填列在科目汇总表的"会计科目"栏内，填列的顺序最好与总分类账上会计科目的顺序相同，以便于登记总分类账；然后，依据汇总期内所有的记账凭证，按照相同的会计科目归类，分别计算各会计科目的借方发生额和贷方发生额，并将其填入科目汇总表的相应栏内；最后，进行本期发生额试算平衡。试算无误后，据以登记总分类账。

科目汇总表可以每月汇总一次编制一张，也可视业务量大小每5天或10天汇总一次，每月编制一张。为便于编制科目汇总表，所有的记账凭证可采用单式记账凭证来填制，这样便于汇总计算其借贷方发生额，不易出错。

科目汇总表
年　月

总账账户	1-10日发生额		11-20日发生额		21-30日发生额		合　计	
	借方	贷方	借方	贷方	借方	贷方	借方	贷方
合　计								

图8-7　科目汇总表

三、科目汇总表账务处理程序的基本内容

科目汇总表账务处理程序的基本内容如下(见图8-8)：
(1) 根据原始凭证或原始凭证汇总表填制记账凭证；
(2) 根据收款凭证和付款凭证逐笔登记现金日记账和银行存款日记账；
(3) 根据原始凭证、原始凭证汇总表或记账凭证登记各种明细分类账；
(4) 根据记账凭证定期编制科目汇总表；
(5) 月末，根据编制的科目汇总表登记总分类账；
(6) 月末，将现金日记账、银行存款日记账的余额，以及各种明细分类账的余额合计数，分别与总分类账中相关账户的余额核对确保相符；
(7) 月末，根据核对无误的总分类账和明细分类账的相关资料，编制会计报表。

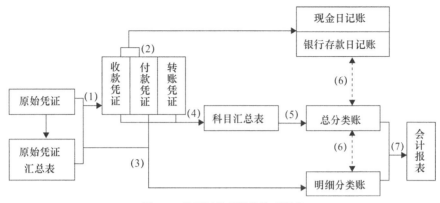

图 8-8 科目汇总表账务处理程序

四、科目汇总表账务处理程序的优缺点及适用范围

科目汇总表账务处理程序的主要优点是：根据定期编制的科目汇总表登记总分类账，可大大地简化总分类账的登记工作；其次，通过科目汇总表的编制，可进行发生额试算平衡，及时发现差错。但由于科目汇总表是定期汇总计算每一账户的借方、贷方发生额，并不考虑账户间的对应关系，因而在科目汇总表和总分类账中，不能明确反映账户的对应关系，不便于了解经济业务的具体内容。其主要适用于经济业务量较大的企业。

第五节 日记总账账务处理程序

一、日记总账账务处理程序的设计要求

在日记总账账务处理程序下，要求把所有账目都在日记总账中进行登记。

采用日记总账账务处理程序，其账簿设置、各种账簿的格式以及记账凭证的种类和格式基本上与记账凭证账务处理程序相同。但应开设日记总账，以代替总分类账。

二、日记总账的填制方法

日记总账是将全部会计科目集中在一张账页上，根据记账凭证，将发生的经济业务逐笔进行登记，最后按各科目进行汇总，分别计算出借、贷方发生额和期末余额。它既是日记账，又是总分类账，其格式如图 8-9 所示。

日记总账的填制方法是：根据收款凭证、付款凭证和转账凭证逐日、逐笔登记日记总账，对每一笔经济业务的借贷方发生额，都应分别登记到同一行对应科目的借方栏或贷方栏内。月终，结算出各科目本期借贷方发生额和余额，并核对确保相符。

日 记 总 账（简表）

20××年××月　　　　第×页

年		凭证号数	摘要	现金		银行存款		应收账款		库存商品		短期借款		制造费用		生产成本		销售收入	
月	日			借	贷	借	贷	借	贷	借	贷	借	贷	借	贷	借	贷	借	贷
			本月发生额																
			本月余额																

图 8-9　日记总账

三、日记总账账务处理程序的基本内容

日记总账账务处理程序的基本内容如下(见图 8-10)：

(1) 根据原始凭证或原始凭证汇总表填制记账凭证；

(2) 根据收款凭证和付款凭证逐笔登记现金日记账和银行存款日记账；

(3) 根据原始凭证、原始凭证汇总表或记账凭证登记各种明细分类账；

(4) 根据记账凭证逐日逐笔登记日记总账；

(5) 月末，将现金日记账、银行存款日记账的余额，以及各种明细分类账的余额合计数，分别与日记总账中相关账户的余额核对确保相符；

(6) 月末，根据核对无误的日记总账和明细分类账的相关资料，编制会计报表。

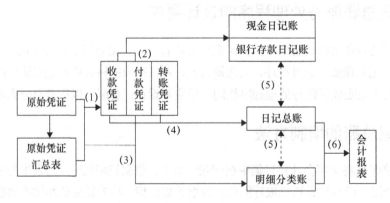

图 8-10　日记总账账务处理程序

四、日记总账账务处理程序的优缺点及适用范围

日记总账账务处理程序的主要优点是：账务处理程序较简单，日记总账按全部总账

科目分借贷方设置，且直接根据记账凭证逐日逐笔进行登记，便于了解各项经济业务的来龙去脉，有利于会计资料的分析和运用。但由于所有会计科目都集中在一张账页上，总分类账的账页过长，不便于记账的分工与查阅。因而，其主要适用于规模小、经济业务简单、使用会计科目不多的企业。

第六节 多栏式日记账账务处理程序

一、多栏式日记账账务处理程序的设计要求

在多栏式日记账账务处理程序下，要求现金日记账和银行存款日记账都采用多栏式日记账，并据以登记总账。对于转账业务，则根据转账凭证逐笔登记总账，或根据转账凭证编制科目汇总表，据以登记总账。

采用这种账务处理程序时，除需设置多栏式现金日记账和多栏式银行存款日记账及其过账方法外，所设置的账簿、各种账簿的格式以及记账凭证的种类和格式基本上与记账凭证账务处理程序相同。

二、多栏式现金、银行存款日记账的填制方法

多栏式现金、银行存款日记账是根据收款凭证和付款凭证逐笔登记的，其格式见图 8-11。现金和银行存款日记账都按对应账户设置专栏，具有科目汇总表的作用，月终可根据多栏式日记账借方、贷方合计栏的本月发生额，记入现金及银行存款总分类账的借方和贷方。采用这种程序时要注意现金和银行存款之间的划转业务，避免重复计算。

多栏式现金（银行存款）日记账

××年		凭证号	摘要	收入				付出				余额
月	日			对应账户贷方			借方合计	对应账户借方			贷方合计	
				预收账款	短期借款	产品销售收入	…		原材料	管理费用	应付账款	…		

图 8-11 多栏式现金(银行存款)日记账

三、多栏式日记账账务处理程序的基本内容

多栏式日记账账务处理程序的基本内容如下(见图 8-12):

(1) 根据原始凭证或原始凭证汇总表填制记账凭证;

(2) 根据收款凭证和付款凭证逐笔登记多栏式现金和银行存款日记账;

(3) 根据原始凭证、原始凭证汇总表或记账凭证登记各种明细分类账;

(4) 根据转账凭证填制转账凭证科目汇总表(转账业务不多的单位可不必编制科目汇总表);

(5) 月末,根据多栏式现金日记账、多栏式银行存款日记账以及转账凭证科目汇总表(或转账凭证)登记总分类账;

(6) 月末,将各种明细分类账的余额合计数,分别与总分类账中相关账户的余额核对确保相符;

(7) 月末,根据核对无误的总分类账和明细分类账的相关资料,编制会计报表。

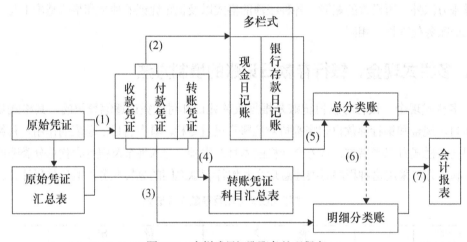

图 8-12 多栏式日记账账务处理程序

四、多栏式日记账账务处理程序的优缺点及适用范围

多栏式日记账账务处理程序的主要优点是:可以简化总分类账的登记工作;同时,多栏式现金、银行存款日记账较好地反映了账户的对应关系。但多栏式日记账中会计科目的数量受到一定限制,不可太多。因而,其主要适用于涉及会计科目不多的企业。

第七节　通用日记账账务处理程序

一、通用日记账账务处理程序的设计要求

通用日记账账务处理程序是指对所有的经济业务都不填制记账凭证，而是直接以分录的形式登入通用日记账，并以此来登记总分类账的一种会计账务处理程序。其主要特点是：不填制记账凭证，将所有的经济业务以分录的形式直接登记通用日记账，并据以登记总分类账。

在通用日记账账务处理程序下，可根据原始凭证或原始凭证汇总表直接登入通用日记账，而不需设置记账凭证。账簿一般设置明细分类账、总分类账和通用日记账 3 种，不需设现金日记账和银行存款日记账。通用日记账的格式如图 8-13 所示。

通用日记账

2014 年		凭证号	摘　　要	会计科目	过账符号	借方	贷方
月	日						
1	5		存现金	银行存款		2 000.00	
				现金			2 000.00
	7		支付招待费	管理费用		600.00	
				银行存款			600.00

图 8-13　通用日记账

二、通用日记账账务处理程序的基本内容

通用日记账账务处理程序的基本内容如下(见图 8-14)：

(1) 根据原始凭证或原始凭证汇总表填制通用日记账；

(2) 根据通用日记账及原始凭证或原始凭证汇总表逐笔登记明细账；

(3) 根据通用日记账逐笔登记总账；

(4) 月末，将日记账和明细账的余额与有关总账的余额核对；

(5) 月末，根据核对无误的总账和明细账的资料编制会计报表。

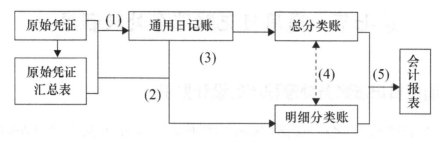

图 8-14 通用日记账账务处理程序

三、通用日记账账务处理程序的优缺点及适用范围

通用日记账账务处理程序的优点是：由于只需要按经济业务发生的先后顺序登入通用日记账，便于查找且操作简单；其次，不需填制记账凭证，减少了编制记账凭证的工作量。但是该账务处理程序只设一本通用日记账来记录所有的经济业务，根据每笔经济业务在通用日记账的记录来登记总分类账，使登记总分类账的工作量较大，不便于会计核算的分工；而且直接根据原始凭证或原始凭证汇总表登记通用日记账，易发生差错。故这种账务处理程序一般适用于已实施电算化会计信息系统的单位。

本 章 小 结

财务处理程序是指会计凭证、账簿组织、记账程序和方法有机结合的方式。根据登记总账的依据和方法不同，账务处理程序主要有记账凭证处理程序、汇总记账凭证账务处理程序和科目汇总表账务处理程序、日记总账账务处理程序、多栏式日记账账务处理程序、通用日记账账务处理程序。

记账凭证账务处理程序的主要特点是简单明了，方法易学，总分类账能详细反映经济业务状况，方便会计核对与查账；但登记总分类账的工作量较大，也不利与分工。因此，一般适用于规模较小、经济业务较简单的企业。

汇总记账凭证账务处理程序的主要特点是能通过汇总记账凭证中有关科目的对应关系，了解经济业务的来龙去脉，而且可简化总分类账的登记工作；但由于汇总转账凭证是根据每一账户的贷方而不是按经济业务类型归类汇总的，故不利于会计分工。因此，一般适用于规模较大、经济业务较多的企业。

科目汇总记账凭证账务处理程序的主要特点是根据定期编制的科目汇总表登记总分类账，可大大简化总分类账的登记工作；并可进行发生额试算平衡，及时发现差错。但由于科目汇总表是定期汇总计算每一账户的借方、贷方发生额，不能明确反映账户的对应关系,不便于了解经济业务的具体内容。其主要适用于经济业务量较大的企业。

日记总账账务处理程序的主要特点是账务处理程序较简单,日记总账按全部总账科目分借贷方设置,且直接根据记账凭证逐日逐笔进行登记,便于了解各项经济业务的来龙去脉,有利于会计资料的分析和运用。但由于所有会计科目都集中在一张账页上,总分类账的账页过长,不便于记账的分工与查阅。因而,其主要适用于规模小、经济业务简单、使用会计科目不多的企业。

多栏式日记账账务处理程序的主要特点是可以简化总分类账的登记工作;同时,多栏式现金、银行存款日记账较好地反映了账户的对应关系。但多栏式日记账中会计科目的数量受到一定限制,不可太多。因而,其主要适用于涉及会计科目不多的企业。

通用日记账账务处理程序便于查找且操作简单,不需填制记账凭证,减少了编制记账凭证的工作量。但是该账务处理程序只设一本通用日记账来记录所有的经济业务,使登记总分类账的工作量较大,不便于会计核算的分工。故这种账务处理程序一般适用于已实施电算化会计信息系统的单位。

不同的凭证和账簿组织,形成不同的账务处理程序,各企业单位根据自身的规模和特点选择适当的账务处理程序,有利于科学合理地组织单位的会计核算工作。

复习思考题

1. 试述账务处理程序的意义。
2. 试述确定账务处理程序的要求。
3. 试比较各种账务处理程序的基本内容、特点及其适用范围。

案 例 题

现以华美公司2014年12月份的经济业务为例,说明科目汇总表账务处理程序下各种记账凭证和科目汇总表的填制方法,日记账、明细分类账及总分类账的登记方法,以及核对账目后报表的编制方法。

(一)资料:华美公司2014年11月底的各项资料及12月份发生的经济业务如下。

1. 各账户年初数和11月底余额见表8-1。

表 8-1　　　　　　　　　　　　　　　　　　　　　　　　　　单位：元

账户名称	年初数	期末数	账户名称	年初数	期末数
现　金	2 000	2 688	短期借款	60 000	60 000
银行存款	46 800	58 800	应付账款	11 900	17 600
应收票据	4 100	19 600	预提费用	1 000	2 500
应收账款	16 000	15 800	应付票据	10 000	20 000
预付账款	20 000	20 000	应付职工薪酬	3 500	4 500
库存商品	35 400	47 900	应交税费	4 799	1 700
原材料	40 000	36 000	实收资本	199 000	199 000
待摊费用	7 200	1 200	资本公积	10 997	13 744
固定资产	197 920	197 920	盈余公积	3 924	5 277
累计折旧	60 200	65 000	利润分配	4 100	27 587
无形资产		17 000	本年利润		
合　计	309 220	351 908	合　计	309 220	351 908

其中：

(1) 期末"库存商品"包括：

　　A 产品　　　240 件　　　单价 136 元/件　　　计 32 640 元

　　B 产品　　　200 件　　　单价 76.30 元/件　　计 15 260 元

(2) 期末"原材料"包括：

　　甲材料　　192 吨　　单价 125 元/吨　　计 24 000 元

　　乙材料　　240 公斤　单价 50 元/公斤　　计 12 000 元

(3) 期末"应收票据"为易通公司　　19 600 元

(4) 期末"应收账款"包括：

　　金龙公司账款　　10 000 元

　　华新公司账款　　5 800 元

(5) 期末"预付账款"为预付给东方公司　　20 000 元

(6) 期末"应付账款"为应付给宏达公司　　17 600 元

(7) 其他各账户不分明细科目。

2. 5 月份利润表见表 8-2。

表 8-2 利润表

编报单位：华美公司　　　　　　　　　　2014 年 11 月　　　　　　　　　　单位：元

项目	本月数	本月累计数
一、营业收入	99 420	847 435
减：营业成本	47 000	510 100
营业税费	16 620	165 200
销售费用	6 800	8 960
管理费用	5 800	89 600
财务费用	1 600	17 200
资产减值损失		
加：公允价值变动净收益		
投资净收益		
二、营业利润		
加：营业外收入	21 600	56 375
减：营业外支出	800	2 500
三、利润总额	320	17 700
减：所得税	22 080	41 175
四、净利润	7 286	13 588
五、每股收益	14 794	27 587
（一）基本每股收益		
（二）稀释每股收益		

3. 12 月份发生如下经济业务。

(1) 1 日，向宏达公司购入甲材料 300 吨，单价 120 元，计 36 000 元，增值税进项税额为 6 120 元，款项未付。

(2) 2 日，职工张某出差借支 800 元，以现金支付。

(3) 2 日，以银行存款 1 500 元支付甲材料运费。

(4) 3 日，甲材料按实际成本验收入库。

(5) 3 日，开出转账支票，支付上月应交税费 1 700 元。

(6) 3 日，易通公司的应收票据 19 600 元到期，已通过银行收款。

(7) 4 日，向万远材料厂购入乙材料 300 公斤，单价 50 元，计 15 000 元，增值税进项税额为 2 550 元，价款以银行存款支付，材料按实际成本入账。

(8) 4 日，销售给华新公司 A 产品 150 件，单价 300 元，计 45000 元，销项税金 7650 元，款项未收。

(9) 5 日，收到华新公司前欠货款 5 800 元，已存银行。

(10) 6 日，生产领用甲材料 200 吨，共计 25 000 元。其中：生产 A 产品领用 150 吨，金额为 18 750 元；生产 B 产品领用 50 吨，金额为 6 250 元。

(11) 7 日，生产领用乙材料 216 公斤，共计 10 800 元。其中 100 公斤用于生产 A 产品，金额为 5 000 元；80 公斤用于生产 B 产品，金额为 4 000 元；车间领用乙材料 36 公斤，金额为 1 800 元。

(12) 8 日，以银行存款偿付宏达公司账款 17 600 元。

(13) 9 日，张某出差回来，报销差旅费 750 元，交回余款 50 元。

(14) 10 日，职工李某报销住院医药费 1 900 元，以现金支付。

(15) 10 日，从银行提取现金 2 000 元备用。

(16) 13 日，销售给金龙公司 B 产品 100 件，价款 20 000 元，销项税金 3 400 元，收到对方 3 个月银行承兑汇票一张。

(17) 14 日，接银行收款通知，收到金龙公司偿还前欠货款 6 000 元。

(18) 15 日，以银行存款支付前欠宏达公司购货款 20 000 元。

(19) 17 日，以现金支付行政办公用品费 800 元。

(20) 19 日，以银行存款支付销售 B 产品运费 1 000 元。

(21) 20 日，收到华新公司货款 30 000 元，已存银行。

(22) 24 日，东方公司发来甲材料 100 吨，单价 125 元，价款 12 500 元，增值税进项税为 2 125 元，材料已验收入库，材料款已预付。

(23) 24 日，销售给金龙公司 A 产品 150 件，单价 300 元，计 45 000 元，增值税销项税 7 650 元，款项已存银行。

(24) 25 日，让售乙材料 100 公斤，价值 7 000 元，应交增值税税率 17%，计 1 190 元。款已收到，存入银行。

(25) 25 日，结转让售乙材料的实际成本 5 000 元。

(26) 27 日，以银行存款支付本月水电费 1 000 元，其中生产耗用 800 元，行政管理部门耗用 200 元。

(27) 27 日，以现金支付罚款 1 500 元。

(28) 29 日，计算本月应付工资 22 500 元，其中：A 产品工人工资 9 800 元，B 产品工人工资 6 200 元，车间管理人员工资 3 000 元，行政管理人员工资 3 500 元。

(29) 29 日，提取本月固定资产折旧费 4 800 元，其中：生产用固定资产折旧费 4 000 元，管理用固定资产折旧费 800 元。

(30) 29 日，从银行提取现金 22 500 元，以备发工资。

(31) 30 日，发放本月职工工资 22 500 元。

(32) 30 日，以银行存款支付第四季度借款利息 900 元，其中已预提 600 元。

(33) 31 日，按生产人员工资比例结转本月制造费用 9 600 元。

(34) 31 日，结转完工产品成本，其中：A 产品 200 件，制造成本 27 200 元；B 产品 150 件，制造成本 11 445 元。

(35) 31 日，按主营业务收入的 5%计提教育费附加 7 000 元。

(36) 31日,结转已销产品销售成本48 430元,其中:A产品销售成本40 800元,B产品销售成本7 630元。

(37) 31日,结转本月损益类科目。

(38) 31日,按本月利润总额的33%计算本月应交所得税,并结转。

(39) 31日,按本月税后利润的15%计提盈余公积。

(40) 31日,结转1—12月份本年利润。

(二) 科目汇总表账务处理程序

1. 根据华美公司12月的经济业务填制记账凭证,为简便起见,这里以表格形式列出会计分录,如表8-3所示。

表8-3 华美公司2014年12月份会计分录

2014年		记账凭证号数	摘要	账户名称		金额	
月	日			总账账户	明细账户	借方	贷方
12	1	转账501号	购入甲材料300吨,款未付	物资采购 应交税费 应付账款	甲材料 应交增值税 宏达公司	36 000 6 120	42 120
	2	现付201号	张某出差借支	其他应收款 现金	张某	800	800
		银付401号	支付甲材料运费	物资采购 银行存款	甲材料	1 500	1 500
	3	转账502号	甲材料300吨验收入库	原材料 物资采购	甲材料 甲材料	37 500	37 500
		银付402号	支付上月应交税费	应交税费 银行存款		1 700	1 700
		银收301号	应收票据到期,收到款项	银行存款 应收票据		19 600	19 600
	4	银付 403号 1/2	购入乙材料300公斤	物资采购 应交税费 银行存款	乙材料 应交增值税	15 000 2 550	17 550
		银付403号 2/2	乙材料验收入库	原材料 物资采购	乙材料 乙材料	15 000	15 000
		转账503号	销售A产品150件,款未收	应收账款 主营业务收入 应交税费	华新公司 应交增值税	52 650	45 000 7 650

(续表)

2014年		记账凭证号数	摘要	账户名称		金额	
月	日			总账账户	明细账户	借方	贷方
12	5	银收302号	收到华新公司前欠货款	银行存款 应收账款	 华新公司	5 800	 5 800
	6	转账504号	领用甲材料200吨 其中：A产品150吨，B产品50吨	生产成本 原材料	A产品 B产品 甲材料	18 750 6 250	 25 000
	7	转账505号	领用乙材料216公斤 其中：A产品100公斤，B产品80公斤，车间36公斤	生产成本 制造费用 原材料	A产品 B产品 乙材料	5 000 4 000 1 800	 10 800
	8	银付404号	支付宏达公司账款	应付账款 银行存款	宏达公司	17 600	 17 600
	9	现收101号	张某报销差旅费，交回余款	现金 管理费用 其他应收款	 张某	50 750	 800
	10	现付202号	李某报销医药费	应付福利费 现金		1 900	 1 900
		银付405号	提取现金	现金 银行存款		2 000	 2 000
	13	转账506号	出售B产品100件，收到承兑汇票	应收票据 主营业务收入 应交税费	金龙公司 应交增值税	23 400	 20 000 3 400
	14	银收303号	金龙公司偿还货款	银行存款 应收账款	 金龙公司	6 000	 6 000
	15	银付406号	归还宏达公司购货款	应付账款 银行存款	宏达公司	41 120	 41 120
	17	现付203号	付办公用品费	管理费用 现金		800	 800
	19	银付407号	付销售B产品运费	销售费用 银行存款		1 000	 1 000

(续表)

2014年		记账凭证号数	摘要	账户名称		金额	
月	日			总账账户	明细账户	借方	贷方
12	20	银收304号	收华新公司货款	银行存款 应收账款	 华新公司	30 000	 30 000
	24	转账507号	东方公司发来甲材料100吨,款已预付	原材料 应交税费 预付账款	甲材料 应交增值税 东方公司	12 500 2 125	 14 625
		银收305号	销售A产品150件,款存银行	银行存款 主营业务收入 应交税费	 应交增值税	52 650	 45 000 7 650
	25	银收306号	出售乙材料100公斤,款存银行	银行存款 其他业务收入 应交税费	 应交增值税	8 190	 7 000 1 190
		转账508号	结转已售乙材料成本	其他业务支出 原材料	 乙材料	5 000	 5 000
	27	银付408号	支付水电费	制造费用 管理费用 银行存款		800 200	 1 000
	27	现付204号	支付罚款	营业外支出 现金		1 100	 1 100
	29	转账509号	计提本月职工工资	生产成本 制造费用 管理费用 应付职工薪酬	 A产品 B产品	9 800 6 200 3 000 3 000 3 500	 22 500
		转账510号	计提本月折旧费	制造费用 管理费用 累计折旧		4 000 800	 4 800
		银付409号	提取现金	现金 银行存款		22 500	 22 500
		现付205号	发放工资	应付职工薪酬 现金		22 500	 22 500
	30	银付410号	支付借款利息	预提费用 财务费用 银行存款		600 300	 900

(续表)

2014年		记账凭证号数	摘要	账户名称		金额	
月	日			总账账户	明细账户	借方	贷方
12	31	转账511号	结转制造费用 A产品 5 880 B产品 3 720	生产成本 制造费用	A产品 B产品	5 880 3 720	9 600
		转账512号	结转完工产品成本：A产品200件 B产品150件	库存商品 生产成本	A产品 B产品 A产品 B产品	27 200 11 445	27 200 11 445
		转账513号	计提教育费附加 11万×5%	营业税费 应交税费	应交教育费 附加	5 500	5 500
		转账514号	结转已售产品销售成本： A产品40 800元 B产品7 630元	主营业务成本 库存商品	A产品 B产品	48 430	40 800 7 630
		转账514号 1/2	结转本月损益类科目	本年利润 主营业务收入 其他业务收入		110 000 7 000	117 000
		转账514号 2/2	结转本月损益类科目	主营业务成本 其他业务支出 营业税费 销售费用 管理费用 财务费用 营业外支出 本年利润		67 380	48 430 5 000 5 500 1 000 6 050 300 1 100
		转账515号 1/2	计提应交所得税 (117 000−67 380) ×25%	所得税 应交税费	应交所得税	12 405	12 405
		转账515号 2/2	结转所得税	本年利润 所得税		12 405	12 405

(续表)

2014年		记账凭证号数	摘要	账户名称		金额	
月	日			总账账户	明细账户	借方	贷方
12	31	转账516号	提取盈余公积 (117 000−67 380− 16 374.6)×15%	利润分配 盈余公积		5 582.25	5 582.25
		转账516号	结转1—12月份 本年利润	本年利润 利润分配		31 632.75	31 632.75

2. 根据审核无误的收款凭证、付款凭证逐日逐笔登记现金日记账和银行存款日记账，如表8-4、表8-5所示。

表8-4 现金日记账

2014年		凭证		摘要	对方科目	收入	付出	结余
月	日	字	号					
12	1			期初余额				2 688
	2	现付	201	出差借支	其他应收款		800	1 888
	9	现收	101	张某交回出差余款	其他应收款	50		1 938
	10	现付	202	付职工医药费	应付福利费		1 900	38
	10	银付	405	提取现金	银行存款	2 000		2 038
	17	现付	203	付办公用品费	管理费用		800	1 238
	27	现付	204	支付罚款	营业外支出		1 100	138
	29	银付	409	提取现金	银行存款	22 500		22 638
	30	现付	205	发放工资	应付工资		22 500	138
				本月合计		24 550	27 100	138

表8-5 银行存款日记账

2014年		凭证		摘要	对方科目	借方	贷方	余额
月	日	字	号					
12	1			期初余额				58 800
	2	银付	401	付甲材料运费	物资采购		1 500	57 300
	3	银付	402	付上月税款	应交税金		1 700	55 600
	3	银收	301	收票据款	应收票据	19 600		75 200
	4	银付	403	付乙材料款	物资采购		17 550	57 650
	5	银收	302	收华新公司款	应收账款	5 800		63 450
	8	银付	404	付宏达公司款	应付账款		17 600	45 850
	10	银付	405	提取现金	现金		2 000	43 850

(续表)

2014年		凭证		摘要	对方科目	借方	贷方	余额
月	日	字	号					
12	14	银收	303	收金龙公司款	应收账款	6 000		49 850
	15	银付	406	还宏达公司款	应付账款		41 120	8 730
	19	银付	407	付销售B产品运费	销售费用		1 000	7 730
	20	银收	304	收华新公司货款	应收账款	30 000		37 730
	24	银收	305	出售A产品150件	主营业务收入	52 650		90 380
	25	银收	306	售乙材料100公斤	其他业务收入	8 190		98 570
	27	银付	408	付水电费	制造费用等		1 000	97 570
	29	银付	409	提取现金	现金		22 500	75 070
	30	银付	410	支付借款利息	预提费用等		900	74 170
				本月合计		122 240	106 870	74 170

3. 根据记账凭证、原始凭证和原始凭证汇总表登记相关明细账。在实际工作中，各单位常根据实际需要对有关总账账户设置明细分类账。如对"管理费用"、"销售费用"等费用账户须按费用项目设置明晰明细分类账；对"应收账款"、"应付账款"等账户须按对应单位设置明细分类账。本例限于篇幅，只列出部分明细账，如表 8-6 至表 8-14 所示。

表 8-6　库存商品明细账(1)

产品品种：A产品

2014年		凭证号数	摘要	收入			发出			结存		
月	日			数量	单价	金额	数量	单价	金额	数量	单价	金额
12	1		期初余额							240	136	32 640
	31	转账 512	结转入库产品	200	136	27 200				440	136	59 840
	31	转账 514	结转已售产品				300	136	40 800	140	136	19 040
			本月合计	200	136	27 200	300	136	40 800	140	136	19 040

表 8-7 库存商品明细账(2)

产品品种：B产品

2014年		凭证号数	摘要	收入			发出			结存		
月	日			数量	单价	金额	数量	单价	金额	数量	单价	金额
12	1		期初余额							200	76.3	15 260
	31	转账512	结转入库产品	150	76.3	11 445				350	76.3	26 705
	31	转账514	结转已售产品				100	76.3	7 630	250	76.3	19 075
			本月合计	150	76.3	11 445	100	76.3	7 630	250	76.3	19 075

表 8-8 原材料明细账(1)

材料编号 01　　　　　　　　　　　　　　　　计量单位：吨
材料类别：　　　　　　　　　　　　　　　　最高存量：
材料名称及规格：甲材料　　　　　　　　　　最低存量：

2014年		凭证号数	摘要	收入			发出			结存		
月	日			数量	单价	金额	数量	单价	金额	数量	单价	金额
12	1		期初余额							192	125	24 000
	3	转账502	购入	300	125	37 500				492	125	61 500
	6	转账504	生产领用				200	125	25 000	292	125	36 500
	24	转账507	购入	100	125	12 500				392	125	49 000
			本月合计	400	125	50 000	200	125	25 000	392	125	49 000

表 8-9 原材料明细账(2)

材料编号 02　　　　　　　　　　　　　　　　计量单位：公斤
材料类别：　　　　　　　　　　　　　　　　最高存量：
材料名称及规格：乙材料　　　　　　　　　　最低存量：

2014年		凭证号数	摘要	收入			发出			结存		
月	日			数量	单价	金额	数量	单价	金额	数量	单价	金额
12	1		期初余额							240	50	12 000
	4	银付403	购入	300	50	15 000				540	50	27 000
	5	转账505	领用生产				216	50	10 800	324	50	16 200
		转账508	出售				100	50	5 000	224	50	11 200
			本月合计	300	50	15 000	316	50	15 800	224	50	11 200

表 8-10 生产成本明细账(1)

产品品种：A产品

2014年		凭证号数	摘要	借方			
月	日			直接材料	直接人工	制造费用	合计
12	6	转账504	耗用甲材料	18 750			18 750
	9	转账505	耗用乙材料	5 000			5 000
	1	转账509	生产工人工资		9 800		9 800
		转账511	分配制造费用			5 880	5 880
	1		结转完工产品成本	16 095	6 750	4 355	27 200
	31		本月合计	7 655	3 050	1 525	12 230

表 8-11 生产成本明细账(2)

产品品种：B产品

2014年		凭证号数	摘要	借方			
月	日			直接材料	直接人工	制造费用	合计
12	6	转账504	耗用甲材料	6 250			6 250
	9	转账505	耗用乙材料	4 000			4 000
	31	转账509	生产工人工资		6 200		6 200
		转账511	分配制造费用			3 720	3 720
	31		结转完工产品成本	4 433	4 164	2 848	11 445
			本月合计	5 817	2 036	872	8 725

表 8-12 应收账款明细账(1)

二级科目：金龙公司

2014年		凭证号数	摘要	借方	贷方	借或贷	余额
月	日						
12	1		期初余额			借	10 000
	4	银收303	归还货款		6 000	借	4 000
	31		本月合计		6 000	借	4 000

表 8-13 应收账款明细账(2)

二级科目：华新公司

2014年		凭证号数	摘要	借方	贷方	借或贷	余额
月	日						
12	1		期初余额			借	5 800
	4	转账503	A产品款	52 650		借	58 450
	5	银收302	归还货款		5 800	借	52 650
	20	银收304	归还货款		30 000	借	22 650
	31		本月合计	52 650	35 800	借	22 650

表 8-14 应付账款明细账

二级科目：宏达公司

2014年		凭证号数	摘要	借方	贷方	借或贷	余额
月	日						
12	1		期初余额			贷	17 600
	5	转账 501	欠甲材料款		42 120	贷	59 720
		银付 404	偿还货款	17 600		贷	42 120
		银付 406	偿还货款	41 120		贷	1 000
			本月合计	58 720	42 120	贷	1 000

4. 根据记账凭证定期编制科目汇总表，该公司按旬汇总，每月编制一张"科目汇总表"，汇总结果应显示借贷方发生额相等，其格式与结果如表 8-15 所示。

表 8-15　华美公司科目汇总表

总账账户	1—10 日发生额		11—20 日发生额		21—31 日发生额		合计	
	借方	贷方	借方	贷方	借方	贷方	借方	贷方
现金	2 050	2 700		800	22 500	23 600	24 550	27 100
银行存款	25 400	40 350	36 000	42 120	60 840	24 400	122 240	106 870
应收账款	52 650	5 800		36 000			52 650	41 800
其他应收款	800	800					800	800
应收票据		19 600	23 400				23 400	19 600
物资采购	52 500	52 500					52 500	52 500
原材料	52 500	35 800			12 500	5 000	65 000	40 800
生产成本	34 000				25 600	38 645	59 600	38 645
制造费用	1 800				7 800	9 600	9 600	9 600
库存商品					38 645	48 430	38 645	48 430
累计折旧						4800		4800
应付账款	17 600	42 120	41 120				58 720	42 120
应付职工薪酬	1 900				22 500	22 500	24 400	22 500
应交税费	10 370	7 650		3 400	2 125	30 714.6	12 495	41 764.6
预提费用					600		600	
盈余公积						4 986.81		4 986.81
利润分配					4 986.81	60 832.4	4 986.81	60 832.4
本年利润					144 587	117 000	144 587	117 000
主营业务收入		45 000		20 000	110 000	45 000	110 000	110 000
主营业务成本					48 430	48 430	48 430	48 430

(续表)

总账账户	1—10日发生额		11—20日发生额		21—31日发生额		合计	
	借方	贷方	借方	贷方	借方	贷方	借方	贷方
销售费用			1 000			1 000	1 000	1 000
管理费用	750		800		4 500	6 050	6 050	6 050
财务费用					300	300	300	300
所得税					16 374.6	16 374.6	16 374.6	16 374.6
预付账款						14 625		14 625
其他业务收入					7 000	7 000	7 000	7 000
其他业务支出					5 000	5 000	5 000	5 000
营业外支出					1 100	1 100	1 100	1 100
营业税费					5 500	5 500	5 500	5 500
合计	252 320	252 320	102 320	102 320	540 888.41	540 888.41	895 528.41	895 528.41

5. 根据编制的科目汇总表登记总分类账。月末，根据所编制的科目汇总表，登记各有关总分类账，结果如表8-16至表8-50所示。

表8-16 总分类账(1)

会计科目：现金

2014年		凭证号数	摘要	借方	贷方	借或贷	余额
月	日						
12	1		期初余额			借	2 688
	10		1—10日发生额	2 050	2 700	借	2 038
	20		11—2日发生额		800	借	1 238
	31		21—31日发生额	22 500	23 600	借	138
			本月合计	24 550	27 100	借	138

表8-17 总分类账(2)

会计科目：银行存款

2014年		凭证号数	摘要	借方	贷方	借或贷	余额
月	日						
12	1		期初余额			借	58 800
	10		1—10日发生额	25 400	40 350	借	43 850
	20		11—20日发生额	36 000	42 120	借	37 730
	21		21—31日发生额	60 840	24 400	借	74 170
			本月合计	122 240	106 870	借	74 170

表 8-18　总分类账(3)

会计科目：应收票据

2014年		凭证号数	摘要	借方	贷方	借或贷	余额
月	日						
12	1		期初余额			借	19 600
	10		1—10日发生额		19 600	借	0
	20		11—20日发生额	23 400		借	23 400
			本月合计	23 400	19 600	借	23 400

表 8-19　总分类账(4)

会计科目：应收账款

2014年		凭证号数	摘要	借方	贷方	借或贷	余额
月	日						
12	1		期初余额			借	15 800
	10		1—10日发生额	52 650	5800	借	62 650
	20		11—20日发生额		36000	借	26 650
			本月合计	52 650	41800	借	26 650

表 8-20　总分类账(5)

会计科目：预付账款

2014年		凭证号数	摘要	借方	贷方	借或贷	余额
月	日						
12	1		期初余额			借	20 000
	31		21—31日发生额		14 625	借	5 375
			本月合计		14 625	借	5 375

表 8-21　总分类账(6)

会计科目：其他应收款

2014年		凭证号数	摘要	借方	贷方	借或贷	余额
月	日						
12	1		期初余额			借	0
	10		1—10日发生额	800	800	借	0
			本月合计	800	800	借	0

表 8-22　总分类账(7)

会计科目：库存商品

2014年		凭证号数	摘要	借方	贷方	借或贷	余额
月	日						
12	1		期初余额			借	47 900
	31		21—31日发生额	38 645	48 430	借	38 115
			本月合计	38 645	48 430	借	38 115

表 8-23 总分类账(8)

会计科目：原材料

2014年		凭证号数	摘要	借方	贷方	借或贷	余额
月	日						
12	1		期初余额			借	36 000
	10		1—10日发生额	52 500	35 800	借	52 700
	31		21—31日发生额	12 500	5 000	借	60 200
			本月合计	65 000	40 800	借	60 200

表 8-24 总分类账(9)

会计科目：物资采购

2014年		凭证号数	摘要	借方	贷方	借或贷	余额
月	日						
12	1		期初余额			借	0
	10		1—10日发生额	52 500	52 500	借	0
			本月合计	52 500	52 500	借	0

表 8-25 总分类账(10)

会计科目：待摊费用

2014年		凭证号数	摘要	借方	贷方	借或贷	余额
月	日						
12	1		期初余额			借	1 200
			本月合计			借	1 200

表 8-26 总分类账(11)

会计科目：固定资产

2014年		凭证号数	摘要	借方	贷方	借或贷	余额
月	日						
12	1		期初余额			借	197 920
			本月合计			借	197 920

表 8-27 总分类账(12)

会计科目：累计折旧

2014年		凭证号数	摘要	借方	贷方	借或贷	余额
月	日						
12	1		期初余额			贷	65 000
	31		21—31日发生额		4 800	贷	69 800
			本月合计		4 800	贷	69 800

表 8-28 总分类账(13)

会计科目：无形资产

2014年		凭证号数	摘要	借方	贷方	借或贷	余额
月	日						
12	1		期初余额			借	17 000
			本月合计			借	17 000

表 8-29 总分类账(14)

会计科目：短期借款

2014年		凭证号数	摘要	借方	贷方	借或贷	余额
月	日						
12	1		期初余额			贷	60 000
			本月合计			贷	60 000

表 8-30 总分类账(15)

会计科目：应付账款

2014年		凭证号数	摘要	借方	贷方	借或贷	余额
月	日						
12	1		期初余额			贷	17 600
	10		1—10日发生额	17 600	42 120	贷	42 120
	20		11—21日发生额	41 120		贷	1 000
			本月合计	58 720	42 120	贷	1 000

表 8-31 总分类账(16)

会计科目：预提费用

2014年		凭证号数	摘要	借方	贷方	借或贷	余额
月	日						
12	1		期初余额			贷	2 500
	31		21—31日发生额	600		贷	1 900
			本月合计	600		贷	1 900

表 8-32 总分类账(17)

会计科目：应付票据

2014年		凭证号数	摘要	借方	贷方	借或贷	余额
月	日						
12	1		期初余额			贷	20 000
			本月合计			贷	20 000

表 8-33 总分类账(18)

会计科目：应付职工薪酬

2014 年		凭证号数	摘要	借方	贷方	借或贷	余额
月	日						
12	1		期初余额			贷	4 500
	10		1—10 日发生额	1 900		贷	2 600
	31		21—31 日发生额	22 500	22 500	贷	2 600
			本月合计	24 400	22 500	贷	2 600

表 8-34 总分类账(19)

会计科目：应交税费

2014 年		凭证号数	摘要	借方	贷方	借或贷	余额
月	日						
12	1		期初余额			贷	1 700
	10		1—10 日发生额	10 370	7 650	借	1 020
	20		11—20 日发生额		3 400	贷	2 380
	31		21—31 日发生额	2 125	30 714.6	贷	30 969.6
			本月合计	12 495	41 764.6	贷	30 969.6

表 8-35 总分类账(20)

会计科目：实收资本

2014 年		凭证号数	摘要	借方	贷方	借或贷	余额
月	日						
12	1		期初余额			贷	199 000
			本月合计			贷	199 000

表 8-36 总分类账(21)

会计科目：资本公积

2014 年		凭证号数	摘要	借方	贷方	借或贷	余额
月	日						
12	1		期初余额			贷	13 744
			本月合计			贷	13 744

表 8-37 总分类账(22)

会计科目：盈余公积

2014年		凭证号数	摘要	借方	贷方	借或贷	余额
月	日						
12	1		期初余额			贷	5 277
	31		21—31日发生额		4 986.81	贷	10 263.81
			本月合计		4 986.81	贷	10 263.81

表 8-38 总分类账(23)

会计科目：本年利润

2014年		凭证号数	摘要	借方	贷方	借或贷	余额
月	日						
12	1		期初余额			贷	27 587
	31		21—31日发生额	144 587	117 000	贷	0
			本月合计	144 587	117 000	贷	0

表 8-39 总分类账(24)

会计科目：利润分配

2014年		凭证号数	摘要	借方	贷方	借或贷	余额
月	日						
12	1		期初余额			贷	0
	31		21—31日发生额	4 986.81	60 832.4	贷	55 845.59
			本月合计	4 986.81	60 832.4	贷	55 845.59

表 8-40 总分类账(25)

会计科目：生产成本

2014年		凭证号数	摘要	借方	贷方	借或贷	余额
月	日						
12	1		期初余额			借	0
	10		1—10日发生额	34 000		借	34 000
	31		21—31日发生额	25 600	38 645	借	20 955
			本月合计	59 600	38 645	借	20 955

表 8-41 总分类账(26)

会计科目：制造费用

2005年		凭证号数	摘要	借方	贷方	借或贷	余额
月	日						
12	1		期初余额			借	0
	10		1—10日发生额	1 800		借	1 800
	31		21—31日发生额	7 800	9 600	借	0
			本月合计	9 600	9 600	借	0

表 8-42　总分类账(27)

会计科目：主营业务收入

2005年		凭证号数	摘要	借方	贷方	借或贷	余额
月	日						
12	1		期初余额			贷	0
	10		1—10日发生额		45 000	贷	45 000
			11—21日发生额		20 000	贷	65 000
			21—31日发生额	110 000	45 000	贷	0
			本月合计	110 000	110 000	贷	0

表 8-43　总分类账(28)

会计科目：主营业务成本

2014年		凭证号数	摘要	借方	贷方	借或贷	余额
月	日						
2	31		期初余额			借	
			21—31日发生额	48 430	48 430	借	0
			本月合计	48 430	48 430	借	0

表 8-44　总分类账(29)

会计科目：销售费用

2014年		凭证号数	摘要	借方	贷方	借或贷	余额
月	日						
12	1		期初余额			借	
	21		11—20日发生额	1 000		借	1 000
	31		21—31日发生额		1 000	借	0
			本月合计	1 000	1 000	借	0

表 8-45　总分类账(30)

会计科目：管理费用

2014年		凭证号数	摘要	借方	贷方	借或贷	余额
月	日						
12	1		期初余额			借	0
	10		1—10日发生额	750		借	750
	20		11—20日发生额	800		借	1 550
	31		21—31日发生额	4 500	6 050	借	0
			本月合计	6 050	6 050	借	0

表 8-46　总分类账(31)

会计科目：财务费用

2014年		凭证号数	摘要	借方	贷方	借或贷	余额
月	日						
12	1		期初余额			借	0
	31		21—31日发生额	300	300	借	0
			本月合计			借	0

表 8-47　总分类账(32)

会计科目：所得税

2014年		凭证号数	摘要	借方	贷方	借或贷	余额
月	日						
12	1		期初余额			借	0
	31		21—31日发生额	16 374.6	16 374.6	借	0
			本月合计	16 374.6	16 374.6	借	0

表 8-48　总分类账(33)

会计科目：其他业务收入

2014年		凭证号数	摘要	借方	贷方	借或贷	余额
月	日						
12	1		期初余额			贷	0
	31		21—31日发生额	7 000	7 000	贷	0
			本月合计	7 000	7 000	贷	0

表 8-49　总分类账(34)

会计科目：其他业务支出

2014年		凭证号数	摘要	借方	贷方	借或贷	余额
月	日						
12	1		期初余额			借	0
	31		21—31日发生额	5 000	5 000	借	0
			本月合计	5 000	5 000	借	0

表 8-50　总分类账(35)

会计科目：营业外支出

2014年		凭证号数	摘要	借方	贷方	借或贷	余额
月	日						
12	1		期初余额			借	0
	31		21—31日发生额	1 100	1 100	借	0
			本月合计	1 100	1 100	借	0

表 8-51　总分类账(36)

会计科目：营业税费

2014年		凭证号数	摘要	借方	贷方	借或贷	余额
月	日						
12	1		期初余额			借	0
	31		21—31日发生额	5 500	5 500	借	0
			本月合计	5 500	5 500	借	0

6. 月末，将日记账、明细分类账与总分类账相互核对相符。

(1) 将日记账与总分类账核对相符。表 8-4 中，现金日记账中现金余额 138 元与表 8-16 中现金总分类账中余额相等；表 8-5 银行存款日记账中银行存款余额 74 170 元与表 8-17 银行存款总分类账中余额相符。

(2) 将总分类账与其所属明细分类账和合计数核对相符。在本例中，须核对以下账目：①将库存商品明细分类账与其总分类账进行核对，表 8-6、表 8-7 中，A 产品与 B 产品余额合计数为：19 040+19 075=38 115(元)，与表 8-22 库存商品总分类账中余额相符；②将原材料明细分类账与其总分类账进行核对，表 8-8、表 8-9 中，甲、乙两种原材料余额合计数为：49 000+11 200=60 200(元)，与表 8-23 原材料总分类账中余额相符。

以此类推，将生产成本、应收账款及应付账款总分类账与其所属各明细分类账相互核对相符，此处不再赘述。

7. 编制总分类账户本期发生额及余额表。根据表 8-1、表 8-15 中的内容，编制华美公司 2014 年 12 月总分类账户发生额及余额表，结果如表 8-52 所示。

表 8-52　华美公司总分类账户本期发生额及余额表

2014 年 12 月

账户名称	期初余额		本期发生额		期末余额	
	借方	贷方	借方	贷方	借方	贷方
现金	2 688		24 550	27 100	138	
银行存款	58 800		122 240	106 870	74 170	
应收账款	15 800		52 650	41 800	26 650	
其他应收款			800	800	0	
应收票据	19 600		23 400	19 600	23 400	
待摊费用	1 200				1 200	
预付账款	20 000			14 625	5 375	
物资采购			52 500	52 500	0	
原材料	36 000		65 000	40 800	60 200	

(续表)

账户名称	期初余额		本期发生额		期末余额	
	借方	贷方	借方	贷方	借方	贷方
生产成本			59 600	38 645	20 955	
制造费用			9 600	9 600	0	
库存商品	47 900		38 645	48 430	38 115	
固定资产	197 920				197 920	
累计折旧		65 000		4 800		69 800
无形资产	17 000				17 000	
短期借款		60 000				60 000
应付账款		17 600	58 720	42 120		1 000
应付票据		20 000				20 000
应付职工薪酬		4 500	24 400	22 500		2 600
应交税费		1 700	12 495	41 764.6		30 969.6
预提费用		2 500	600			1 900
实收资本		199 000				199 000
资本公积		13 744				13 744
盈余公积		5 277		4 986.81		10 263.81
利润分配			4 986.81	60 832.4		55 845.59
本年利润		27 587	144 587	117 000		0
主营业务收入			110 000	110 000		0
主营业务成本			48 430	48 430		0
销售费用			1 000	1 000		0
管理费用			6 050	6 050		0
财务费用			300	300		0
所得税			16 374.6	16 374.6		0
其他业务收入			7 000	7 000		0
其他业务支出			5 000	5 000		0
营业外支出			1 100	1 100		0
营业税费			5 500	5 500		0
合　　计	416 908	416 908	895 528.41	895 528.41	465 123	465 123

第九章

财产清查

【导读】

财产清查是企业会计核算七种方法中的一种,它的作用主要是检查财务人员处理的会计业务是否正确,是否符合规范要求。通过与实际财产物资进行盘点或核对,查明各项财产的实存数与账面结存数是否相符。进而为下一步编写会计报表做好准备工作。

【学习要求】

1. 掌握财产清查的定义、种类和方法;
2. 掌握熟悉财产情况的各种方法;
3. 掌握现金、银行存款、应收账款的清查方法;
4. 掌握财产清查结果的处理方法。

第一节 财产清查概述

一、财产清查的意义

(一) 财产清查的概念

企业的各项财产包括货币资金、存货、固定资产和各项债权。各项财产物资的增减变动和结存情况都是通过账簿记录如实地加以反映。为了保证账簿记录的正确性,必须对财产物资进行定期或不定期地清点和审查即财产清查。

财产清查是会计核算的专业方法之一,它是根据账簿记录,对企业的财产物资进行盘点或核对,查明各项财产的实存数与账面结存数是否相符,为定期编制会计报表提供准确、完整、系统的核算信息的一种方法。

(二) 财产清查的必要性

单位发生经济业务之后,要相应地填制和审核会计凭证,并登记相关的账簿,账簿记录能反映各项财产物资的增减变动及其结存情况。为了保证账簿记录的正确,应加强会计凭证的日常审核，定期核对账簿记录，做到账证相符、账账相符。但是仅仅账簿记录正确还不能说明账簿记录内容的真实可靠，因为一些主观或客观的原因会使账簿记录的结存数与各项财产的实存数不一致，发生差异，即通常所说的账实不符。造成账实不符的原因主要有以下几个方面。

1. 由客观的原因所引起

这是指由于财产物资本身的物理、化学性质和技术原因等引起的账实不符。例如：

(1) 气候影响。有些财产物资在保管过程中受气候的干湿冷热影响，会发生自然损耗或升溢，如汽油的自然挥发、油漆的干耗等原因造成的数量短缺。

(2) 技术原因。有些财产物资在加工时，由于机械操作、切割等工艺技术原因，会造成一些数量短缺。

2. 由主观的原因所引起

这是指由于财产物资的经管人员和会计人员工作中的失误，或由于不法分子的贪污、盗窃等原因引起的账实不符。例如：

(1) 收发差错。企业各项财产物资在收发过程中，由于计量和检验不细致，造成财产物资在数量、品种或质量上发生差错。这种情况一般发生在材料的收发过程中。

(2) 保管不善。有些财产物资由于保管时间过久或保管条件不善或保管人员失职等引起残损、霉变、短缺、过时、价值降低等。

(3) 记账错误。这是指对于有些财产物资，由于手续不全、凭证不全，或登账时漏登账、重复登账或登错账等引起的差错。

(4) 贪污盗窃。由于不法分子的贪污盗窃、徇私舞弊等直接侵占企业财产物资所发生的损失。

为了保证会计账簿记录的真实和准确，进一步建立健全财产物资的管理制度，确保企业财产的安全完整，就必须运用财产清查这一行之有效的会计核算方法，对各项财产进行定期或不定期的清查，对账存数与实存数不相符的差异，则要调整账簿记录，并查明原因和责任，按有关规定做出处理，从而做到账实相符。

(三) 财产清查的意义

1. 保证会计核算资料的真实可靠

通过财产清查，可以确定各项财产物资的实存数，与其账存数相核对，查明各项财产物资的账实是否相符，以及产生差异的原因，并及时调整账存记录，使其账实相符，从而保证会计账簿记录的真实性，为编制报表做好准备。

2. 保护各项财产的安全完整

保护各项财产的安全完整，是会计的一项基本职能。财产清查是保护财产安全完整，维护公共利益的重要手段。通过财产清查，可以查明各项财产物资的保管情况是否良好，有无因管理不善，造成财产霉烂、变质、损失浪费或者被非法挪用、贪污盗窃的情况，以便采取措施，堵塞漏洞，改善管理工作，建立和健全以岗位责任制为中心的财产物资管理制度，切实保护各项财产的安全和完整。

3. 挖掘财产物资的潜力以加速资金周转

通过财产清查，可以查明各项财产物资的储备和利用情况，有无储备不足或积压、呆滞以及不需要使用的财产物资，以便采取措施，及时处理。掌握物资占用资金的合理性，挖掘潜力，提高财产物资的使用效能。

4. 保证结算制度的贯彻执行

在财产清查中，对于债权债务等往来账款，也要与对方逐一核对清楚，对于各种应收、应付账款应及时结算，已确认的坏账要按规定处理，避免长期拖欠和常年挂账，共同维护计算纪律和商业信用。

二、财产清查的种类

企业财产清查的对象和范围往往是不同的，在时间上也有区别，因此，可以按不同的标志对财产清查进行分类，主要分类有以下几种。

(一) 按照财产清查的范围，可分为全面清查和局部清查

1. 全面清查

全面清查是指对单位所有财产进行盘点与核对。由于全面清查的范围广，时间长，参加的部门和人员也多，一般在下列情况下需要进行全面清查：①年终决算前；②单位撤销、合并或改变隶属关系前；③清产核资前；④单位主要领导人调离前。

2. 局部清查

局部清查是指根据需要对部分财产物资进行盘点与核对。由于全面清查的工作量较大，不能经常进行，所以平时可以根据管理的需要进行局部清查。局部清查的范围小，专业性也比较强，其清查的主要对象一般是流动性较大又易于损坏的物资，一般包括：①现金应每日清点一次；②银行存款每月至少同银行核对一次；③各项存货应有计划、有重点地抽查，贵重物品每月清查盘点一次；④债权债务每年至少核对一次至两次。

(二) 按照财产清查的时间，可分为定期清查和不定期清查

1. 定期清查

定期清查是指根据管理制度的规定或预先计划安排的时间对财产物资进行的清查。定期清查一般在年度、半年度、季度或月度结账时进行，它可以是全面清查，也可以是局部清查。

2. 不定期清查

不定期清查是指根据实际情况进行的随机的、临时性的清查。不定期清查事先不规定具体时间，如果工作需要，可随时进行。不定期清查主要是在以下几种情况进行的：

(1) 更换财产物资和现金保管人员或记账人员时；
(2) 财产物资由于灾害发生意外损失时；
(3) 审计机关、投资者、财政机关和银行等部门对企业进行会计检查时；
(4) 进行临时性的清产核资工作时；
(5) 其他需要进行财产清查的经济活动发生时。

不定期清查，可以是全面清查，也可以是局部清查，应根据实际需要来确定清查的对象和范围。

(三) 按照财产清查的执行单位，可分为内部清查和外部清查

1. 内部清查

内部清查是由企业自行组织清查工作小组所进行的财产清查工作。

2. 外部清查

外部清查是指由企业以外的有关部门或人员根据国家法律或制度的规定对企业所进行的财产清查。企业以外的有关部门包括上级主管部门、审计机关、司法部门、注册会计师等。

三、财产清查前的准备工作

(一) 组织上的准备

为了保证财产清查工作的顺利进行，保证其工作质量，在进行财产清查时应成立专门的财产清查领导小组，即在主管厂长或总会计师的领导下，成立由财会部门牵头，有设备、技术、生产、行政及其他各有关部门参加的财产清查领导小组，具体负责财产清查的领导和组织工作。该领导小组的主要任务是：根据管理制度或有关部门的要求拟定财产清查工作的详细步骤，确定财产清查的范围，安排财产清查工作的进度，配备财产清查工作人员等；在财产清查过程中，及时掌握工作进度，检查和督促工作，研究和解决财产清查中出现的问题；在财产清查工作结束后，撰写财产清查工作总结报告，对发生盘盈盘亏提出处理意见。

(二) 业务上的准备

为了使财产清查工作顺利进行，清查之前必须做到以下几点。

(1) 会计部门要在财产清查之前将所有的经济业务登记入账并结出余额，做到账账相符、账证相符，为财产清查提供可靠的依据。

(2) 财产物资保管部门要在财产清查前将各项财产物资的增减变动办好凭证手续，

全部登记入账,结出各账户余额,并与会计部门的有关财产物资核对相符,同时将各种财产物资排列整齐,挂上标签,标明品种、规格及结存数量,以便进行实物盘点。

(3) 财产清查人员还要准备好有关计量器具,以及各种必要的凭证、表格等。

第二节 财产清查的内容与方法

对于不同的财产物资应该采用合理的盘存制度,财产清查过程中,清查人员应根据财产物资的存在形态和性质决定应采用的清查方法,以保证清查工作的顺利进行。

一、实物资产的清查

实物资产是指具有实物形态的各种财产,主要包括存货和固定资产两类。其中,存货包括库存材料、在产品、产成品、低值易耗品、包装物等。对于实物资产的清查,应首先确定账面结存数量,再采用合适的盘点方法确定实际结存数,然后对两者进行比较,以确定两者之间的差异,查找产生差异的原因,并进行调账和批准转销的账务处理。

(一) 确定实物资产账面结存数的盘存制度

在会计核算中,确定实物资产账面结存数量的盘存制度有永续盘存制和实地盘存制两种。

1. 永续盘存制

永续盘存制又称账面盘存制,是指在会计核算过程中,对于各种存货,平时根据有关的凭证,按其数量在存货明细账中既登记存货的收入数,又登记存货的发出数,可以随时根据账面记录确定存货结存数的制度。在永续盘存制下确定存货数量的计算公式如下:

期末结存存货数量=期初结存存货数量+本期收入存货数量-本期发出存货数量

采用永续盘存制确定存货的数量,要求建立、健全存货的收入、发出的严密的规章制度,随时在有关账面上能够了解到存货的收入、发出以及结存的信息,并保证这些信息的准确无误。为此,就应该对存货进行定期或不定期的清查盘点,以保证账实相符。这种盘存制度核算手续比较严密,在一定程度上能起到防止差错、提供资料全面、便于加强管理和保护存货安全完整的作用,而且,通过存货明细账所提供的结存数,可以随时与预定的最高、最低库存限额进行比较,发现库存积压或不足的信号,以便及时处理,加速资金周转。但是,这种方法下存货明细账核算的工作量较大,同时还可能出现账面记录与实际存在两者不符的情况,为此就要对存货进行定期或不定期的核对,以查明存货账实是否相符。

2. 实地盘存制

实地盘存制也称定期盘存制，又称为以存计耗制或以存计销制，是指在会计核算过程中，对于各种存货，平时只登记其收入数，不登记其发出数，会计期末通过实地盘点确定实际盘存数，倒挤计算出本期发出存货数量的一种方法。实地盘存制下有关的计算公式如下。

期初结存存货+本期收入存货=本期耗用或销售存货+本期结存存货

期末结存存货成本=实际库存数量×存货单位成本

本期发出存货成本=期初结存存货成本+本期收入存货成本-期末结存存货成本

采用实地盘存制，将期末存货实地盘存的结果作为计算本期发出存货数量的依据，平时不需要对发出的存货进行登记，应该说核算手续比较简单。但是，采用这种方法，无法根据账面记录随时了解存货的发出和结存情况，由于是以存计销或以存计耗倒算发出存货成本，必然将非生产耗用的损耗、短缺或贪污盗窃造成的损失全部混进销售或耗用成本之中，这显然是不合理的，也不利于对存货进行日常的管理和控制，同时在存货品种、规格繁多的情况下，对存货进行实地盘点需要消耗较多的人力、物力，影响正常的生产经营活动，造成浪费。因此，这种方法一般适用于存货品种规格繁多且价值较低的企业，尤其适用于自然损耗大、数量不易准确确定的存货。

由以上所述可以看出，不论是永续盘存制还是实地盘存制，都要每年至少对存货进行一次实物盘点，所以，在实际工作中一个企业往往不是单一地使用永续盘存制或实地盘存制，更为实际的选择是在永续盘存制的基础上对存货进行定期盘存，把两种盘存制度结合使用，使之优势互补。

(二) 实物资产的清查方法与使用的凭证

不同规格、品种的实物资产，由于其实物形态、体积、重量、存放方式等方面各有不同，因而对其采用的清查方法也有不同。常用的实物资产的清查方法有以下几种。

(1) 实地盘点法，即通过点数、过磅等方法来确定实物资产实存数量的一种方法。

(2) 技术推算法，即利用技术方法对财产的实存数进行推算的一种方法。这种方法适用于一些散装、成堆或点数、过磅有困难的实物资产的清查。

(3) 抽查盘点法，即对清查中包装完整的商品、物资按大件清点，并抽查细点的一种方法。

为了明确经济责任，进行财产清查时，有关实物保管人员必须在场，并参加盘点工作，对各项实物资产的盘点结果，应如实地登记在"盘存单"上，并由实物保管人员和有关参加盘点人员同时签字或盖章。"盘存单"是实物财产盘点结果的书面证明，也是反映实物财产实有数额的原始凭证。"盘存单"的一般格式如表9-1所示。

表9-1 盘存单

单位名称：　　　　　　　　盘点时间：
财产类别：　　　　　　　　存放地点：　　　　　　　　　　　　编号：

编号	名称	计量单位	存放数量	单价	金额	备注

盘点人(签章)：　　　　　　　　　　　　　　实物保管人(签章)：

为了进一步查明盘点结果同账面结存余额是否一致，还应根据"盘存单"和账簿记录编制"实存账存对比表"。"实存账存对比表"是财产清查的重要报表，是调整账面记录的原始凭证，也是分析盘亏原因、明确经济责任的重要依据，其格式一般如表 9-2 所示。

表9-2 实存账存对比表

单位名称：　　　　　　　　　　　　　　　　　　　　　　　　　　年　月　日

编号	类别及名称	计量单位	单价	实存		账存		差异				备注
								盘盈		盘亏		
				数量	金额	数量	金额	数量	金额	数量	金额	

主管人员：　　　　　　　　会计：　　　　　　　　制表：

二、库存现金的清查

现金清查的基本方法是实地盘点法。它是通过对库存现金的盘点实有数与现金日记账的余额进行核对的方法，来查明账实是否相符。

具体可分为以下两种情况。

第一种，在日常的工作中，现金出纳员每日清点库存现金实有数额，并及时与现金日记账的余额相核对。这种清查方法实际上是现金出纳员的分内职责。

第二种，在由专门清查人员进行的清查工作中，为了明确经济责任，清查时出纳人员必须在场。清查时，除查明账实是否相符外，还要查明有无违反现金管理制度规定，如有无以"白条"抵充现金，库存现金是否超过银行核定的限额，有无坐支现金的现象等。

现金盘点结束后，应根据盘点的结果，填制"库存现金盘点报告表"，并由盘点人员和出纳员共同签章方能生效。此表具有双重性质，它既是盘存单，又是实存账存对比表；既是反映现金实存数用以调整账簿记录的原始凭证，也是分析账实发生差异原因、明确经济责任的依据。"库存现金盘点报告表"的格式如表9-3所示。

表 9-3　库存现金盘点报告表

单位名称：　　　　　　　　　　　　　　　　　　　　　　　　　　　　　　　年　月　日

实存金额	账存金额	实存与账存对比结果		备注
		盘盈(长款)	盘亏(短款)	

盘点人(签章)：　　　　　　　　　　　　　　　　　　　　出纳员(签章)：

三、银行存款的清查

银行存款清查的基本方法是采用银行存款日记账与开户银行的"对账单"相核对的方法。核对前，应先详细检查本单位银行存款日记账的正确性和完整性，然后再与开户银行的对账单逐笔核对。通过核对，发现企业或银行双方所产生的记账差错，并及时予以更正。但即使企业与银行双方记账均未发生错误，企业的银行存款日记账的余额和银行的对账单的余额也往往会不一致。这种不一致是由于存在未达账项而形成的。所谓未达账项是指企业与银行之间由于取得凭证的时间不同，导致记账时间不一致，而发生的一方已取得结算凭证已登记入账，而另一方由于尚未取得结算凭证尚未入账的款项。未达账项有以下几种。

(1) 企业已收，银行未收。如企业销售产品收到支票，送存银行后即可根据银行盖章退回的"进账单"回联单登记银行存款的增加，而银行要等款项收妥后再记增加，从而形成了企业已收，银行未收的未达账项。

(2) 企业已付，银行未付。如企业开具一张转账支票支付购入材料款，企业可根据支票存根、发货票及收料单等原始凭证，记录银行存款的减少，而银行由于尚未接到支付款项的凭证而尚未付款，当然不可能记账，从而形成了企业已付，银行未付的未达账项。

(3) 银行已收，企业未收。如外地某客户将货款汇到本企业的开户银行，银行收到货款后，马上登记企业存款的增加，而企业由于尚未收到凭证而未记银行存款的增加，从而形成了银行已收，企业未收的未达账项。

(4) 银行已付，企业未付。在采用委托收款的结算方式下，银行代企业支付电话费用或水电费等款项，银行已支付有关款项并登记企业银行存款的减少，但企业尚未接到银行的通知而尚未入账，形成了银行已付，企业未付的未达账项。

上述任何一种未达账项的存在，都会使企业银行存款日记账的余额与银行开出的对账单的余额不符。其中，(1)、(4)情况下，企业的银行存款日记账的余额将大于银行对账单的余额；在(2)、(3)情况下，企业的银行存款日记账将小于银行对账单的余额。这就要求在清查过程中查找出双方未达账项的金额，并据以编制"银行存款余额调节表"，清除未达账项影响，检验双方结余数额是否相符。如果调节后双方余额相符，就说明企业和银行双方记账基本正确，而且这个调节后余额表示企业当时实际可动用的银行存款的限额。如果调节后余额不符，说明双方记账过程中可能存在错误，需进一步核对账目，查找原因，并加以更正。

"银行存款余额调节表"的编制，是以双方账面余额为基础，各自分别加、减对方已入账而自己尚未入账的数额。现举例说明银行存款清查的方法和"银行存款余额调节表"的编制方法。

计算公式如下：

企业银行存款日记账余额+银行已收企业未收款-银行已付企业未付款=银行对账单存款余额+企业已收银行未收款-企业已付银行未付款

【例9-1】假设某企业的银行存款日记账月末余额为75 600元，银行对账单余额为82 300元。经逐笔核对，双方记账均无差错，但发现有下列未达账项。

(1) 企业开出转账支票5 000元，支付供货单位账款，支票尚未到达银行，银行尚未入账。

(2) 企业委托银行代收外地销货款9 800元，银行已入账而企业尚未收到收款通知。

(3) 银行代企业支付水电费1 500元，企业尚未收到付款通知。

(4) 企业月末收到转账支票一张6 600元，企业已入账而银行未入账。

根据上述资料，编制"银行存款余额调节表"如表9-4所示。

表9-4 银行存款余额调节表

单位：元

项目	金额	项目	金额
企业银行存款日记账余额	75 600	银行对账单余额	82 300
加：银行已收、企业未收款项	9 800	加：企业已收、银行未收款项	6 600
减：银行已付、企业未付款项	1 500	减：企业已付、银行未付款项	5 000
调节后的存款余额	83 900	调节后的存款余额	83 900

从表9-4可以看出，在双方记账都不发生错误的前提下，调整后的存款余额应该相等，该数额就是企业银行存款的实有数额。

值得注意的是，由于未达账项不是错账、漏账，银行存款余额调节表也不是原始凭证，该表只起对账的作用，因此，不能根据调节表做任何账务处理，双方账面仍保持原有的余额，对于未达账项，应该在实际收到有关原始凭证之后(由未达账项变成已达账项)再进行相关的账务处理。

上述银行存款的清查方法也适用于其他货币资金的清查。

四、往来款项的清查

往来款项主要包括应收款、应付款等款项。各种往来款项的清查与银行存款的清查一样,也是采取发函寻证同对方单位核对账目的方法。清查前,应先将本单位往来账目核对清楚,确认准确无误后,再向对方填发对账单。对账单应按明细账逐笔抄列,一式两联,其中一联作为回单,对方单位如核对相符,应在回单上盖章后退回;如发现数字不符,应将不符情况在回单上注明或另抄对账单退回,作为进一步核对的依据。

"往来款项对账单"的格式和内容如图9-1所示。

往来对账单

_____单位:

你单位200×年×月×日购入我单位×产品××台,已付款项××××元,尚有××××元货款未付,请核对后将回单联寄回。

核查单位:(盖章)

200×年×月×日

请沿此虚线裁开,将以下回联寄回。

往来对账单(回联)

_____核查单位:

你单位寄来的"往来对账单"已经收到,经核对相符无误(或不符,应注明具体内容和金额)。

单位:(盖章)

200×年×月×日

图9-1 往来款项对账单

清查单位在收到对方的回单后,据此填制往来款项清查表,其格式如表9-5所示。

表9-5 往来款项清查表

总分类账户名称: 　　　　　　　　　　　　　　　　　　　　　200×年×月×日

明细分类账户		清查结果		核对不符的原因分析			备注
名称	账面余额	核对相符金额	核对不符金额	未达账项金额	有争议款项金额	其他	

通过往来款项的清查,要及时催收该收回的款项,偿还该支付的款项,对呆账和有争议的款项应及时研究处理,加强对往来款项的管理,以减少坏账损失的发生。

第三节　财产清查结果的处理

一、财产清查的结果

财产清查后会出现两种情况：一是实存数与账存数一致；二是实存数与账存数存在差异。对于前者亦即账实相符，自然不必进行账务处理；对于后者亦即账实不符，则需要进行账务调整。如果账实不符，则又可出现如下两种情况：①盘亏，即实存数小于账存数；②盘盈，即实存数大于账存数。无论盘盈、盘亏均说明企业在经营管理上存在一些问题。

二、财产清查结果处理的内容

通过财产清查而发现的账实不符，要以国家的法规、政策、制度为依据，严肃认真地加以处理。财产清查结果的处理主要包括以下3个方面。

(一) 核准数字(包括金额和数量)，查明原因

根据清查情况，客观地分析账实不符的原因，明确经济责任，针对不同原因所造成的盈亏据实提出处理意见，呈报有关领导和部门批准。对于债权债务在核对过程中出现的争议问题及时组织清理，对于超储积压物资应同时提出处理方案。

(二) 调整账簿记录，做到账实相符

在核准数字查明原因的基础上，就可以根据"实存账存对比表"等原始凭证编制记账凭证，并据以登记有关账簿。使各项财产物资、货币资金、债权债务做到账实相符。其调整账簿记录的原则是以"实存"为准，当盘盈时，调增账面记录；当盘亏时，调减账面记录。然后将所编制的"实存账存对比表"及针对清查结果编写的报告按规定的程序一并报送有关部门和领导批准。

(三) 报请批准，进行批准后的账务处理

当有关部门领导对所呈报的财产清查结果提出处理意见后，企业单位应严格按照批复意见编制有关的记账凭证，进行批准后的账务处理，登记有关账簿。对因不同原因造成的财产损失应做出相应的会计处理；对因个人原因造成的损失应追究个人的责任。

三、财产清查结果的账务处理

为了全面反映财产清查的结果及其处理情况，企业应设置"待处理财产损溢"账户。该账户下设两个明细账户，即"待处理固定资产损溢"和"待处理流动资产损溢"。"待

"处理财产损溢"账户属双重性质的账户,借方登记各项财产发生的盘亏数和经过批准后盘盈的转销数;贷方登记各项财产发生的盘盈数和经过批准后盘亏的转销数;期末没有余额。

"待处理财产损溢"账户的结构如表9-6所示。

表9-6 待处理财产损溢

清查时发现的盘亏数和经批准后盘盈的转销数	清查时发现的盘盈数和经批准后盘亏的转销数

"待处理财产损溢"账户也是一个过渡性账户,用于反映财产清查的结果及随后的批准处理过程,并且该账户只用于反映货币资金和财产物资的清查结果,往来款项的清查结果不通过该账户核算。

财产清查结果的会计处理通常分两步进行:第一步,根据清查所得的实存数调整记入"待处理财产损溢"相关账簿,使之实现账实相符;第二步,根据批准处理结果,对"待处理财产损溢"账户进行转销处理。财产清查的对象不同,所采取的会计处理方法及所使用的账户也有所不同。

(一) 库存现金结果的会计处理

现金清查过程中发现的长款(盘盈)或短款(盘亏),应根据"库存现金盘点报告表"以及有关的批准文件进行批准前和批准后的账务处理。现金长、短款通过"待处理财产损溢——待处理流动资产损溢"账户进行核算。

现金长、短款在批准前的处理是:以实际存在的库存现金为准,当现金长款时,增加现金账户的记录,以保证账实相符,同时记入"待处理财产损溢——待处理流动资产损溢"账户,等待批准处理;当发现现金短款时,应冲减现金账户的记录,以保证账实相符,同时记入"待处理财产损溢——待处理流动资产损溢"账户,等待批准处理。

现金长、短款在批准后应视不同的原因造成的现金长、短款而采取不同的方法进行处理。①如为现金短款,属于应由责任人或应由保险公司赔偿的部分,借记"其他应收款"科目,贷记"待处理财产损溢——待处理流动资产损溢"科目;属于无法查明的其他原因,根据管理权限,经批准后处理,借记"管理费用"科目,贷记"待处理财产损溢——待处理流动资产损溢"。②如为现金长款,属于应支付给有关人员或单位的,应借记"待处理财产损溢——待处理流动资产损溢"科目,贷记"其他应付款"科目;属于无法查明原因的现金长款,经批准后,借记"待处理财产损溢——待处理流动资产损溢"科目,贷记"营业外收入"科目。下面举例说明现金长、短款批准前后的账务处理。

【例9-2】某企业在财产清查中发现现金短款450元,其会计处理如下。

(1) 批准前:

借:待处理财产损溢——待处理流动资产损溢　　450
　　贷:库存现金　　　　　　　　　　　　　　　　　　450

(2) 经反复核查，是由于出纳员的责任造成的，责令其赔偿。

  借：其他应收款——××出纳员   450
    贷：待处理财产损溢——待处理流动资产损溢   450

【例 9-3】 某企业在财产清查中发现现金短款 580 元，经反复查对，原因不明，进行批准前和批准后的处理。

批准前：
  借：待处理财产损溢——待处理流动资产损溢   580
    贷：库存现金   580

批准后：
  借：管理费用——库存现金短款   580
    贷：待处理财产损溢——待处理流动资产损溢   580

【例 9-4】 某企业在财产清查中发现现金长款 740 元，经反复查对，无法查明原因，进行批准前和批准后的处理。

批准前：
  借：库存现金   740
    贷：待处理财产损溢——待处理流动资产损溢   740

批准后：
  借：待处理财产损溢——待处理流动资产损溢   740
    贷：营业外收入   740

(二) 存货清查结果的会计处理

1. 存货盘盈的会计处理

当存货盘盈时，应根据"实存账存对比表"，将盘盈存货的价值记入"原材料""生产成本""库存商品"等账户的借方，同时记入"待处理财产损溢——待处理流动资产损溢"账户的贷方；报经批准后，冲减管理费用。

【例 9-5】 某企业在财产清查中发现一批账外原材料 500 千克，实际总成本 20 000 元。其批准前后的会计处理如下。

批准前：
  借：原材料   20 000
    贷：待处理财产损溢——待处理流动资产损溢 20 000

批准后：
  借：待处理财产损溢——待处理流动资产损溢 20 000
    贷：管理费用   20 000

2. 存货盘亏的会计处理

当存货盘亏或毁损时，批准以前应先记入"待处理财产损溢——待处理流动资产损溢"账户的借方，同时记入有关存货账户的贷方。批准后，再根据造成亏损的原因，分情况进行账务处理。

(1) 属于自然损耗产生的定额内的合理损耗，经批准后即可计入管理费用。

(2) 属于超定额短缺的，能确定过失人的应由过失人负责赔偿；属于保险责任范围的，应由保险公司赔偿；扣除过失人或保险公司赔偿和残料价值后的余额，应计入管理费用。

(3) 属于非常损失所造成的存货毁损，扣除保险公司赔偿和残料价值后，应计入营业外支出。

【例9-6】某公司在财产清查中发现一批原材料盘亏，其账面记录的实际成本为56 000元，增值税9 520元。经查造成盘亏的原因是收发计量不准确。其批准前、后的会计处理如下。

批准前：

借：待处理财产损溢——待处理流动资产损溢 　　65 520
　　贷：原材料 　　56 000
　　　　应交税费——应交增值税(进项税转出) 　　9 520

批准后：

借：管理费用 　　65 520
　　贷：待处理财产损溢——待处理流动资产损溢 　　65 520

【例9-7】某公司在财产清查中发现一批原材料盘亏，价值30 000元。经查是由于自然灾害造成的，保险公司应给予的赔偿核定为16 000元。其批准前、后的会计处理如下。

批准前：

借：待处理财产损溢——待处理流动资产损溢 　　35 100
　　贷：原材料 　　30 000
　　　　应交税费——应交增值税(进项税转出) 　　5 100

批准后：

借：营业外支出 　　19 100
　　其他应收款 　　16 000
　　贷：待处理财产损溢——待处理流动资产损溢 　　35 100

【例9-8】某企业盘亏甲材料10公斤，每公斤500元。经查明，是由于工作人员失职造成的材料毁损，应由过失人赔偿2 000元，毁损材料残值500元。其批准前、后的会计处理如下。

批准前：

借：待处理财产损溢——待处理流动资产损溢　　　　　　5 850
　　贷：原材料　　　　　　　　　　　　　　　　　　　　　5 000
　　　　应交税费——应交增值税(进项税转出)　　　　　　　850

批准后，分不同情况处理。

第一种，由过失人赔偿。

借：其他应收款——×××　　　　　　　　　　　　　　　2 000
　　贷：待处理财产损溢——待处理流动资产损溢　　　　　　2 000

第二种，残料作价入库。

借：原材料——甲材料　　　　　　　　　　　　　　　　　　500
　　贷：待处理财产损溢——待处理流动资产损溢　　　　　　　500

第三种，扣除过失人的赔偿和残值后的盘亏数，计入管理费用。

借：管理费用　　　　　　　　　　　　　　　　　　　　　3 350
　　贷：待处理财产损溢——待处理流动资产损溢　　　　　　3 350

(三) 固定资产清查结果的会计处理

企业在财产清查过程中，发现盘盈的固定资产，作为前期差错处理，在按管理权限报经批准处理前，应先通过"以前年度损益调整"科目核算，具体内容在后续有关课程中学习。

发现盘亏的固定资产，应查明原因，填制固定资产盘亏报告表并写出书面报告，报经企业主管领导批准后才能计入营业外支出。在批准之前，只能作为待处理财产损溢处理，按其账面净值借记"待处理财产损溢"账户，按其账面已提折旧借记"累计折旧"账户，按其账面原始价值贷记"固定资产"账户。按规定程序批准后，应按盘亏固定资产的净值借记"营业外支出"账户，贷记"待处理财产损溢"账户。

【例 9-9】 某企业在财产清查中，盘亏设备一台，其原价为 300 000 元，已提折旧 260 000 元。其会计处理如下。

批准前：

借：待处理财产损溢——待处理固定资产损溢　　　　　　40 000
　　累计折旧　　　　　　　　　　　　　　　　　　　　260 000
　　贷：固定资产　　　　　　　　　　　　　　　　　　300 000

批准后予以转销。

借：营业外支出　　　　　　　　　　　　　　　　　　　40 000
　　贷：待处理财产损溢——待处理固定资产损溢　　　　　40 000

(四) 往来结算款项清查结果的会计处理

1. 应收款清查结果的会计处理

在财产清查中，查明确实无法收回的应收账款，即坏账损失，不通过"待处理财产损溢"账户进行核算，应根据企业会计准则的规定，按规定程序报经批准后，予以核销。

坏账损失的核销方法有两种：直接转销法和备抵法。按照会计准则的要求，我国企业应采用备抵法核算坏账损失。

备抵法是按期估计坏账损失，同时建立坏账准备金，待实际发生坏账时，冲销已经提取的坏账准备金。企业在会计核算过程中遵循谨慎性原则和配比原则的要求对应收账款提取坏账准备金，可以将预计未来不能收回的应收账款作为坏账损失计入期间损益，既保持了成本费用和利润的稳定性，避免虚盈实亏，又在一定程度上消除或减少了坏账损失给企业带来的风险。在会计报表上列示应收账款净额，使企业应收账款可能发生的坏账损失得到及时反映，从而让会计信息使用者能更加清楚地了解企业真实的财务状况。

为了核算坏账准备金的提取和实际转销情况，在会计核算过程中，需要设置"坏账准备"账户。该账户的性质从属于应收账款账户即属于资产类。其贷方登记提取的坏账准备(包括首次计提和以后补提的准备)、已转销的坏账又收回时而恢复的坏账准备、借方登记实际发生坏账时冲销的坏账准备、年末冲销多提的坏账准备。年内期末余额如果在借方，表示实际发生的坏账损失大于已提取的坏账准备的差额(也就是提取不足的坏账准备)；余额如果在贷方，表示已提取但未使用的坏账准备。需要注意的是该账户的年末余额一定在贷方，反映年末依据应收账款余额的一定比例提取的作为应收账款的备抵余额，通过应收账款与坏账准备两个账户进行备抵之后的差额即为应收账款的净值。

备抵法下核算坏账损失的账务处理：提取坏账准备时，借记"资产减值损失"账户，贷记"坏账准备"账户；冲销多提的坏账准备时，借记"坏账准备"账户，贷记"资产减值损失"账户；实际发生坏账冲销坏账准备金时，借记"坏账准备"账户，贷记"应收账款"账户；已经转销的坏账如果又收回，应首先借记"应收账款"账户，贷记"坏账准备"账户，然后再借记"银行存款"账户，贷记"应收账款"账户。举例说明备抵法核算坏账损失的账务处理如下。

【例9-10】某企业2007年年末计提坏账准备金8 000元；2008年年末冲销多提的坏账准备金3 000元。

(1) 2007年年末计提的坏账准备金8 000元，其会计分录如下。

借：资产减值损失　　　　　　　　　　　8 000
　　贷：坏账准备　　　　　　　　　　　　8 000

(2) 2008年年末冲销多提的坏账准备金3 000元，其会计分录如下。

借：坏账准备　　　　　　　　　　　　　3 000
　　贷：资产减值损失　　　　　　　　　　3 000

企业实际发生坏账时，应冲抵已计提的坏账准备。

【例9-11】某企业2008年5月份确认一笔应收账款20 000元无法收回。其会计分录如下。

借：坏账准备　　　　　　　　　　　　　20 000
　　贷：应收账款　　　　　　　　　　　　20 000

企业已经确认为坏账的应收账款,并不意味着完全放弃了追索权,其后一旦重新收回,应及时入账。

【例9-12】 某企业2008年9月收回本年5月份已转销的坏账20 000元存入银行。

已转销的坏账又收回,首先应恢复已转销的坏账准备,然后再收款。其会计分录分别如下。

借:应收账款　　　　　　　　　　　　　　　　20 000
　　贷:坏账准备　　　　　　　　　　　　　　　　20 000
借:银行存款　　　　　　　　　　　　　　　　　20 000
　　贷:应收账款　　　　　　　　　　　　　　　　20 000

2. 应付款清查结果的账务处理

在财产清查中,已经查明的确实无法支付的应付账款,也应根据企业的财务制度等的规定,予以核销。核销时,不必通过"待处理财产损溢"账户核算,应按规定的程序报经批准后,将应付账款转入"营业外收入"账户。

【例9-13】 某企业在财产清查中,查明应付某单位的货款5 800元,因该单位撤销,确实无法支付,报经批准,转作营业外收入。其会计分录如下。

借:应付账款　　　　　　　　　　　　　　　　　5 800
　　贷:营业外收入　　　　　　　　　　　　　　　　5 800

本 章 小 结

为了保证会计资料的真实性,企业必须定期或不定期地对其所拥有的财产物资进行清查,将账存数与实存数相互核对,以便在账实发生差异时及时寻找原因、分清责任,并按规定的程序和方法调整账面记录,做到账实一致。

财产清查按其清查范围分为全部清查和局部清查,按其清查时间可分为定期清查和不定期清查。

对材料、产成品、固定资产等实物的清查主要采用实地盘点的方法来进行。对现金的清查要采用不通知突击盘点的方法。对银行存款的清查要采取与银行核对账目的方法来进行,如不相符,就需要编制银行存款余额调节表。对应收和应付的清查主要通过询证核对的方法来进行。

为了正确反映财产物资的盘盈、盘亏、毁损及其处理情况,企业应该设置"待处理财产损溢"账户。财产清查的会计处理必须在报请批准以前和批准以后分两个阶段进行。

复习思考题

1. 什么是财产清查？为什么要进行财产清查？财产清查有什么作用？
2. 哪些因素会造成各项财产账面数与实际数不一致？
3. 如何对现金、银行存款进行清查？可能会出现什么问题？如何解决？
4. 什么是"未达账项"？企业单位能否根据银行存款余额调节表将未达账项登记入账？为什么？
5. 说明"待处理财产损溢"账户的用途、结构。
6. 财产清查结果如有差异，在账务上应如何处理？

练 习 题

一、单项选择题

1. 以下情况中，没有必要进行全面清查的是( )。
    A. 会计人员调换岗位　　　B. 年度决算前
    C. 公司与另外一个公司合并　　D. 主要领导调离
2. 一般而言，单位撤离、合并时，要进行( )。
    A. 定期清查　　B. 全面清查　　C. 局部清查　　D. 实地清查
3. "实存账存对比表"是调整账目记录的( )。
    A. 原始凭证　　B. 记账凭证　　C. 转账凭证　　D. 累计凭证
4. 采用实地盘点制时，平时账簿记录中不能反映的是( )。
    A. 财产物资的盘盈数额　　　B. 财产物资的减少数额
    C. 财产物资的购进业务　　　D. 财产物资的增减和减少数
5. 由于收发计量不善、收发计量不准确等而产生的定额内损耗，造成的流动资产流失，应转作( )。
    A. 管理费用　　B. 生产成本　　C. 营业外支出　　D. 其他应收款

二、应用题

1. 目的：练习编制银行存款余额调节表，进行银行存款清查。

资料：雷光公司 2014 年 8 月 31 日银行存款日记账余额 37 685 元，银行送来的对账单余额为 47 570 元。经逐笔核对，发现两者有下列不符之处。

(1) 8 月 30 日，本公司开出转账支票一张向方圆公司购买文具用品，价值 1 045 元，方圆公司尚未到银行办理转账手续。

(2) 8月30日,本公司委托银行代收一笔货款7 800元,款项银行已收妥入账,公司尚未收到通知入账。

(3) 8月30日,收到申花公司交来的转账支票4 700元,本公司已送交银行办理,并已入账,但银行尚未入账。

(4) 8月31日,银行扣收手续费12元,公司尚未入账。

(5) 8月31日,银行代付公用事业费3 456元,公司尚未收到通知入账。

(6) 8月31日,本月银行存款利息208元,公司尚未收到通知入账。

要求:根据以上资料,编制银行存款余额调节表,并确定企业2014年8月31日银行存款的实际结存额。

2. 目的:练习存货、固定资产清查结果的账务处理。

资料:某企业6月30日对存货和固定资产清查发现有关情况如下。

(1) 库存A产品账面结存数量2 000件,单位成本35元,金额70 000元。实存1 985件,盘亏15件,价值525元。经查明系保管人员过失所致,经批准责令其赔偿。

(2) 甲材料账面结存数量250千克,每千克20元,金额5 000元,全部毁损,作为废料处理,计价100元。经查明由于自然灾害所致,其损失经批准作为非常损失处理。

(3) 发现账外机器一台,估计原价8 000元,七成新,原因待查,经批准同意转销处理。

(4) 乙材料账面结存数量120吨,每吨成本100元,价值12 000元,实存118吨,盘亏2吨,价值200元。经查明属于定额内损耗,经批准转销处理。

(5) 丙材料账面结存数量300千克,每千克10元,价值3 000元;实存310千克,盘盈10千克,价值100元。经查明为收发计量差错原因造成,经批准转销处理。

要求:根据以上资料,编制存货和固定资产清查结果审批前后的会计分录。

第十章

财务报表

【导读】

会计工作的最终结果就是对外提供财务报告,而财务报告的核心就是财务报表。本章阐述财务会计报表的构成与编报方法。通过学习,要掌握财务会计报告、财务报表的含义、构成,理解会计报表的作用、种类和编制要求,着重掌握资产负债表、利润表的结构原理和基本的编制方法,并初步掌握通过阅读理解主要会计报表所必备的基础知识。

【学习要求】

1. 掌握财务会计报告的含义、内容;
2. 了解编制财务会计报告的意义;
3. 掌握会计报表的编制要求;
4. 了解会计报表编制前的各项准备工作;
5. 掌握资产负债表、利润表的结构原理和基本的编制方法。

第一节 财务报表概述

一、财务会计报告及会计报表的含义

财务会计报告是会计主体对外提供的反映其某一特定日期财务状况和一定期间经营成果、现金流量的书面文件。企业的财务会计报告是企业会计核算的最终成果,是企业对外提供财务会计信息的主要形式。《企业会计制度》规定,财务会计报告由会计报表、会计报表附注和财务情况说明书组成,其中,会计报表是财务会计报告的主体和核心。

在会计核算中,会计主体通过设置、登记会计账簿,能够全面、连续、系统地反映经济业务及其结果。但因会计账簿资料分散于各个会计账户,不能清晰地反映经济指标间的内在联系,也不便于提供给其他职能部门和外单位使用。因此,财会人员应通过编制财务会计报告,提供反映会计主体财务状况、经营成果和现金流量的总括的会计资料,满足会计信息使用者的需要。

《企业会计准则——基本准则》第四十四条规定"财务会计报表是指企业对外提供的反映某一特定日期的财务状况和某一会计期间的经营成果、现金流量等会计信息的文件。"一套完整的报表至少应当包括"四表一注",即资产负债表、利润表、现金流量表、所有者权益变动表以及报表附注。

会计报表是对企业财务状况、经营成果和现金流量的结构性表述,是会计人员根据日常会计核算资料归集、加工、汇总而形成的结果,是会计核算工作的总结。编制会计报表也是会计核算的一种专门方法。

二、财务报告的构成

财务报告由会计报表、会计报表附注和财务情况说明书组成。

1. 会计报表

会计报表是财务会计报告的主干部分,是以账簿资料为依据,以货币为计量单位,总括地反映单位的财务状况、经营成果和现金流量的表格式的报告文件。主要包括资产负债表、利润表、现金流量表和附表。

2. 会计报表附注

会计报表附注是对会计报表不能充分表达的内容和项目,以另一种形式(如脚注说明、括号旁注说明等文字形式)所做的补充说明和详细解释,如说明会计报表的编制基础、编制依据、编制原则和方法等。

3. 财务情况说明书

为了帮助会计报表的使用者更加清晰、明了地了解和掌握企业的经济活动情况,使会计报表在经济管理中起到更大的作用,企业应在编制、报送年度会计报表的同时,撰写并报送财务状况说明书。它是对会计报表做分析、说明、解释、评价的书面报告文件。如企业生产经营的基本情况、资金增减情况等。财务状况说明书的主要内容是:

(1) 企业在报告期内的生产情况;
(2) 企业在报告期内的盈亏情况及利润的分配情况;
(3) 企业在报告期内的资金周转及其增减变动情况;
(4) 企业在报告期内的资本结构及其情况;
(5) 企业在报告期内的主要税、费的计算及缴纳情况;
(6) 企业在报告期内的财产盈亏及报损情况;
(7) 企业在报告期内会计核算方法的变更情况;
(8) 其他有必要说明的情况。

由于会计报表是财务报告的主体和核心,本章主要论述会计报表的编制。

财务会计报告的构成如图 10-1 所示

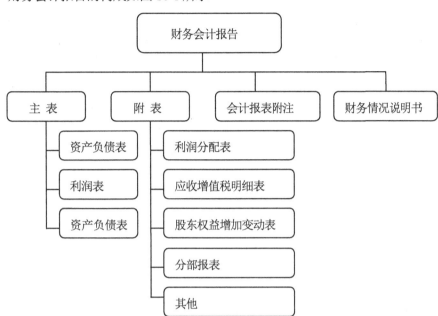

图 10-1 财务会计报告的构成

三、财务会计报表的作用

企业、行政、事业等单位的经济活动和财务收支，经过日常会计核算，已在账簿中序时、连续、系统地做了归集和记录。但这些核算资料是分散地反映在各个账户之中，不能集中、总括、一目了然地反映企业、行政、事业等单位的经济活动和财务收支全貌，为了满足经营管理的需要，需要将日常核算资料按照科学的方法和一定的指标定期进行系统的整理，以特定的形式全面综合地反映企业整个经济活动和财务收支状况。

会计报表的作用，具体表现在以下几个方面。

(1) 会计报表所提供的资料，可以帮助企业领导和管理人员分析检查企业的经济活动是否符合制度规定；考核企业资金、成本、利润等计划指标的完成程度；分析评价经营管理中的成绩和缺点，采取措施，改善经营管理，提高经济效益；运用会计报表的资料和其他资料进行分析，为编制下期计划提供依据。同时，通过会计报表，把会计经营情况和结果向职工交底，以便进行监督，进一步发挥职工群众的主人翁作用，从各方面提出改进建议，促进企业增产节约措施的落实。

(2) 单位主管部门，利用会计报表，考核所属单位的业绩以及各项经济政策贯彻执行的情况，并通过各单位同类指标的对比分析，可及时总结成绩，推广先进经验；对所发现的问题分析原因，采取措施，克服薄弱环节；同时，通过报表逐级汇总所提供的资料，可以在一定范围内反映国民经济计划的执行情况，为国家宏观管理提供依据。

(3) 财政、税务、银行和审计部门利用会计报表所提供的资料，可以了解企业资金的筹集运用是否合理，检查企业税收、利润计划的完成与解缴情况以及有无违反税法和财经纪律的现象，更好地发挥财政、税收的监督职能；银行部门可以考查企业流动资金的利用情况，分析企业银行借款的物资保证程度，研究企业流动资金的正常需要量，了解银行借款的归还以及信贷纪律的执行情况，充分发挥银行经济监督和经济杠杆作用；审计部门可以利用会计报表了解企业财务状况和经营情况及财经政策、法令和纪律执行情况，从而为进行财务审计和经济效益审计提供必要的资料。

(4) 企业的投资、债权人和其他利益群体需要利用会计报表所提供的企业财务状况和偿债能力，作为投资、贷款和交易的决策依据。行政、事业等单位的会计报表，可以总括反映预算资金收支情况和预算执行的结果，以便总结经验教训，改进工作，提高单位的管理水平，并为编制下期预算提供必要的资料。

四、会计报表的种类

不同性质的经济单位由于会计核算的内容不一样，经济管理的要求及其所编制会计报表的种类也不尽相同。就企业而言，其所编制的会计报表也可按不同的标志划分为不同的类别。

1. 按照会计报表所反映的经济内容分类

按会计报表反映的经济内容分为4种类型。

(1) 反映一定日期企业资产、负债及所有者权益等财务状况的报表，如资产负债表。

(2) 反映一定时期企业经营成果的会计报表，如利润表。

(3) 反映一定时期企业构成所有者权益的各组成部分的增减变动情况的报表，如所有者权益变动表。

(4) 反映一定时期内企业财务状况变动情况的会计报表，如现金流量表。

以上4类报表可以划分为静态报表和动态报表，前者为资产负债表，后者为利润表、所有者权益变动表和现金流量表。

2. 按照会计报表报送对象分类

财务报表按其服务的对象可分为两大类。一类是对外报送的会计报表，包括资产负债表、利润表、所有者权益变动表和现金流量表等。这些报表可用于企业内部管理，但更偏向于现在和潜在投资者、贷款人、供应商和其他债权人、顾客、政府机构、社会公众等外部使用者的信息要求。这类报表一般有统一格式和编制要求。另一类是对内报送的财务报表。这类报表是根据企业内部管理需要编制的，主要用于企业内部成本控制、定价决策、投资或筹资方案的选择等，这类报表无规定的格式、种类。

3. 按照会计报表编报的编制分类

按会计报表编报的编制不同，可将其分为个别会计报表和合并会计报表两类。这种划分是在企业对外单位进行投资的情况下，由于特殊的财务关系所形成的。

个别会计报表指只反映对外投资企业本身的财务状况和经营情况的会计报表，包括对外和对内会计报表。合并会计报表是指一个企业在能够控制另一个企业的情况下，将被控制企业与本企业视为一个整体，将其有关经济指标与本企业的数字合并而编制的会计报表。合并会计报表所反映的是企业与被控制企业共同的财务状况与经营成果。合并会计报表一般只编制对外会计报表。

4. 按照会计报表编制的时间分类

按照会计报表编制的时间不同，可将其分为定期会计报表和不定期会计报表，其中定期会计报表又可分为年度会计报表、季度会计报表和月份会计报表3类。年报是年终编制的报表，它是全面反映企业财务状况、经营成果及其分配、现金流量等方面的报表。季报是每一季度末编制的报表，种类比年报少一些。月报是月终编制的财务报表，只包括一些主要的报表，如资产负债表、利润表等。

在编制会计报表时，哪些报表为年度会计报表，哪些报表为季度会计报表，哪些报表为月度会计报表，都应根据《企业会计准则》的规定办理。月度会计报表、季度会计报表称为中期报告，企业在持续经营的条件下，一般是按年、季、月编制会计报表，但在某种特殊情况下则需要编制不定期会计报表，例如在企业宣布破产时应编制和报送破产清算会计报表。

5. 按照会计报表编制单位分类

按照会计报表编制单位不同，可将其分为单位会计报表和汇总会计报表两类。

单位会计报表是指由独立核算的会计主体编制的，用以反映某一会计主体的财务状况、经营活动成果和费用支出及成本完成情况的报表。汇总会计报表是指由上级主管部门将其所属各基层经济单位的会计报表，与其本身的会计报表汇总编制的，用以反映一个部门或一个地区经济情况的会计报表。

五、会计报表的编制要求

为了充分发挥会计报表的作用，会计报表的种类、格式、内容和编制方法，都应由财政部统一制定，企业应严格地按照统一规定填制和上报，才能保证会计报表口径一致，便于各有关部门利用会计报表，了解、考核和管理企业的经济活动。

为确保会计报表质量，编制会计报表必须符合以下要求。

1. 数字真实

根据客观性原则，企业会计报表所填列的数字必须真实可靠，能准确地反映企业的财务状况和经营成果。不得以估计数字填列会计报表，更不得弄虚作假、篡改伪造数字。为了确保会计报表的数字真实准确，应做到如下几点。

(1) 报告期内所有的经济业务必须全部登记入账，应根据核对无误的账簿记录编制会计报表，不得用估计数字编制会计报表，不得弄虚作假，不得篡改数字。

(2) 在编制会计报表之前，应认真核对账簿记录，做到账证相符、账账相符。发现有不符之处，应先查明原因，加以更正，再据以编制会计报表。

(3) 企业应定期进行财产清查，对各项财产物资、货币资金和往来款项进行盘点、核实，在账实相符的基础上编制会计报表。

(4) 在编制会计报表时，要核对会计报表之间的数字，有钩稽关系的数字应要认真核对；本期会计报表与上期会计报表之间的数字应相对衔接一致，本年度会计报表与上年度会计报表之间相关指标数字应衔接一致。

2. 内容完整

会计报表中各项指标和数据是相互联系、相互补充的，必须按规定填列齐全、完整。不论主表、附表或补充资料，都不能漏填、漏报。各会计报表之间、项目之间凡有对应关系的项目的数据，应该彼此一致，做到表表相符。

3. 计算正确

会计报表上的各项指标，都必须按《企业会计准则》和《企业会计制度》中规定的口径填列，不得任意删减或增加，凡需经计算填列的指标，应按以上两个制度所规定的公式计算填列。

4. 编报及时

企业应按规定的时间编报会计报表，及时逐级汇总，以便报表的使用者及时、有效地利用会计报表资料。为此，企业应科学地组织好会计的日常核算工作，选择适合本企业具体情况的会计核算组织程序认真做好记账、算账、对账和按期结账工作。财务会计报告编报的时间要求如下。①月报：月份终了6日内(节假日顺延)。②季报：季度终了15日内。③半年报：年度中期结束后60日内。④年报：年度终了4个月内。

第二节 资产负债表

资产负债表是企业对外报送的主要报表之一，企业一般应按月编制资产负债表，以及时反映企业的财务状况。

一、资产负债表的概念和作用

资产负债表是总括反映企业在某一特定日期(月末、季末或年末)全部资产、负债和所有者权益情况的会计报表。它根据"资产=负债+所有者权益"这一基本公式，依照一定的分类标准和一定的次序，把企业在某一特定日期的资产、负债和所有者权益项目予以适当排列编制而成。

资产负债表可提供的信息如下：

(1) 流动资产实有情况的信息，包括货币资金、应收及预付款项、交易性金融资产和存货等流动资产实有情况的信息；

(2) 非流动资产实有情况的信息，包括可供出售金融资产、持有至到期金融资产、长期股权投资、固定资产、无形资产等非流动资产实有情况的信息；

(3) 流动负债的信息，包括短期借款、交易性金融负债、应付及预收款项等流动负债的信息；

(4) 非流动负债的信息，包括长期借款、应付债券、长期应付款等信息；

(5) 所有者权益的信息，包括实收资本、盈余公积和未分配利润的信息；

资产负债表总括地提供了企业的经营者、投资者和债权人等各方面所需要的信息，其具体作用如下：

(1) 通过资产负债表可以了解企业所掌握的经济资源及其分布的情况，经营者可据此分析企业资产分布是否合理，以改进经营管理，提高管理水平；

(2) 通过资产负债表可以了解企业资金的来源渠道和构成，投资者和债权人可据此分析企业所面临的财务风险，以监督企业合理使用资金；

(3) 通过资产负债表可以了解企业的财务实力、短期偿债能力和支付能力，投资者和债权人可据此做出投资和贷款的正确决策；

(4) 通过对前后期资产负债表的对比分析，可了解企业资金结构的变化情况，经营者、投资者和债权人可据此掌握企业财务状况的变化趋势。

二、资产负债表的结构

资产负债表是依据"资产=负债+所有者权益"这一会计等式的基本原理设置的，分为左右两方。左方反映企业所拥有的全部资产，右方反映企业的负债和所有者权益，根据会计等式的基本原理，左方的资产总额等于右方的负债和所有者权益的总额。资产负债表左、右两方各项目前后顺序是按其流动性排列的，一般企业的资产负债表基本格式如表 10-1 所示。

表 10-1 资产负债表

编制单位： 　　　　　　　　年　月　日 　　　　　　　　单位：元

资产	期末余额	年初余额	负债和所有者权益	期末余额	年初余额
流动资产：			流动负债：		
货币资金			短期借款		
交易性金融资产			交易性金融负债		
应收票据			应付票据		

(续表)

资产	期末余额	年初余额	负债和所有者权益	期末余额	年初余额
应收账款			应付账款		
预付款项			预收账款		
应收利息			应付职工薪酬		
应收股利			应交税费		
其他应收款			应付利息		
存货			应付股利		
一年内到期的非流动资产			其他应付款		
其他流动资产			一年内到期的非流动负债		
流动资产合计			其他流动负债		
非流动资产：			流动负债合计		
可供出售金融资产			非流动负债：		
持有至到期投资			长期借款		
长期应收款			应付债券		
长期股权投资			长期应付款		
投资性房地产			专项应付款		
固定资产			预计负债		
工程物资			递延所得税负债		
在建工程			其他非流动负债		
固定资产清理			非流动负债合计		
生产性生物资产			负债合计		
油气资产			所有者权益：		
无形资产			实收资本		
开发支出			资本公积		
商誉			减：库存股		
递延所得税资产			盈余公积		
其他非流动资产			未分配利润		
非流动资产合计			所有者权益合计		
资产总计			负债和所有者权益		

1. 资产的排列顺序

(1) 流动资产。包括在一年或超过一年的一个经营周期以内可以变现或耗用、售出的全部资产。在资产负债表上的排列顺序为：货币资金、交易性金融资产、应收票据、应收账款、预付款项、应收利息、存货、其他应收款、一年内到期的非流动资产等。

(2) 非流动资产。包括变现能力在一年或超过一年的一个经营周期以上的资产。在资产负债表上排列为：可供出售金融资产、持有至到期投资、长期应收款、长期股权投资、投资性房地产、固定资产、工程物资、在建工程、固定资产清理、生产性生物资产、油气资产、无形资产、开发支出、商誉、递延所得税资产等。

2. 负债的排列顺序

(1) 流动负债。包括偿还期在一年以内的全部负债。在资产负债表上的排列顺序为：短期借款、交易性金融负债、应付票据、应付账款、预收款项、应付职工薪酬、应交税费、应付利息、应付股利、其他应付款、一年内到期的非流动负债等。

(2) 非流动负债。包括偿还期在一年或超过一年的一个经营周期以上的债务。在资产负债表上的排列顺序为：长期借款、应付债券、长期应付款、专项应付款、预计负债、递延所得税负债等。

3. 所有者权益的排列顺序

所有者权益包括所有者投资、企业在生产经营过程中形成的盈余公积和未分配利润。在资产负债表上的排列顺序为：实收资本、资本公积、盈余公积和未分配利润等。

三、资产负债表的编制方法

资产负债表中"年初余额"栏各项的数字，应按上年年末资产负债表中的"期末余额"栏中的数字填列。"期末余额"栏内各项数字根据会计期末各总账账户及所属明细账户余额填列。若本年度资产负债表中规定的各项目的名称和内容与上年度不一致，应对上年年末资产负债表各项的名称和数字按照本年度的规定进行调整后，填入表中的"年初余额"栏。

1. 资产负债表各项目的填列方法

(1) "货币资金"项目，反映企业库存现金、银行结算户存款、外埠存款、银行汇票存款、银行本票存款、信用卡存款、信用证保证金存款等的合计数。本项目应根据"库存现金""银行存款""其他货币资金"科目的期末余额合计数填列。

(2) "交易性金融资产"项目，反映企业为交易目的所持有的债券投资、股票投资、基金投资等交易性金融资产的公允价值。本项目应根据"交易性金融资产"科目的期末余额填列。

(3) "应收票据"项目，反映企业收到的未到期收款也未向银行贴现的应收票据，包括商业承兑汇票和银行承兑汇票。本项目应根据"应收票据"科目的期末余额填列。已向银行贴现和已背书转让的应收票据不包括在本项目内，其中已贴现的商业承兑汇票应在会计报表附注中单独披露。

(4)"应收账款"项目,反映企业因销售商品、产品和提供劳务等而应向购买单位收取的各种款项。本科目根据"应收账款"和"预收账款"账户所属各明细账户的期末借方余额合计数,减去"坏账准备"账户中有关应收账款计提的坏账准备期末余额后的金额填列。

(5)"应收股利"项目,反映企业因股权投资而应收取的现金股利,企业应收其他单位的利润,也包括在本项目内。本项目应根据"应收股利"科目的期末余额填列。

(6)"应收利息"项目,反映企业因债权投资而应收取的利息。企业购入到期还本付息债券应收的利息,不包括在本项目内。本项目应根据"应收利息"科目的期末余额填列。

(7)"其他应收款"项目,反映企业对其他单位和个人的应收和暂付的款项,减去已计提的坏账准备后的净额。本项目应根据"其他应收款"科目的期末余额,减去"坏账准备"科目中有关其他应收款计提的坏账准备期末余额后的金额填列。

(8)"预付款项"项目,反映企业预付给供应单位的款项。本项目应根据"预付账款"和"应付账款"账户所属各明细账户的期末借方余额合计数,减去"坏账准备"账户中有关预付账款计提的坏账准备期末余额后的金额填列。

(9)"存货"项目,反映企业期末在库、在途和在加工中的各项存货的可变现净值,包括各种材料、商品、在产品、半成品、包装物、低值易耗品、分期收款发出商品、委托代销商品、受托代销商品等。本项目应根据"物资采购""原材料""低值易耗品""自制半成品""库存商品""包装物""分期收款发出商品""委托加工物资""委托代销商品""受托代销商品""生产成本"等科目的期末余额合计减去"代销商品款"、"存货跌价准备"科目期末余额后的金额填列。材料采用计划成本核算,以及库存商品采用计划成本或售价核算的企业,还应按加或减材料成本差异、商品进销差价后的金额填列。

(10)"一年内到期的非流动资产"项目,反映企业将于1年内到期的非流动资产。本项目应根据有关科目的期末余额分析计算填列。

(11)"其他流动资产"项目,反映企业除以上流动资产项目外的其他流动资产。本项目应根据有关科目的期末余额填列。如其他流动资产价值较大的,应在会计报表附注中披露其内容和金额。

(12)"可供出售金融资产"项目,反映企业持有的划分为可供出售金融资产的证券。本项目根据"可供出售金融资产"科目的期末余额填列。

(13)"持有至到期投资"项目,反映企业持有的划分为持有至到期投资的证券。本项目根据"持有至到期投资"科目的期末余额减去"持有至到期投资减值准备"科目的期末余额后的金额填列。

(14)"投资性房地产"项目,反映企业持有的投资性房地产。本项目应根据"投资性房地产"科目的期末余额,减去"投资性房地产累计折旧""投资性房地产减值准备"所属有关明细科目期末余额后的金额分析计算填列。

(15) "长期股权投资"项目，反映企业不准备在1年内(含1年)变现的各种股权性质的投资的可收回金额。本项目应根据"长期股权投资"科目的期末余额，减去"长期投资减值准备"科目中有关股权投资减值准备期末余额后的金额填列。

(16) "长期应收款"项目，反映企业持有的长期应收款的可收回金额。本项目应根据"长期应收款"科目的期末余额，减去"坏账准备"科目所属相关明细科目期末余额，再减去"未确认融资收益"科目期末余额后的金额分析计算填列。

(17) "固定资产"项目，反映企业的固定资产可收回金额。本项目应根据"固定资产"科目的期末余额，减去"累计折旧""固定资产减值准备"科目期末余额后的金额填列。

(18) "在建工程"项目，反映企业期末各项未完工程的实际支出，包括交付安装的设备价值，未完建筑安装工程已经耗用的材料、工资和费用支出、预付出包工程的价款、建筑安装完毕但尚未交付使用的工程等的可收回金额。本项目应根据"在建工程"科目的总账期末余额减去减值准备后的金额填列。

(19) "工程物资"项目，反映企业各项工程尚未使用的工程物资的实际成本。本项目应根据"工程物资"科目的期末余额填列。

(20) "固定资产清理"项目，反映企业因出售、毁损、报废等原因转入清理但尚未清理完毕的固定资产的账面价值，以及固定资产清理过程中所发生的清理费用和变价收入等各项金额的差额。本项目应根据"固定资产清理"科目的期末借方余额填列；如"固定资产清理"科目期末为贷方余额，以"-"号填列。

(21) "无形资产"项目，反映企业各项无形资产的期末可收回金额。本项目应根据"无形资产"科目的期末余额，减去"累计摊销""无形资产减值准备"科目期末余额后的金额填列。

(22) "递延所得税资产"项目，反映企业确认的递延所得税资产。本项目应根据"递延所得税资产"科目期末余额分析填列。

(23) "其他非流动资产"项目，反映企业除以上资产以外的其他长期资产。本项目应根据有关科目的期末余额填列。如其他长期资产价值较大的，应在会计报表附注中披露其内容和金额。

(24) "短期借款"项目，反映企业借入尚未归还的1年期以下(含1年)的借款。本项目应根据"短期借款"科目的期末余额填列。

(25) "交易性金融负债"项目，反映企业为交易而发生的金融负债，包括以公允价值计量且其变动计入当期损益的金融负债。本项目应根据"交易性金融负债"等科目的期末余额分析填列。

(26)"应付票据"项目，反映企业为了抵付货款等而开出、承兑的尚未到期付款的应付票据，包括银行承兑汇票和商业承兑汇票。本项目应根据"应付票据"科目的期末余额填列。

(27)"应付账款"项目，反映企业购买原材料、商品和接受劳务供应等而应付给供应单位的款项。本项目应根据"应付账款"账户和"预付账款"账户所属各有关明细科目的期末贷方余额合计填列。

(28)"预收款项"项目，反映企业预收购买单位的账款。本项目应根据"预收账款"账户和"应收账款"账户所属各有关明细科目的期末贷方余额合计填列。

(29)"应付职工薪酬"项目，反映企业应付未付的职工薪酬。本项目应根据"应付职工薪酬"科目期末贷方余额填列。如"应付职工薪酬"科目期末为借方余额，以"-"号填列。

(30)"应交税费"项目，反映企业期末未交、多交或未抵扣的各种税费。本项目应根据"应交税费"科目的期末贷方余额填列；如"应交税费"科目期末为借方余额，以"-"号填列。

(31)"应付利息"项目，反映企业应付未付的利息。本项目应根据"应付利息"科目的期末贷方余额填列。

(32)"应付股利"项目，反映企业尚未支付的现金股利。本项目应根据"应付股利"科目的期末余额填列。

(33)"其他应付款"项目，反映企业所有应付和暂收其他单位和个人的款项。本项目应根据"其他应付款"科目的期末余额填列。

(34)"预计负债"项目，反映企业预计负债的期末余额。本项目应根据"预计负债"科目的期末余额填列。

(35)"一年内到期的非流动负债"项目，反映企业承担的将于1年内到期的非流动负债。本项目应根据有关非流动负债科目的期末余额分析计算填列。

(36)"其他流动负债"项目，反映企业除以上流动负债以外的其他流动负债。本项目应根据有关科目的期末余额填列，如"待转资产价值"科目的期末余额可在本项目内反映。如其他流动负债价值较大的，应在会计报表附注中披露其内容及金额。

(37)"长期借款"项目，反映企业借入的尚未归还的1年期以上(不含1年)的借款本息。本项目应根据"长期借款"科目的期末余额填列。

(38)"应付债券"项目，反映企业发行的尚未偿还的各种长期债券的本息。本项目应根据"应付债券"科目的期末余额填列。

(39)"长期应付款"项目，反映企业除长期借款和应付债券以外的其他各种长期应付款。本项目应根据"长期应付款"科目的期末余额，减去"未确认融资费用"科目期末余额后的金额填列。

(40) "递延所得税负债"项目，反映企业确认的递延所得税负债。本项目应根据"递延所得税负债"科目期末余额分析填列。

(41) "其他流动负债"项目，反映企业除以上非流动负债项目以外的其他非流动负债。本项目应根据有关科目的期末余额填列。如其他非流动负债价值较大的，应在会计报表附注中披露其内容和金额。

(42) "实收资本(或股本)"项目，反映企业各投资者实际投入的资本(或股本)总额。本项目应根据"实收资本"(或"股本")科目的期末余额填列。

(43) "资本公积"项目，反映企业资本公积的期末余额。本项目应根据"资本公积"科目的期末余额填列。

(44) "盈余公积"项目，反映企业盈余公积的期末余额。本项目应根据"盈余公积"科目的期末余额填列。

(45) "未分配利润"项目，反映企业尚未分配的利润。本项目应根据"本年利润"科目和"利润分配"科目的余额计算填列。未弥补的亏损，在本项目内以"-"号填列。

2. 资产负债表编制方法举例

从上述具体项目的填列方法分析，可将其归纳为以下5种。

1) 直接根据总账科目的期末余额填列

主要有：交易性金融资产、固定资产清理、递延所得税资产、短期借款、交易性金融负债、应付票据、应付利息、应付股利、应交税费、应付职工薪酬、其他应付款、递延所得税负债、实收资本(股本)、资本公积、盈余公积等项目。一般情况下，资产类项目直接根据其总账科目的借方余额填列，负债类项目直接根据其总账科目的贷方余额填列。

注意： 如应交税费、应付职工薪酬等项目，如果期末总账账户余额在借方，以"-"填列。

2) 根据若干个总账科目分析计算填列

主要有：货币资金、存货、未分配利润。

(1) 货币资金=库存现金+银行存款+其他货币资金

其中：其他货币资金是指企业除库存现金、银行存款以外的各种货币资金，主要包括银行汇票存款、银行本票存款、信用卡存款、信用证保证金存款、存出投资款、外埠存款等。

(2) 存货=在途物资(计划成本核算为材料采购)+原材料+库存商品+生产成本+周转材料+委托加工物资+材料成本差异(借方余额为+，贷方余额为-，计划成本核算时有该科目)+发出商品-存货跌价准备

(3) 未分配利润(平时即 1—11 月末)=本年利润总账账户余额+未分配利润总账账户余额

注：本年利润和利润分配的余额均在贷方的，用二者之和填列；二者余额均在借方的，用二者之和以负数填；二者余额一个在借方，一个在贷方的，用二者余额互相抵减后的差额填列，如为借差以负数填列。

未分配利润(年末，即 12 月 31 日)=利润分配总账账户余额(注，借方余额就填负数)
3) 根据有关总账所属明细账的期末余额分析填列
主要有：应收账款、预付账款、应付账款、预收账款。

(1) 应收账款=应收账款所属明细账的期末借方余额合计数+预收账款所属明细账的期末借方余额合计数-坏账准备账户中有关应收账款计提的坏账准备期末余额

(2) 预付账款=预付账款所属明细账的期末借方余额+应付账款所属明细账的期末借方余额-坏账准备账户中有关预付账款计提的坏账准备期末余额

(3) 应付账款=应付账款明细账期末贷方余额+预付账款明细账期末贷方余额

(4) 预收账款=预收账款明细账期末贷方余额+应收账款明细账期末贷方余额

4) 根据有关总账及明细账的期末余额分析计算填列
主要有：应收账款、应收票据、其他应收款、存货、持有至到期投资、长期股权投资、固定资产、在建工程、无形资产等。

(1) 应收账款=应收账款所属明细账的期末借方余额合计数+预收账款所属明细账的期末借方余额合计数-坏账准备账户中有关应收账款计提的坏账准备期末余额

(2) 应收票据=应收票据总账账户期末余额-坏账准备中有关应收票据计提的坏账准备期末金额

(3) 其他应收款=其他应收款总账账户期末余额-坏账准备账户中有关其他应收款计提的坏账准备期末余额

(4) 存货=在途物资(计划成本核算为材料采购)+原材料+库存商品+生产成本+周转材料+委托加工物资+材料成本差异(借方余额为+，贷方余额为-，计划成本核算时有该科目)+发出商品-存货跌价准备

(5) 持有至到期投资=持有至到期投资总账账户期末余额-持有至到期投资减值准备账户余额

(6) 长期股权投资=长期股权投资总账账户期末余额-"长期股权投资减值准备"期末账户余额

(7) 固定资产=固定资产总账账户期末余额-累计折旧总账账户期末余额-固定资产减值准备总账账户期末余额

(8) 在建工程="在建工程"总账账户期末余额-"在建工程减值准备"总账账户期末余额

(9) 无形资产=无形资产总账账户期末余额-累计摊销总账账户期末余额-无形资产减值准备总账账户期末余额

补充：预付账款、应收利息、应收股利、可供出售金融资产也是根据有关资产类账户与其备抵账户抵消后的净额填列。

下面举例说明一般企业资产负债表某些项目的编制方法。

【例 10-1】 甲公司年末有关科目资料，如表 10-2 所示。

表 10-2 甲公司 2014 年 12 月 31 日有关账户余额表

账户名称	借方余额	贷方余额	账户名称	借方余额	贷方余额
现金	70 000		短期借款		235 000
银行存款	250 000		应付票据		220 000
其他货币资金	205 000		应付账款		500 000
交易性金融资产	25 000		预收账款		20 000
应收票据	35 000		应付职工薪酬		135 000
应收股利	35 000		应付股利		120 000
应收利息	10 000		应交税费		45 000
应收账款	356 000		其他应付款		35 000
坏账准备		6 000	长期借款		500 000
预付账款	60 000		实收资本		1 500 000
其他应收款	10 000		资本公积		89 000
原材料	350 000		盈余公积		256 000
库存商品	165 000		利润分配		125 000
生产成本	185 000				
可供出售金融资产	350 000				
长期股权投资	140 000				
长期股权投资减值准备		20 000			
固定资产	2 000 000				
累计折旧		650 000			
在建工程	120 000				
无形资产	90 000				
	4 456 000	676 000			3 780 000

说明：以上资料中有 3 个账户，经查明应在列表时按规定予以调整：在"应收账款"账户中有明细账贷方余额 10 000 元；在"应付账款"账户中有明细账借方余额 20 000 元；在"预付账款"账户中有明细账贷方余额 5 000 元。

现将上列资料经归纳分析后填入资产负债表如下。

(1) 将"现金"、"银行存款"、"其他货币资金"科目余额合并列入货币资金项目(70 000+250 000+205 000=525 000)，共计 525 000 元；

(2) 将坏账准备项目 6 000 元从应收账款项目中减去；将应收账款明细账中的贷方余额 10 000 元列入预收账款项目。计算结果，应收账款项目的账面价值为 360 000 元(356 000-6 000+10 000=360 000)；预收账款项目为 30 000 元(20 000+10 000=30 000)。

(3) 将应付账款明细账中的借方余额 20 000 元列入预付账款项目；将"预付账款"账户明细账中的贷方余额 5 000 元列入应付账款项目。计算结果：预付账款项目的余额为 85 000 元(60 000+20 000+5 000=85 000)，应付账款项目的余额为 525 000 元(500 000+20 000+5 000=525 000)。

(4) 将"原材料"、"库存商品"、"生产成本"及其他存货账户余额合并为存货项目(350 000+165 000+185 000=700 000)，共计 700 000 元。

(5) 从"长期股权投资"账户中减去"长期股权投资减值准备" 20 000 元，长期股权投资项目的余额为 120 000 元(140 000-20 000=120 000)。

(6) 其余各项目按账户余额表数字直接填入报表。

现试编该企业的资产负债表，如表 10-3 所示。

表 10-3 资产负债表

编制单位：　　　　　　　　　　　2014 年 12 月 31 日　　　　　　　　　　　单位：元

资产	期末余额	年初余额	负债和所有者权益	期末余额	年初余额
流动资产：	(略)		流动负债：	(略)	
货币资金	52 5000		短期借款	235 000	
交易性金融资产	25 000		交易性金融负债	0	
应收票据	35 000		应付票据	220 000	
应收账款	360 000		应付账款	525 000	
预付款项	85 000		预收款项	30 000	
应收利息	10 000		应付职工薪酬	135 000	
应收股利	35 000		应交税费	45 000	
其他应收款	10 000		应付利息	0	
存货	700 000		应付股利	120 000	
一年内到期的非流动资产	0		其他应付款	35 000	
其他流动资产			一年内到期的非流动负债	0	

(续表)

资产	期末余额	年初余额	负债和所有者权益	期末余额	年初余额
流动资产合计	0		其他流动负债		
	1 785 000		流动负债合计	0	
				1 345 000	
非流动资产:			非流动负债:		
可供出售金融资产	350 000		长期借款	500 000	
持有至到期投资	0		应付债券		
长期应收款	0		长期应付款		
长期股权投资	120 000		专项应付款		
投资性房地产	0		预计负债		
固定资产	1 350 000		递延所得税负债		
在建工程	120 000		其他非流动负债		
工程物资	0		非流动负债合计	500 000	
固定资产清理	0		负债合计	1 845 000	
无形资产	90 000		所有者权益:		
商誉	0		实收资本	1 500 000	
长期待摊费用	0		资本公积	89 000	
递延所得税资产	0		盈余公积	256 000	
其他非流动资产	0		未分配利润	125 000	
非流动资产合计	2 030 000		所有者权益合计	1 970 000	
资产总计	3 815 000		负债及所有者权益总计	3 815 000	

第三节 利润表

一、利润表的概念和作用

利润表是反映企业在一定时期(年度、季度或月份)内经营成果的会计报表,用以反映企业一定时期利润(或亏损)的实际情况。

利润包括收入减去费用后的净额、直接计入当期利润的利得和损失等。它根据"收入-费用=利润"这一平衡公式,依照一定的标准和次序,把企业一定时期内的各种收入、费用和支出直接计入当期利润的利得和损失予以适当的分类、排列编制而成的,它也是企业的主要财务报表之一。

利润表的作用在于：通过利润表可以了解企业利润(或亏损)的形成情况,据以分析、考核企业经营目标及利润计划的执行结果,分析企业利润增减变动的原因,以促进企业改善经营管理,不断提高管理水平和盈利水平；通过利润表可以评价对企业投资的价值和报酬,判断企业的资本是否保全；根据利润表提供的信息可以预测企业在未来期间的经营状况和盈利趋势。

二、利润表的结构

利润表一般包括表首、正表两部分。其中,表首概括说明报表名称、编制单位、编制日期、报表编号、货币名称、计量单位；正表是利润表的主体,反映形成经营成果的各个项目和计算过程。正表的格式一般有两种：单步式利润表和多步式利润表。单步式利润表是将当期所有的收入列在一起,然后将所有的费用列在一起,两者相减得出当期净损益。多步式利润表是通过对当期的收入、费用、支出项目按性质加以归类,按利润形成的主要环节列示一些中间性的利润指标,如营业利润、利润总额、净利润,分步计算当期净损益。利润表的格式如表 10-4 所示。

表 10-4 利润表

编报单位： 年 月 单位：元

项目	本期金额	上期金额
一、营业收入		
减：营业成本		
营业税金及附加		
销售费用		
管理费用		
财务费用		
资产减值损失		
加：公允价值变动收益(损失以"-"号填列)		
投资收益(损失以"-"号填列)		
其中：对联营企业和合并企业的投资收益		
二、营业利润(亏损以"-"号填列)		
加：营业外收入		
减：营业外支出		
其中：非流动资产处置损失		
三、利润总额(净亏损以"-"号填列)		

(续表)

项目	本期金额	上期金额
减：所得税费用		
四、净利润		
五、每股收益：		
(一) 基本每股收益		
(二) 稀释每股收益		

为了清楚地反映各项指标的报告期数及从年初到报告期为止的累计数，在利润表中应分别设置"本月数"和"本年累计数"两栏。

三、利润表的编制方法

1. 利润表各项目的填列

利润表中的各个项目，都是根据有关会计科目记录的本期实际发生数和累计发生数分别填列的。

(1) "营业收入"项目，反映企业经营活动所取得的收入总额。本项目应根据"主营业务收入""其他业务收入"等科目的发生额分析填列。

(2) "营业成本"项目，反映企业经营活动发生的实际成本。本项目应根据"主营业务成本""其他业务成本"等科目的发生额分析填列。

(3) "营业税金及附加"项目，反映企业经营活动应负担的营业税、消费税、城市维护建设税、资源税、土地增值税和教育费附加等。本项目应根据"营业税金及附加"科目的发生额分析填列。

(4) "销售费用"项目，反映企业在销售商品和商品流通企业在购入商品等过程中发生的费用。本项目应根据"营业费用"科目的发生额分析填列。

(5) "管理费用"项目，反映企业发生的管理费用。本项目应根据"管理费用"科目的发生额分析填列。

(6) "财务费用"项目，反映企业发生的财务费用。本项目应根据"财务费用"科目的发生额分析填列。

(7) "资产减值损失"项目，反映企业确认的资产减值损失。本项目应根据"资产减值损失"科目的发生额分析填列。

(8) "公允价值变动损益"项目，反映企业确认的交易性金融资产或交易性金融负债的公允价值变动额。本项目应根据"公允价值变动损益"科目的发生额分析填列。

(9) "投资收益"项目，反映企业以各种方式对外投资所取得的收益。本项目应根据"投资收益"科目的发生额分析填列；如为投资损失，以"-"号填列。

(10)"营业外收入"项目和"营业外支出"项目，反映企业发生的与其生产经营无直接关系的各项收入和支出。这两个项目应分别根据"营业外收入"科目和"营业外支出"科目的发生额分析填列。

(11)"利润总额"项目，反映企业实现的利润总额。如为亏损总额，以"-"号填列。

(12)"所得税"项目，反映企业按规定从本期损益中减去的所得税。本项目应根据"所得税"科目的发生额分析填列。

(13)"净利润"项目，反映企业实现的净利润。如为净亏损，以"-"号填列。

报表中的"本月数"应根据各有关会计科目的本期发生额直接填列；"本年累计数"栏反映各项目自年初起到本报告期止的累计发生额，应根据上月"利润表"的累计数加上本月"利润表"的本月数之和填列。年度"利润表"的"本月数"栏改为"上年数"栏时，应根据上年"利润表"的数字填列。如果上年"利润表"和本年"利润表"的项目名称和内容不一致，应将上年的报表项目名称和数字按本年度的规定进行调整，然后填入"上年数"栏。

(14)每股收益。企业应当在利润表中单独列示基本每股收益和稀释每股收益。

第一，基本每股收益。

企业应当按照属于普通股东的当期净利润，除以发行在外普通股的加权平均数计算基本每股收益。

发行在外普通股加权平均数=期初发行在外普通股股数+当期新发行普通股股数×已发行时间÷报告期时间-当期回购普通股股数×已回购时间÷报告期时间

已发行时间、报告期时间和已回购时间一般按照天数计算；在不影响计算结果合理性的前提下，也可以采用简化的计算方法。

第二，稀释每股收益。

企业存在稀释性潜在普通股的，应当分别调整归属于普通股股东的当期净利润和发行在外普通股的加权平均数，并据以计算稀释每股收益。

稀释性潜在普通股，是指假设当期转换为普通股会减少每股收益的潜在普通股。潜在普通股，是指赋予其持有者在报告期或以后期间享有取得普通股权利的一种金融工具或其他合同，包括可转换公司债券、认股权证、股份期权等。

计算稀释每股收益，应当根据下列事项对归属于普通股股东的当期净利润进行调整(应考虑相关的所得税影响)：①当期已确认为费用的稀释性潜在普通股的利息；②稀释性潜在普通股转换时将产生的收益或费用。

计算稀释每股收益时，当期发行在外普通股的加权平均数应当为计算基本每股收益时普通股的加权平均数与假定稀释性潜在普通股转换为已发行普通股而增加的普通股股数的加权平均数之和。

计算稀释性潜在普通股转换为已发行普通股而增加的普通股股数的加权平均数时，以前期间发行的稀释性潜在普通股，应当假设在当期期初转换；当期发行的稀释性潜在普通股，应当假设在发行日转换。

认股权证和股份期权等的行权价格低于当期普通股平均市场价格时，应当考虑其稀释性。计算稀释每股收益时，增加的普通股股数按下列公式计算。

增加的普通股数=拟行权时转换的普通股股数-行权价格×拟行权时转换的普通股股数÷当期普通股平均市场价格

稀释性潜在普通股应当按照其稀释程度从大到小的顺序计入稀释每股收益，直至稀释每股收益达到最小值。

第三，每股收益列报。

发行在外普通股或潜在普通股的数量因派发股票股利、公积金转赠资本、拆股而增加或因并股而减少，但不影响所有者权益金额的，应当按调整后的股数重新计算各列报期间的每股收益。上述变化发生于资产负债表日至财务报告批准报出日之间的，应当以调整后的股数重新计算各列报期间的每股收益。

按照企业会计准则的规定对以前年度损益进行追溯调整或追溯重述的，应当重新计算各列报期间的每股收益。

2. 利润表编制方法举例

从上述具体项目的填列方法分析，利润表的填列方法可归纳为以下两种。

(1) 根据账户的发生额分析填列。利润表中的大部分项目都可以根据账户的发生额分析填列，如销售费用、营业税金及附加、管理费用、财务费用、营业外收入、营业外支出、所得税等。

(2) 根据报表项目之间的关系计算填列。利润表中的某些项目需要根据项目之间的关系计算填列，如营业利润、利润总额、净利润等。

下面举例说明一般企业利润表的编制方法。

【例10-2】甲公司2014年度利润表有关科目的累计发生额，如表10-5所示。

表10-5 利润表有关科目累计发生额 (单位：元)

科目名称	借方发生额	贷方发生额
主营业务收入		12 500 000
其他业务收入		230 000
投资收益		3 200 000
营业外收入		2 850 000
主营业务成本	8 500 000	
营业税金及附加	550 000	
其他业务成本	0	

(续表)

科目名称	借方发生额	贷方发生额
销售费用	200 000	
管理费用	1 050 000	
财务费用	1 000 000	
资产减值损失	20 000	
营业外支出	2 000 000	
所得税费用	1 800 000	

根据以上账户记录，编制甲公司 2014 年度利润表，如表 10-6 所示。

表 10-6 利润表

编报单位： 2014 年 12 月 单位：元

项目	本年累计数	上年数
一、营业收入	12 730 000	(略)
减：营业成本	8 500 000	
营业税金及附加	550 000	
销售费用	200 000	
管理费用	1 050 000	
财务费用	1 000 000	
资产减值损失	20 000	
加：公允价值变动收益(损失以"-"号填列)	0	
投资收益(损失以"-"号填列)	3 200 000	
其中：对联营企业和合并企业的投资收益	0	
二、营业利润(亏损以"-"号填列)	4 610 000	
加：营业外收入	2 850 000	
减：营业外支出	2 000 000	
其中：非流动资产处置损失	0	
三、利润总额(净亏损以"-"号填列)	5 460 000	
减：所得税费用	1 365 000	
四、净利润	4 095 000	
五、每股收益：	(略)	
（一）基本每股收益	(略)	
（二）稀释每股收益	(略)	

第四节 现金流量表

一、现金及现金流量表的定义

资产负债表让我们了解一个企业的经济实力，利润表让我们了解一个企业的经营能力，两张报表结合起来，我们还能了解企业资产运用的效率和资产回报的大小。但是，为什么还要提供现金流量表？

简单来说，资产负债表中反映的资产是企业经营的起点，利润表中的净利润是企业在特定期间的经营结果，或者是一个暂时的终点。但如果我们要了解这中间的过程，这两张报表就无法提供答案。现金流量表就充当了两张报表之间的桥梁。

现金流量表是指反映企业在一定会计期间经营活动、投资活动和筹资活动对现金及现金等价物产生影响的会计报表。编制现金流量表的主要目的是为报表使用者提供企业一定会计期间内现金流入和流出的有关信息，揭示企业的偿债能力和变现能力。为了更好地理解和运用现金流量表，必须正确界定如下概念。

(1) 现金。指企业库存现金及可随时用于支付的存款。应注意的是，银行存款和其他货币资金中有些是不能随时用于支付的存款。如不能随时支取的定期存款等，不应作为现金，而应列作投资；提前通知金融企业便可支取的定期存款，则应包括在现金范围内。

(2) 现金等价物。指企业持有的期限短、流动性强、易于转化为已知金额现金、价值变动风险很小的投资。一项投资被确认为现金等价物必须同时具备4个条件：期限短、流动性强、易于转化为已知金额现金、价值变动风险很小。其中，期限较短一般是指从购买日起3个月内到期，例如可在证券市场上流通的3个月到期的短期债券投资等。

(3) 现金流量。指企业现金和现金等价物的流入和流出。应该注意的是，企业现金形式的转换不会产生现金的流入和流出，如企业从银行提取现金，是企业现金存放形式的转换，并未流出企业，不构成现金流量；同样，现金和现金等价物之间的转换也不属于现金流量，比如，企业用现金购买将于3个月后到期的国库券。

二、现金流量表的结构

现金流量表的结构包括现金流量表正表和现金流量表补充材料。编制现金流量表的公式为：现金净流量=现金收入-现金支出。现金流量表的正表分为3部分：第一部分为经营活动中的现金流量；第二部分为投资活动中的现金流量；第三部分为筹资活动中的现金流量。各部分又分别按收入项目和支出项目列示，以反映各类活动所产生的现金流入量和现金流出量，来展示各类现金流入和流出的原因。一般企业现金流量表的基本格式如表10-7所示。

表 10-7 现金流量表

编制单位：　　　　　　　　　　年度　　　　　　　　　　单位：元

项目	本期金额	上期金额
一、经营活动产生的现金流量：		
销售商品、提供劳务收到的现金		
收到的税费返还		
收到的其他与经营活动有关的现金		
现金流入小计		
购买商品、接受劳务支付的现金		
一、经营活动产生的现金流量：		
购买商品、接受劳务支付的现金		
支付给职工以及为职工支付的现金		
支付的各项税费		
支付的其他与经营活动有关的现金		
现金流出小计		
经营活动产生的现金流量净额		
二、投资活动产生的现金流量：		
收回投资所收到的现金		
取得投资收益所收到的现金		
处置固定资产、无形资产和其他长期资产所收回的现金净额		
处置子公司及其他营业单位收到的现金净额		
收到的其他与投资活动有关的现金		
现金流入小计		
购建固定资产、无形资产和其他长期资产所支付的现金		
投资所支付的现金		
取得子公司及其他营业单位支付的现金净额		
支付的其他与投资活动有关的现金		
现金流出小计		
投资活动产生的现金流量净额		
三、筹资活动产生的现金流量：		
吸收投资所收到的现金		
借款所收到的现金		
收到的其他与筹资活动有关的现金		
现金流入小计		
偿还债务所支付的现金		
分配股利、利润或偿付利息所支付的现金		

(续表)

项目	本期金额	上期金额
支付的其他与筹资活动有关的现金		
现金流出小计		
筹资活动产生的现金流量净额		
四、汇率变动对现金及现金等价物的影响		
五、现金及现金等价物净增加额		
加：期初现金及现金等价物余额		
六、期末现金及现金等价物余额		
补充资料：		
1. 将净利润调节为经营活动现金流量：		
净利润		
加：资产减值准备、油气资产折旧、生产性生物资产折旧		
无形资产摊销		
长期待摊费用摊销		
处置固定资产、无形资产和其他长期资产的损失(减：收益)		
固定资产报废损失(减：收益)		
公允价值变动损失(减：收益)		
财务费用(减：收益)		
投资损失(减：收益)		
递延所得税资产减少(减：增加)		
递延所得税负债增加(减：减少)		
存货的减少(减：增加)		
经营性应收项目的减少(减：增加)		
经营性应付项目的增加(减：减少)		
其他		
经营活动产生的现金流量净额		
2. 不涉及现金收支的重大投资和筹资活动：		
债务转为资本		
一年内到期的可转换公司债券		
融资租入固定资产		
3. 现金及现金等价物净增加情况：		
现金的期末余额		
减：现金的期初余额		

(续表)

项目	本期金额	上期金额
加：现金等价物的期末余额		
减：现金等价物的期初余额		
现金及现金等价物净增加额		

现金流量表正表内容包括3个方面。

1. 经营活动的现金流量

经营活动的现金流量是指企业投资活动和筹资活动以外的所有交易和事项所导致的现金收入和支出。

(1) 经营活动所产生的现金收入，包括出售商品、提供劳务收到的现金，收到的税费返还款，收到的其他与经营活动有关的现金等。

(2) 经营活动所产生的现金支出，包括购买商品或接受劳务支付的现金，支付给职工以及为职工支付的现金，支付的各项税费，支付的其他与经营活动有关的现金。

2. 投资活动的现金流量

投资活动的现金流量是指企业在投资活动中所导致的现金收入和支出。

(1) 投资活动所产生的现金收入，包括收回投资收到的现金，取得投资收益收到的现金，处置固定资产、无形资产和其他长期资产而收到的现金净额，收到的其他与投资活动有关的现金等。

(2) 投资活动所产生的现金支出，包括购建固定资产、无形资产和其他长期资产所支付的现金，投资所支付的现金，支付的其他与投资活动有关的现金等。

3. 筹资活动的现金流量

筹资活动的现金流量是指企业在筹资活动中所导致的现金收入和支出。

(1) 筹资活动所产生的现金收入，包括发行股票、债券或接受投入资本收到的现金，借款所收到的现金，收到的其他与筹资活动相关的现金等。

(2) 筹资活动中所产生的现金支出，包括偿还借款、债券本金所支付的现金，分配股利、利润或偿付利息所支付的现金，支付的其他与筹资活动有关的现金。如果有外币货币资金的企业，还包括汇率的变动对现金的影响。

以上构成了现金及现金等价物的净增加额，为企业投资者、债权人和管理者提供十分有用的信息。

现金流量表补充资料包括3部分内容。

(1) 将净利润调节为经营活动的现金流量，主要包括需要调整的四大类项目：实际没有支付现金的费用；实际没有收到现金的收益；不属于经营活动的损益；经营性应收应付项目的增减变动。

(2) 不涉及现金收支的投资和筹资活动。

(3) 现金及现金等价物净增加情况。

三、现金流量表的编制

编制现金流量表的时候，经营活动现金流量有两种列示方法：一为直接法，二为间接法。这两种方法通常也称为现金流量表的编制方法。直接法是通过现金收入和支出的主要类别反映来自企业经营活动的现金流量。一般以利润表中的营业收入为起点，调整与经营活动有关项目的增减活动，然后计算出经营活动的现金流量。间接法是以本期净利润为起点，调整不涉及现金的收入、费用、营业外收支以及有关项目的增减变动，据此计算出经营活动的现金流量。

《企业会计准则——现金流量表》要求企业采用直接法报告经营活动的现金流量，同时要求在补充资料中用间接法来计算现金流量。有关经营活动现金流量的信息，可通过以下途径之一取得。

(1) 直接根据企业有关账户的企业会计记录分析填列。

(2) 对当期业务进行分析并对有关项目进行调整：①将权责发生制下的收入、成本和费用转换为现金基础。②将资产负债表和现金流量表中的投资、筹资项目，转换为投资和筹资活动的现金流量。③将利润中有关投资和筹资方面的收入和费用列入现金流量表的投资、筹资的现金流量中去。

现将其主要项目填表方法简述如下。

1. 经营活动产生的现金流量

(1) "销售商品、提供劳务收到的现金"。一般包括当期销售商品或提供劳务所收到的现金收入(包括增值税销项税额)；当期收到前期销售商品、提供劳务的应收账款或应收票据；当期的预收账款；当期因销货退回而支付的现金或收回前期核销的坏账损失；当前收到的货款和应收、应付账款。原规定不包括应收增值税销项税款，现为简化手续，将收到的增值税销项税款并入"销售商品、提供劳务收现金"及"应收""应付"项目中，并对报表有关项目作相应修改。

(2) 收到的税费返回。包括收到的增值税、消费税、营业税、所得税、关税和教育费附加的返还等。

(3) "收到的其他与经营活动有关的现金"。反映企业除了上述各项以外收到的其他与经营活动有关的现金流入。

(4) "购买商品、接受劳务支付的现金"。一般包括当期购买商品、接受劳务支付的现金；当期支付前期的购货应付账款或应付票据(均包括增值税进项税额)；当期预付的账款，以及购货退回所收到的现金。

(5)"支付给职工以及为职工支付的现金"。包括本期实际支付给职工的工资、奖金、各种津贴和补贴等,以及经营人员的养老金、保险金和其他各项支出。

(6)"支付的各种税费"。反映企业按规定支付的各项税费,包括本期发生并支付的税费,以及本期支付以前各期发生的税费和预交的税金。

(7)"支付的其他与经营活动有关的现金"。反映企业除了上述各项以外的其他与经营活动有关的现金流出。

2. 投资活动产生的现金流量

(1)"收回投资所收到的现金"。反映企业出售转让或到期收回除现金等价物以外的短期投资、长期股权投资而收到的现金,以及收回长期债权投资本金而收到的现金,按实际收回的投资额填列。

(2)"取得投资收益所收到的现金"。反映企业因股权性投资和债权性投资而取得的现金股利、利息,以及从子公司、联营企业或合营企业分利润而收到的现金。到期收回的本金应在"收回投资所收到的现金"项目中反映。

(3)"处置固定资产、无形资产和其他长期资产而收到的现金净额",反映企业处置这些资产所得的现金,扣除为处置这些资产而支付的有关费用后的净额。

(4)"处置子公司及其他营业单位收到的现金净额",反映企业处置子公司及其他营业单位所得的现金,扣除为处置子公司及其他营业单位而支付的有关费用后的净额。

(5)"收到的其他与投资活动有关的现金"。反映企业除了上各项以外收到的其他与投资活动有关的现金流入。

(6)"购建固定资产、无形资产和其他长期资产所支付的现金"。包括企业购买、建造固定资产,取得无形资产和其他长期资产所支付的现金,不包括为购建固定资产而发生的借款资本化的部分以及融资租赁租入固定资产所支付的租金和利息。

(7)"投资所支付的现金"。反映企业进行权益性投资和债权性投资支付的现金。包括短期股票、短期债券投资、长期股权投资、长期债权投资所支付的现金及佣金、手续费等附加费用。

(8)"取得子公司及其他营业单位支付的现金净额",反映企业为取得子公司及其他营业单位而支付的现金净额。

(9)"支付的其他与投资活动有关的现金"。反映企业除上述各项以外,支付的其他与投资活动有关的现金流出。

3. 筹资活动产生的现金流量

(1)"吸收投资所收到的现金"。反映企业收到的投资者投入的资金。包括发行股票、债券所实际收到的款项净额(发行收入减去支付的佣金等发行费用后的净额)。

(2)"借款收到的现金"。反映企业举借各种短期、长期借款所收到的现金,根据收入时的实际借款金额计算。企业因借款而发生的利息列入"分配股利、利润或偿付利息所支付的现金"。

(3)"收到的其他与筹资活动有关的现金"。反映企业除上述各项目外,收到的其他与筹资活动有关的现金流入,如接受现金捐赠。

(4)"偿还债务所支付的现金"。包括归还金融企业借款;偿付企业到期的债券等,按当期实际支付的偿债金额填列。

(5)"分配股利、利润或偿付利息所支付的现金"。反映企业实际支付的现金股利和付给其他投资单位的利润以及支付的债券利息、借款利息等。

(6)"支付其他与筹资活动有关的现金"。反映企业除上述各项外,支付的其他与筹资活动有关的现金流出。

4. 汇率变动对现金的影响

反映企业的外币现金流量以及境外子公司的现金流量折算为人民币时,所采用的现金流量发生日汇率折算成人民币的金额与"现金及现金等价物净增加额"按期末汇率折算的人民币金额之间的差额。

5. 现金及现金等价物净增加额

反映经营活动产生的现金流量净额、投资活动产生的现金流量净额、筹资活动产生的现金流量净额三项之和。

关于现金流量表的补充资料填制方法从略。

第五节 所有者权益变动表

一、所有者权益变动表的定义

所有者权益变动指反映所有者权益的各组成部分当期的增减变动情况的会计报表。当期损益、直接计入所有者权益的利得和损失,以及与所有者的资本交易导致的所有者权益的变动,应当分别列示。

二、所有者权益变动表的格式

所有者权益变动表至少应该单独列示反映下列信息:①净利润;②直接计入所有者权益的利得和损失项目及其总额;③会计政策变更和差错更正的累积影响金额;④所有者投入资本和向所有者分配利润等;⑤按照规定提取的盈余公积;⑥实收资本、资本公积、盈余公积、未分配利润的期初和期末余额及其调节情况。

所有者权益变动表的格式如表 10-8 所示。

表 10-8 所有者权益(或股东权益)增减变动表

年度 金额:元

项目	行次	本年数	项目	行次	本年数	行次	金额
一、实收资本(或股本):	1		转增资本(或股本)	34		67	
年初余额	2		分派现金股利或利润	35		68	
本年增加数	3		分派股票股利	36		69	
其中：资本公积转入	4		年末余额	37		70	
盈余公积转入	5		其中：法定盈余公积	38		71	
利润分配转入	6		储备基金	39		72	
新增资本(或股本)	7		企业发展基金	40		73	
本年减少数	8		四、法定公益金:	41		74	
年末余额	9		年初余额	42		75	
二、资本公积:	10		本年增加数	43		76	
年初余额	11		其中：从净利润中提取数	44		77	
本年增加数	12		本年减少数	45		78	
其中：资本(或股本)溢价	13		其中：集体福利支出	46		79	
接受捐赠非现金资产准备	14		年末余额	47		80	
接受现金捐赠	15		五、未分配利润:	48		81	
股权投资准备	16		年初未分配利润	49		82	
拨款转入	17		本年净利润(净亏损以"-"号填列)	50		83	
外币资本折算差额	18		盈余公积补亏	51		84	
其他资本公积	19		其他调整因素	52		85	
本年减少数	20		本年利润分配	53		86	
其中：转增资本(或股本)	21		年末未分配利润(未弥补亏损以"-"号填列)	54		87	
年末余额	22			55		88	
三、法定和任意盈余公积:	23			56		89	
年初余额	24			57		90	
本年增加数:	25			58		91	

(续表)

项目	行次	本年数	项目	行次	本年数	行次	金额
其中：从净利润中提取数	26			59		92	
其中：法定盈余公积	27			60		93	
任意盈余公积	28			61		94	
储备基金	29			62		95	
企业发展基金	30			63		96	
法定公益金转入	31			64		97	
本年减少数	32			65		98	
其中：弥补亏损	33			66		99	

本 章 小 结

会计报表是企业会计核算的重要组成部分，编制会计报表是会计核算的专门方法之一。本章主要内容有资产负债表、利润表及利润分配表、现金流量表，通过本章学习，使读者掌握有关的重要概念、各种会计报表的结构和编制的方法，特别是资产负债表和利润表的编制方法。

会计报表是通过整理、汇总日常会计核算资料而定期编制的，用来集中、总括地反映企业单位在某一特定日期的财务状况以及某一特定时期的经营成果和现金流量的书面报告。会计报表主要包括资产负债表、利润表和现金流量表。

资产负债表是反映企业某一特定日期的全部资产、负债和所有者权益及其构成情况的报表，它是一张静态的报表。资产负债表的格式，使用较多的是账户式。其基本结构是左方反映资产情况，右方反映负债及所有者权益情况。它的编制有的根据总分类账户的期末余额填列，有的可以直接填列，有的需要在整理、汇总、计算后填列。

利润表是反映企业在某一时期内经营活动成果的报表，它是一张动态的报表。利润表的格式一般采用多步式，其基本结构分为4段。它的编制根据收入、费用类账户的净发生额和其他有关资料填列。

所有者权益变动表是反映构成所有者权益的各组成部分当期的增减变动情况的报表。当期损益、直接计入所有者权益的利得和损失，以及与所有者的资本交易导致的所有者权益的变动，应当分别列示。

现金流量表是反映企业在某一会计年度内，现金流入与流出情况的报表，它也是一张动态报表。现金流量表的基本内容分为3部分：经营活动的现金流量、投资活动的现金流量和筹资活动的现金流量。它的编制根据资产负债表、利润表及其他有关账簿资料分析、汇总后填列。

复习思考题

1. 什么是会计报表？编制会计报表有何意义？
2. 编制会计报表有哪些要求？
3. 试述资产负债表的定义、结构及其作用。
4. 试述利润表的定义、结构和编制方法。
5. 试述现金流量表的定义、结构和编制方法。

练 习 题

一、单项选择题

1. 下列会计报表中，反映财务成果的是( )。
   A. 利润表　　　　　　　　B. 资产负债表
   C. 现金存量表　　　　　　D. 产品成本表
2. 资产负债表是反映企业( )财务状况的会计报表。
   A. 一定时期内　　　　　　B. 一年内
   C. 一定时间　　　　　　　D. 一定日期
3. 企业资产负债表和利润表都是( )。
   A. 月报表　　　　　　　　B. 季报表
   C. 年报表　　　　　　　　D. 旬报表
4. 企业未分配利润属于( )。
   A. 所有者权益　　　　　　B. 流动负债
   C. 长期负债　　　　　　　D. 资本公积
5. 主营业务利润+其他业务利润-管理费用-财务费用-营业费用=( )。
   A. 经营业务利润　　　　　B. 利润总额
   C. 营业利润　　　　　　　D. 净利润
6. 资产负债表中的"存货"项目，应根据( )。
   A. "存货"科目的期末借方余额填列
   B. "生产成本"科目的期末借方余额填列
   C. "原材料""生产成本"和"产成品"科目的期末借方余额之和填列
   D. "原材料""生产成本""产成品"和"预付账款"科目的期末借方余额之和填列

二、多项选择题

1. 下列报表中，反映企业财务状况及其变动情况的报表是(   )。
   A. 资产负债表　　　　　　B. 利润表　　　　　　C. 利润分配表
   D. 主营业务收支明细表　　E. 财务状况变动表

2. 在我国，对外提供会计报表的会计要素包括(   )。
   A. 利润分配　　　　　　　B. 收入、费用、利润　C. 成本
   D. 资产、负债　　　　　　E. 所有者权益

3. 企业的下列报表，属于对外报表的有(   )。
   A. 资产负债表　　　　　　B. 利润分配表　　　　C. 财务状况变动表
   D. 商品产品成本表　　　　E. 主要产品单位成本表

4. 编制会计报表的要求是(   )。
   A. 遵纪守法　　　　　　　B. 数字真实　　　　　C. 内容完整
   D. 计算正确　　　　　　　E. 编制及时

5. 利润表是(   )。
   A. 根据有关账户发生额编制　B. 动态报表　　　　　C. 静态报表
   D. 反映财务状况的报表　　　E. 反映财务成果的报表

6. 利润表可以提供的信息有(   )。
   A. 取得的全部收入　　　　B. 发生的全部费用和支出
   C. 其他业务利润　　　　　D. 实现的利润或亏损总额
   E. 财务状况

7. 一般企业税后利润进行分配的渠道是(   )。
   A. 提取盈余公积　　　　　B. 提取公益金　　　　C. 提取奖励基金
   D. 向投资者分配利润　　　E. 向职工分配利润

8. 资产负债表是(   )。
   A. 总括反映企业财务状况的报表
   B. 反映企业报告期末财务状况的报表
   C. 反映企业报告期间财务状况的报表
   D. 反映企业财务状况的静态报表
   E. 反映企业财务状况的动态报表

9. 在编制资产负债表时，直接根据该科目总账期末余额填列的项目有(   )。
   A. "应收账款"科目　　　　B. "短期投资"科目　　C. "实收资本"科目
   D. "长期借款"科目　　　　E. "预付账款"科目

10. 资产负债表可以提供的信息有( )。
   A. 流动资产实有情况　　B. 非流动资产实有情况　C. 流动负债的信息
   D. 长期负债的信息　　　E. 所有者权益的信息

三、填空题

1. 按照会计报表所反映的经济内容的不同，可分为反映_____的报表、反映_____的报表和反映_____的报表3类。
2. 若企业有对外投资的业务，其所编制的报表按编报会计主体的不同可分为_____和_____两类。
3. 只有当投资企业的投资总额占被投资企业的资本总额的_____情况下才可以编报合并会计报表。
4. 财务成果报表主要包括_____、_____、_____等会计报表。
5. 利润表中的各个项目，都是根据有关会计科目记录的_____填制的。
6. 资产负债表内项目的前后顺序是按其_____进行排列的。

四、名词解释

1. 会计报表
2. 财务状况变动表
3. 资产负债表
4. 利润表

五、简答题

1. 资产负债表内项目的填列方法有哪几种?举例说明。
2. 什么是会计报表?简述编制会计报表的要求。
3. 合并会计报表与汇总会计报表有何不同?

六、业务计算题

1. 练习资产负债表的编制。

资料：天地公司2013年11月30日部分账户的余额资料如下表所示。

账户名称	借方金额	贷方金额	账户名称	借方金额	贷方金额
应收账款	200 000		生产成本	90 000	
——A公司	268 000		应付账款		236 000
——B公司		68 000	——甲公司		336 000
坏账准备(应收账款)		9 000	——乙公司	100 000	
原材料	520 000		预付账款	153 000	

(续表)

账户名称	借方金额	贷方金额	账户名称	借方金额	贷方金额
周转材料	83 000		——丙公司		185 000
库存商品	226 000		——丁公司	32 000	
在途材料	71 000		利润分配		330 000

要求：根据上表资料填列 2013 年 11 月 30 日资产负债表中部分项目的期末余额。

资产负债表

编制单位：天地公司　　　　　　2013 年 11 月 30 日　　　　　　单位：元

资产	年初数	期末数	负债和所有者权益	年初数	期末数
应收账款			预收账款		
存货			应付账款		
预付账款			未分配利润		

2. 练习资产负债表和利润表的编制。

资料：某企业 2014 年 6 月底各账户期末余额如下。

账户名称	借方余额	账户名称	贷方余额
现金	350	短期借款	41 000
银行存款	76 700	应付账款	4 050
应收账款	7 000	其他应付款	8 700
其他应收款	750	应付职工薪酬	7 000
原材料	349 800	应付票据	4 100
生产成本	36 000	应交税费	39 670
库存商品	50 400	累计折旧	230 500
长期股权投资	7 500	本年利润	158 765
固定资产	628 500	实收资本	721 000
利润分配	95 785	盈余公积	38 000
合计	125 278	合计	125 278

有关明细资料如下。

各损益账户累计余额："主营业务收入" 1 144 900，"主营业务成本" 944 280 元，"营业税金及附加" 64 320 元，"销售费用" 14 600 元，"其他业务收入" 35 000 元，"其他业务成本" 35 000 元，"营业外收入" 800 元，"营业外支出" 5 000 元，"管理费用" 20 800 元，"财务费用" 6 200 元。

要求:
(1) 根据上述资料编制资产负债表。
(2) 根据上述资料编制利润表。

第十一章

会计工作的组织和管理

【导读】

本章论述会计工作组织管理的主要内容，正确组织会计工作的重要性和应遵循的要求，会计机构的设置、组织方式和岗位责任制，会计人员的职责、权限和对会计人员的要求，会计法规制度的构成等。通过本章的学习，要理解把各种会计核算方法付诸实施需要创造的条件，以便在实践中合理安排会计核算的组织工作。

【学习要求】

1. 了解组织会计工作的意义及会计工作的组织形式；
2. 熟悉会计机构的设置、组织方式和岗位责任制；
3. 了解会计人员的职责、权限；
4. 熟悉我国会计法规制度的构成；
5. 了解会计档案的主要内容。

第一节 会计工作组织概述

一、组织会计工作的意义

会计工作的组织，就是根据《中华人民共和国会计法》和其他有关法律法规的规定，结合本单位的实际情况，科学、合理地安排各项会计工作。这就会涉及如何建立专门的会计办事机构，如何配合专职的会计工作人员，以及如何规范单位内部的各项具体会计行为等。会计是一项复杂、细致的综合性经济管理活动，科学地组织好会计工作，具有重要的意义。

1. 科学地组织会计工作，有利于保证会计工作的质量和提高会计工作的效率

会计的基本职能是对企业和行政事业单位中周而复始的资金运动进行核算和监督。这是一项复杂、细致而又严密的工作。从收集各种经济活动的原始数据开始，连续、系统地进行分析、记录、分类和汇总，直至最终提供合格的会计信息，整个过程中各个步骤之间、各项手续之间都是环环相扣、紧密联系的。如果没有专门的会计机构、专职的会计人员和完善的内部会计管理规范，就无法保证这一系列程序的顺利完成。

2. 会计工作的组织为会计工作提供基本依据与规范

会计组织工作的内容包括会计政策和制度的设计，政策与制度的基本内容是会计的原则、程序和方法，有了这些才使得会计工作对问题的处理有了基本依据和规范。

3. 有利国家方针政策和财经纪律的贯彻，加强经济责任和员工的核算意识，强化经济核算

会计系统的建立，根据单位规模和管理要求，一直可分层延伸到班、组和个人，因此会计系统对国家方针政策和财经纪律、会计核算思想、会计管理要求都可得到有效贯彻，强化经济核算和经济责任。

二、组织会计工作的要求

1. 统一性要求

组织会计工作必须在国家统一领导下，依据《会计法》、会计准则的要求进行。只有这样，才能保证国家有关方针、政策、法令、法规的贯彻执行，才能满足国家宏观调控对会计信息的需求。

2. 适应性要求

组织会计工作必须适应本单位经济活动的特点。国家对组织会计工作的统一要求，仅限于一般的原则性规定，各企事业单位对会计机构的设置、会计人员的配备和统一会计制度的执行，都要结合本单位的业务范围、经营规模等实际情况和经营管理中的具体要求，做出切合实际的安排，并制定具体的实施办法或补充规定。

3. 效益性要求

组织会计工作必须在满足会计信息需求和保证会计工作质量的前提下，讲究效率，节约时间，节约开支。对会计机构的设置和人员的配备，应力求精简。对会计处理程序和有关手续的规定，应符合实际需求，避免烦琐。

三、会计工作的组织形式

由于企业会计工作的组织形式不同，企业财务会计机构的具体工作范围也有所不同。企业会计工作的组织形式有独立核算和非独立核算、集中核算和非集中核算、专业核算和群众核算几种组织形式。

1. 独立核算和非独立核算

独立核算是指对本单位的业务经营过程及其结果，进行全面的、系统的会计核算。实行独立核算的单位称为独立核算单位，它的特点是具有一定的资金，在银行单独开户，独立经营、计算盈亏，具有完整的账簿系统，定期编制报表。独立核算单位应单独设置会计机构，配备必要的会计人员，如果会计业务不多，也可只设专职会计人员。

非独立核算又称报账制。实行非独立核算的单位称为报账单位。它是由上级拨给一定的备用金和物资，平时进行原始凭证的填制和整理，以及备用金账和实物账的登记，定期将收入、支出向上级报销，由上级汇总，它本身不独立计算盈亏，也不编制报表。如商业企业所属的分销店就属于非独立核算单位。非独立核算单位一般不设置专门的会计机构，但需要配备专职会计人员，负责处理日常的会计事务。

2. 集中核算与非集中核算

实行独立核算的单位，其记账工作的组织形式可以分为集中核算和非集中核算两种。

集中核算就是将企业的主要会计工作都集中在企业会计机构内进行。企业内部的各部门、各单位一般不进行单独核算，只是对所发生的经济业务进行原始记录，处理原始凭证的取得、填制、审核和汇总工作，并定期将这些资料报送企业会计部门进行总分类核算和明细分类核算。实行集中核算，可以减少核算层次，精简会计人员，但是企业各部门和各单位不便于及时利用核算资料进行日常的考核和分析。集中核算企业组织图如图 11-1 所示。

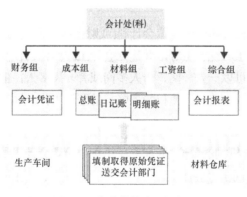

图 11-1　集中核算企业组织图

非集中核算又称为分散核算。就是企业的内部单位要对本身所发生的经济业务进行比较全面的会计核算。如在工业企业里，车间设置成本明细账，登记本车间发生的生产成本并计算出所完成产品的车间成本，厂部会计部门只根据车间报送的资料进行产品成本的总分类核算。又如在商业企业里，把库存商品的明细核算和某些费用的核算等，分散在各业务部门进行，至于会计报表的编制以及不宜分散核算的工作，如物资供销、现金收支、银行存款收支、对外往来结算等，仍由企业会计部门集中办理。实行非集中核算，使企业内部各部门、各单位能够及时了解本部门、本单位的经济活动情况，有利于及时分析、解决问题。但这种组织形式会增加核算手续和核算层次。

第二节 会计机构和会计工作人员

一、会计机构的设置

(一) 会计机构

会计机构是各单位内部直接从事和组织领导会计工作的职能部门。我国会计工作在管理体制上具有统一领导、分级管理的特点。国务院财政部门管理全国的会计工作，地方各级人民政府的财政部门管理本地区的会计工作。各个企业单位原则上要单独设置专职的会计机构，不具备单独设置会计机构的单位，应在有关机构中配备专职会计人员，否则应委托有关代理机构进行代理记账。

(二) 会计机构的设置

实际工作中，一个单位是否单独设置会计机构，往往取决于以下因素：一是单位规模的大小；二是经济业务和财务收支的繁简；三是经营管理的要求。

1. 设置会计机构

一般来说，企业应在公司一级设置会计科(或财会科)，科内按业务工作分设财务组、成本组、材料组、工资组、综合组等，并建立会计工作岗位责任制，体现内部牵制制度的要求。会计工作岗位可以一人一岗、一人多岗或者一岗多人，但出纳人员不得兼管稽核、会计档案保管和收入、费用、债权债务账目的登记工作。同时，会计人员的工作岗位应当有计划地进行轮换。

2. 不单独设置会计机构的单位，应在有关机构中设置会计人员并指定会计主管人员

会计主管人员，不同于"会计主管"、"主管会计"、"主办会计"等，而是指负责组织管理会计事务、行使会计机构负责人职权的负责人。在现实经济生活中，凡是单独设置会计机构的单位，应当配备会计机构负责人。对于没有设置会计机构，只在其他机构中配备一定数量专职或兼职会计人员的单位，应在会计人员中指定会计主管人员，目的是强化责任制度，防止出现会计工作无人负责的局面。

3. 不具备设置条件的单位，应当委托经批准设立从事会计代理记账业务的中介机构代理记账

代理记账是指从事代理记账业务的社会中介机构，即会计咨询、服务机构、会计师事务所等接受委托人的委托办理会计业务。《吉林省实施〈会计法〉办法》规定：除会计师事务所外，其他从事代理记账业务的机构，应当依法经县级以上地方人民政府财政部门审查批准并取得代理记账许可证书后，方可从事代理记账业务。

1) 代理记账机构具备的条件

(1) 3 名以上持有会计从业资格证书的专职从业人员。

(2) 主管代理记账的负责人具有会计师以上专业技术职务资格。

(3) 有固定的办公场所。

(4) 有健全的代理记账业务规范和财务会计管理制度。

申请成立代理记账机构，必须经过县级以上财政部门审查批准，并领取由财政部统一印制的《代理记账许可证书》，方可从事代理记账业务。

2) 代理记账的业务范围

(1) 根据委托人提供的原始凭证和其他资料，按照国家统一会计制度的规定，进行会计核算。包括：审核原始凭证、填制记账凭证、登记会计账簿、编制财务会计报告等。

(2) 对外提供财务会计报告。(代理记账机构负责人与委托人签名并盖章)

(3) 向税务机构提供税务资料。

(4) 委托人委托的其他会计业务。

3) 委托代理记账的委托人应履行的义务

(1) 对本单位发生的经济业务事项，应当填制或者取得符合国家统一的会计制度规定的原始凭证。

(2) 应当配备专人负责日常货币收支和保管。

(3) 及时向代理记账机构提供真实、完整的凭证和其他相关资料。

(4) 对于代理记账机构退回的要求按照国家统一会计制度的规定进行更正、补充的原始凭证，应当及时予以更正、补充。

4) 代理记账机构及其从业人员应履行的义务

(1) 按照委托合同办理代理记账业务，遵守有关法律、行政法规和国家统一的会计制度的规定。

(2) 对在执行业务中知悉的商业秘密应当保密。

(3) 对委托人示意要求做出的会计处理，提供不实会计资料，以及其他不符合法律、行政法规和国家统一的会计制度规定的要求的，应当拒绝。

(4) 对委托人提出的有关会计处理原则问题应当予以解释。

5) 代理记账的监督检查

(1) 根据《代理记账管理办法》的规定，县级以上人民政府财政部门对代理记账机构及其从事代理记账业务情况实施监督检查。

(2) 对于未经批准从事代理记账业务的，由县级以上人民政府财政部门责令其改正，并予以公告。

(3) 代理记账机构采取欺骗手段获得代理记账许可证书的，由审批机关撤销其代理记账资格。代理记账机构在经营期间达不到本办法规定的设立条件的，由县级以上人民政府财政部门责令其在不超过两个月的期限内整改；逾期仍达不到规定条件的，由审批机关撤回代理记账资格。

(4) 代理记账机构及其从事代理记账业务的人员在办理业务中违反会计法律、行政法规和国家统一的会计制度规定的，由县级以上人民政府财政部门依据《中华人民共和国会计法》及相关法规的规定处理。

6) 代理记账承担的法律责任

(1) 委托人对代理记账机构在委托合同约定范围内的行为承担责任。代理记账机构对其专职从业人员和兼职从业人员的业务活动承担责任。

(2) 代理记账机构违反本办法和国家有关规定造成委托人会计核算混乱、损害国家和委托人利益的；委托人故意向代理记账机构隐瞒真实情况或者委托人会同代理记账机构共同提供不真实会计资料的，应当承担相应法律责任。

二、会计人员

设置了会计机构，还必须配备相应的会计人员。会计人员通常是指在国家机关、社会团体、公司企业、事业单位和其他组织中从事财务会计的人员，包括会计机构负责人以及具体从事会计工作的会计师、会计员和出纳员等。合理地配备会计人员，提高会计人员的综合素质是每个单位做好会计工作的决定性因素。

(一) 会计人员应具备的基本条件

会计机构负责人、会计人员应当具备下列基本条件：坚持原则，廉洁奉公；具有会计专业技术资格；主管一个单位或者单位内一个重要方面的财务会计工作时间不少于 2 年；熟悉国家财经法律、法规、规章和方针、政策，掌握本行业业务管理的有关知识；有较强的组织能力，身体状况能够适应本职工作的要求。

(二) 会计人员的分类

按照职位和岗位分，一般有会计部门负责人、主管会计、会计、出纳等。
按照专业技术职务分，一般有高级会计师、会计师、助理会计师、会计员等。

(三) 会计人员的配备

会计人员的配备，应根据各单位规模的大小及业务的需要来确定，应该要符合会计机构内岗位设置的要求。一般而言，还应该设置会计主管人员，大、中型企事业单位还可以设置总会计师，来统筹整个单位的会计工作。没有设置会计机构和配备会计人员的单位，应当根据《代理记账管理暂行办法》委托会计师事务所或者持有代理记账许可证书的其他代理记账机构进行代理记账。

(四) 会计人员的法律责任

修正后的《会计法》进一步明确了会计人员的职责和法律责任，尤其突出了单位负责人对会计工作的法律责任。其主要有以下几个方面。

(1) 单位负责人对本单位的会计工作和会计资料的真实性、完整性负责。会计机构、会计人员依照《会计法》进行会计核算，实行会计监督。任何单位或者个人不得以任何方式授意、指使、强令会计机构或会计人员伪造、变造会计凭证、会计账簿和其他会计资料，提供虚假财务会计报告。任何单位或者个人不得对依法履行职责、抵制违反《会计法》规定行为的会计人员实行打击报复。单位负责人和其他人员对依法履行职责的会计人员进行打击报复的，给予行政处分；构成犯罪的，依法追究刑事责任。

(2) 财政、审计、税务、人民银行、证券监管、保险监管等部门应当依照有关法律、行政法规规定的职责，对有关单位的会计资料实施监督检查。有关监督检查部门已经做出的检查结论能够满足其他监督检查部门履行本部门职责需要的，其他监督检查部门应当加以利用，避免重复查账。单位负责人、会计人员和其他人员伪造、变造、故意毁灭会计凭证、会计账簿、财务会计报告和其他会计资料的，或者利用虚假的会计凭证、会计账簿、财务会计报告和其他会计资料偷税或损害国家利益、社会公众利益的，由县级以上财政、审计、税务机关或者其他有关主管部门依据法律、行政法规规定的职责负责处理并追究责任，具体包括：责令限期改正、通报、罚款。属于国家工作人员的，还可以由其所在单位或者有关单位依法给予行政处分；情节严重的，由县级以上人民政府财政部门吊销会计从业资格证书；构成犯罪的，依法追究刑事责任。

(3) 国家实行统一的会计制度。会计凭证、会计账簿、财务会计报告和其他会计资料，必须符合国家统一的会计制度的规定。使用电子计算机进行会计核算的，其软件及其生成的会计凭证、会计账簿、财务会计报告和其他会计资料，也必须符合国家统一的会计制度的规定。任何单位和个人不得伪造、变造会计凭证、会计账簿及其他会计资料，不得提供虚假的财务会计报告。会计机构、会计人员必须按照国家统一的会计制度的规定对原始凭证进行审核，对不真实、不合法的原始凭证有权不予接受，并向单位负责人报告；对记载不准确、不完整的原始凭证予以退回，并要求按照国家统一的会计制度的规定更正、补充。各单位应当建立、健全本单位内部会计监督制度。会计机构、会计人员对违反《会计法》和国家统一的会计制度规定的会计事项，有权拒绝办理或者按照职权予以纠正。任何单位和个人对违反《会计法》和国家统一的会计制度规定的行为，有权检举。收到检举的部门有权处理的，应当依法按照职责分工及时处理；无权处理的，应当及时移送有权处理的部门处理。收到检举的部门、负责处理的部门应当为检举人保密，不得将检举人姓名和检举材料转给被检举单位和被检举人个人。

(4) 有关法律、行政法规规定，须经注册会计师进行审计的单位，应当向受委托的会计师事务所如实提供会计凭证、会计账簿、财务会计报告和其他会计资料及有关情况。任何单位或者个人不得以任何方式要求或者示意注册会计师及其所在的会计师事务所出具不实或者不当的审计报告。财政部门有权对会计师事务所出具的审计报告的程序和内容进行监督。

(5) 从事会计工作的人员，必须取得会计从业资格证书。因有提供虚假财务会计报告，做假账，隐匿或者故意销毁会计凭证、会计账簿、财务会计报告，贪污、挪用公款，职务侵占等与会计职务有关的违法行为被依法追究刑事责任的人员，不得取得或者重新取得会计从业资格证书。因违法违纪行为被吊销会计从业资格证书的人员，自被吊销会计从业资格证书之日起5年内，不得重新取得会计从业资格证书。

(6) 国有企业、事业单位的会计机构负责人、会计主管人员的任免应当经过主管单位同意，不得任意调动和撤换。会计人员忠于职守，坚持原则，受到错误处理的，主管单位应当责成所在单位予以纠正。会计人员调动工作或者离职，必须与接管人员办清交接手续。一般会计人员办理交接手续，由会计机构负责人、会计主管人员监交。会计机构负责人、会计主管人员办理交接手续，由单位领导人监交，必要时可以由主管单位派人会同监交。交接双方及监交人均应签字以示负责。

(五) 会计人员的主要权限

为了保障会计人员能切实履行《会计法》赋予自己的职责，《会计法》同样赋予他们相应的、必要的权限。归纳起来，主要有以下几点。

1. 审核原始凭证

会计人员按照国家统一的会计制度的规定对原始凭证进行审核时，针对以下3种情况进行处理的方式如下。

(1) 如发现不真实、不合法的原始凭证，有权不予受理，并向单位负责人报告。

(2) 如发现弄虚作假、严重违法的原始凭证，有权不予受理，同时，应当予以扣留，并及时向单位领导人报告，请求查明原因，追究当事人的责任。

(3) 如发现记载不准确、不完整的原始凭证，有权予以退回，并要求按照国家统一的会计制度的规定更正、补充。

2. 处理账实不符

会计人员如发现会计账簿记录与实物、款项及有关资料不相符的，按照国家统一的会计制度的规定有权自行处理的，应当及时处理；无权处理的，应当立即向单位负责人报告，请求查明原因，做出处理。

3. 处理违法收支

会计人员对违法的收支，有权不予办理，并予以制止和纠正；制止和纠正无效的，有权向单位领导提出书面意见，要求处理。对严重违法损害国家和社会公众利益的收支，会计人员有权向主管单位或者财政、审计、税务机关报告。

4. 处理造假行为

会计人员对伪造、变造、故意毁灭会计账簿或账外设账的行为，对指使、强令编造、篡改财务报告的行为，有权予以制止和纠正；制止和纠正无效的，有权向上级主管单位报告，请求做出处理。

除了完成以上工作外，为了保障会计人员更好地履行其职责，《会计法》还赋予了会计人员以下的权限：

(1) 有权要求本单位各有关部门及相关人员认真执行国家、上级部门批准的计划和预算；

(2) 有权履行其管理职能，即参与本单位编制计划、制定定额、签订合同及参加有关会议等；

(3) 有权监督、检查本单位内部各部门的财务收支、资金使用和财产保管、收发、计量、检验等情况。为了保证会计工作的正常进行，要求会计人员应具备相应的政治素质和业务素质，不同层次的会计工作人员，应具备相应的工作条件。在《会计法》中对会计人员的任免作了特殊的规定。

(六) 会计人员的管理

1. 会计人员的主要职责

(1) 进行会计核算；

(2) 实行会计监督；

(3) 编制计划及预算，并认真执行之；

(4) 拟定本单位办理会计事务的具体办法。

2. 会计人员从业资格

从事会计工作的人员，必须取得会计从业资格证书。

1) 会计从业资格的概念

会计从业资格，是指进入会计职业、从事会计工作的一种法定资质，是进入会计职业的"门槛"。《会计法》规定，从事会计工作的人员，必须取得会计从业资格证书。另外，担任单位会计机构负责人(会计主管人员)的，除取得会计从业资格证书外，还应当具备会计师以上专业技术职务资格(会计师或高级会计师)或从事会计工作 3 年以上经历(≥3 年)。(任职条件：或者的关系)

2) 会计从业资格证书的适用范围

在国家机关、社会团体、公司、企业、事业单位和其他组织从事会计工作的人员必须取得会计从业资格，持有会计从业资格证书。

会计从业资格证书的适用范围：

(1) 会计机构负责人(会计主管人员)；

(2) 出纳；

(3) 稽核;

(4) 资本、基金核算;

(5) 收入、支出、债权债务核算;

(6) 工资、成本费用、财务成果核算;

(7) 财产物资的收发、增减核算;

(8) 总账;

(9) 财务会计报告编制;

(10) 会计机构内会计档案管理。

注意：对于会计档案管理岗位，在会计档案正式移交之前，属于会计岗位。(以下不属于会计岗位情况)正式移交档案管理部门之后，不再属于会计岗位。档案管理部门的人员管理会计档案，不属于会计岗位。医院门诊收费员、住院处收费员、药房收费员、药品库房记账员、商场收银员所从事的工作，均不属于会计岗位。单位内部审计、社会审计、政府审计工作也不属于会计岗位。

3) 会计从业资格证书管理

(1) 《会计从业资格管理办法》规定，会计从业资格证书是具备会计从业资格的证明文件，在全国范围内有效。

(2) 会计从业资格证书的管理体制，实行属地原则，由县级以上地方人民政府财政部门会计管理机构按照属地原则进行所管辖范围内的会计人员从业资格管理。

(3) 《吉林省会计从业资格管理实施办法》规定，"县级以上财政部门负责本行政区域内的会计从业资格管理。在省直、中央(不含军队、武警、铁路系统)等单位的会计人员的会计从业资格管理，由省财政厅负责。除此之外，各级行政区域内各单位的会计人员的会计从业资格管理，由所在地财政局负责。"

(4) 对会计从业资格证书管理的规定和要求如下(上岗注册、调转登记均 90 日，离岗备案 6 个月)。

第一，上岗注册登记。我国会计从业资格证书实行注册登记制度。持证人员从事会计工作，应当自从事会计工作之日起 90 日内，填写注册登记表，并持会计从业资格证书和所在单位出具的从事会计工作的证明，向单位所在地或所属部门、系统的会计从业资格管理机构办理注册登记。

第二，离岗备案。持证人员离开会计工作岗位超过 6 个月的，应当填写注册登记表，并持会计从业资格证书，向原注册登记的会计从业资格管理机构备案。

第三，调转登记。持证人员调转工作单位，且继续从事会计工作的，应当按规定要求办理调转登记。①在同一管辖范围：应当自离开原单位之日起 90 日内办理调转手续；②在不同管辖范围：应当及时向原注册登记机构办理调出手续，并自办理调出手续之日起 90 日内，向调入地管理机构办理调入手续。

第四，变更登记。持证人员从业档案信息系统所载信息：基础信息和注册、变更、调转登记情况；持证人从事会计工作情况；持证人员接受继续教育情况；持证人员受到表彰奖励情况；持证人因违反会计法律、法规、规章和会计职业道德被处罚情况。持证人员的学历或学位、会计专业技术职务资格等发生变更的，应向所属会计从业资格管理机构办理从业档案信息变更登记。

3. 会计机构负责人的任职资格

会计机构负责人或会计主管人员，是在一个单位内具体负责会计工作的中层领导人员。根据《会计法》的规定，担任单位会计机构负责人(会计主管人员)的，除取得会计从业资格证书外，还应当具备会计师以上专业技术职务资格或者从事会计工作3年以上经历。会计师以上专业技术职务资格，包括会计师和高级会计师。

4. 会计人员工作交接

会计人员一旦发生更换，就必须办理交接手续，1996年6月17日发布的《会计基础工作规范》对其手续进行了比较明确的规定。

离任会计人员须遵照如下步骤办理移交手续：

(1) 已经受理的经济业务尚未填制会计凭证的，应填制完毕；
(2) 尚未登记的账目应登记完毕，并在最后一笔余额后加盖经办人员印章；
(3) 整理应移交的各项。

三、内部会计管理

(一) 应遵循的基本原则

建立健全企业内部会计管理制度，加强内部会计管理，是贯彻执行会计法规、制度，保证单位会计工作有序进行的重要措施，建立内部会计管理制度，加强内部会计管理时，应遵循以下原则。

(1) 合法合规性原则。内部会计管理应当执行国家的法规和统一的会计制度。
(2) 符合实际原则。内部会计管理应当体现本企业的生产经营、业务管理的特点和要求。
(3) 规范化原则。内部会计管理应当全面、科学和合理规范本企业的各项会计工作，建立健全会计基础工作，实行定期检查。
(4) 不相容职务相分离原则。内部会计管理应坚持不相容职务分离的原则，如负责保管资产的人员不得兼任会计记录工作，以便防止对资产的贪污盗窃行为。

(二) 会计内部管理的主要内容

内部会计管理是一项复杂而系统的工作，涉及面广、内容多。按照《会计基础工

《规范》的要求，企业应建立内部会计管理体系，实行如下主要内部会计管理。

(1) 岗位责任管理。包括会计人员的工作岗位设置、各工作岗位的职责和标准设定以及岗位轮换等。

(2) 账务处理程序管理。具体包括会计科目及其明细科目的设置和使用；会计凭证的格式、审核和传递；会计核算方法的确定等。

(3) 内部牵制。内部牵制涉及组织分工、出纳岗位的职责和限制条件等。

(4) 稽核。包括稽核工作的组织形式和具体分工，稽核工作的职责、权限等。

(5) 原始记录管理。具体包括原始记录的填制；原始记录的格式；原始记录的审核；原始记录填制人的责任；原始记录的签署、传递和汇集。

(6) 定额管理。包括确定定额管理的范围；制定和修订定额；定额的执行；定额考核和奖惩。

(7) 计量验收管理。具体包括计量检测的手段和方法；计量验收管理的标准；计量验收人员的责任和奖惩。

(8) 财产清查管理。财产清查管理涉及财产清查的范围和组织；财产清查的期限和方法；对财产清查中发现问题的处理；对财产管理人员的奖惩。

(9) 财务收支审批管理。具体包括财务收支审批人员和审批权限；财务收支审批程序；财务收支审批人员的责任。

(10) 成本核算管理。包括确定成本核算的对象、方法、程序和开展成本分析等。

应当强调，各企业建立哪些内部会计管理制度，实行哪些内部会计管理，主要取决于企业内部的经营管理需要，不同类型、规模和业务的企业，其内部会计管理要求是不完全一致的。

第三节　会计法规体系

一、会计法规体系概述

所谓会计法规体系，是指会计机构和会计人员从事会计核算、会计管理工作应当遵循的行为标准，包括各种与会计相关的法律、法规、准则、制度和职业道德等。我国现行的会计法规体系由会计法律、会计行政法规和会计规章制度3个层次组成。

1. 会计法律

会计法律是由国家政权以法律的形式调整会计关系的行为规范。我国会计法律是由全国人民代表大会及其常务委员会制定的，如《中华人民共和国会计法》、《中华人民共和国注册会计师法》等。会计法律，是会计核算工作最高层次的法律规范，是制定其他各层次会计法规的依据，是会计工作的基本法。

2. 会计行政法规

会计行政法规是以国务院令颁布的各种会计规范，主要是用来规范会计某一方面的工作和调整我国经济生活中某些方面的会计关系。会计行政法规的制定必须以《会计法》为指导并对《会计法》某些条款进行具体说明和详细补充。在我国的法律规范体系中，属于会计行政法规的有《总会计师条例》《企业财务会计报告条例》等。

3. 会计规章制度

会计规章制度是国务院下属各主管部门或省、自治区和直辖市人民政府制定的会计方面的规范，对会计的具体工作与会计核算提供直接的规范。制定会计部门规章必须依据会计法律和会计行政法规的规定。属于会计规章制度的有《企业会计准则》《企业会计制度》《会计职业道德规范》《会计基础工作规范》《内部会计控制规范》等。

会计法规体系结构如表11-1所示。

表11-1 我国会计法规的构成体系

类别	内容	颁布者
会计法律	《会计法》《公司法》《证券法》《合同法》《注册会计师法》等	全国人民代表大会常务委员会
会计行政法规	《企业总会计师条例》《企业财务报告条例》	国务院
会计行政规章制度	《企业会计准则》《企业会计制度》《会计从业资格管理办法》《公开发行证券公司的信息披露的内容与规则》等	国务院下各主管部门或者省、自治区和直辖市人民政府

二、会计法律

我国最主要的会计法律是《会计法》和《注册会计师法》。

(一)《会计法》的基本内容

《会计法》是我国一切会计工作均要遵守的重要的根本法律，在会计法律规范体系中构成中居最高层次，对其他会计法律、会计行政法规及会计规章制度等会计法律起着统驭的作用。因此，《会计法》也被称为是一切会计法规制度的"母法"。

《中华人民共和国会计法》于1985年1月21日，第六届全国人民代表大会常务委员会第九次会议通过并颁布，于1985年1月21日施行。第八届全国人民代表大会常务委员会第五次会议根据我国经济体制由计划经济转变为市场经济的需要，对《会计法》进行修订，并于1993年12月29日公布并施行。第九届全国人民代表大会常务委员会第十二次会议根据我国市场经济发展的新情况、新形势，再次对《会计法》进行了修订，于 1999 年 10 月 31 日公布，自 2000 年 7 月 1 日起施行。

再次修订的《中华人民共和国会计法》共 7 章 52 条，即："总则""会计核算""公司、企业会计核算的特别规定""会计监督""会计机构和会计人员""法律责任""附则"。

(二)《注册会计师法》

《注册会计法》是有关注册会计师工作的一部单行法，于 1993 年 10 月 31 日经第八届全国人民代表大会常务委员会第四次会议通过，于 1994 年 1 月 1 日起施行。《注册会计师法》由"总则""考试和注册""业务范围和规则""会计师事务所""注册会计师协会""法律责任""附则"7 章构成，共 46 条。

三、会计行政法规

会计行政法规是中华人民共和国国务院制定颁布的会计行为规范，如《企业财务报告条例》、《企业总会计师条例》。会计行政法规在性质上同会计法律保持一致，在内容上多属于对社会法律的阐述或具体化，因而会计行政法规具有较强的操作性。会计行政法规在会计法律规范体系中占有重要的地位，它介于会计法律和会计行政规章制度之间，起到了承上启下的作用。

1.《企业财务报告条例》

《企业财务报告条例》由国务院于 2000 年 6 月 21 日发布，自 2001 年 1 月 1 日起施行。《企业财务报告条例》由"总则""财务报告的构成""财务报告的编制""财务报告的对外提供""法律责任"与"附则"6 章构成，共计 46 条。

2.《总会计师条例》

《总会计师条例》由国务院于 1990 年 12 月 31 日发布，自发布之日起施行。《总会计师条例》由"总则""总会计师职责""总会计师的权限""任免与奖惩"与"附则"5 章构成，共计 23 条。

《总会计师条例》的制定目的是为了确定总会计师的职权和地位，发挥总会计师在加强经济管理、提高经济效益中的作用。《总会计师条例》规定了总会计师在单位中的地位和任务、总会计师的职责、总会计师的权限、总会计师的任免与奖惩等。

四、会计规章制度

会计规章制度对会计的具体工作与会计核算提供直接的规范。如《企业会计准则》《企业会计制度》《会计基础工作规范》和《会计档案管理办法》等。

(一) 《企业会计准则》

会计准则是反映经济活动、确认产权关系、规范收益分配的会计技术标准，是生成和提供会计信息的重要依据，也是政府调控经济活动、规范经济秩序、引导社会资源合理分配、保护投资者和社会公众利益以及开展国际经济交往等的重要手段。

会计准则具有严密和完整的体系。我国已颁布的会计准则有《企业会计准则》《小企业会计准则》和《事业单位会计准则》。

我国会计准则体系由基本准则和具体准则两个层次组成。1993年实施的《企业会计准则》，即为基本准则。它规定了会计核算的基本前提、一般原则、会计要素以及会计报表编报的一般要求。具体准则是根据基本准则的要求，就会计核算业务做出的具体规定。自1993年以来，财政部先后颁布了若干具体会计准则。会计准则全球趋同是资本市场国际化达到一定程度的产物。随着我国经济的发展和对外开放的深入，我国会计准则已逐渐与国际会计准则趋同。2006年2月，财政部召开会计准则体系发布会，正式发布新的会计准则体系，规定新准则体系执行时间为2007年1月1日，并要求新准则体系自2007年1月1日在上市公司范围内施行，鼓励其他企业执行。

新会计准则体系由1项基本准则、38项具体准则和准则应用指南所构成，其结构如图11-2所示。

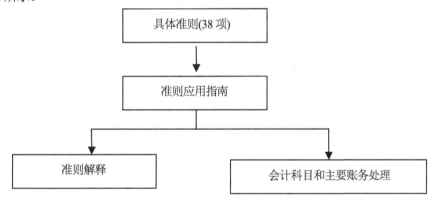

图11-2 我国企业会计准则体系

1. 会计基本准则

企业会计准则体系包括《企业会计准则——基本准则》(以下简称基本准则)、具体准则和会计准则应用指南和解释等，基本准则是企业会计准则体系的概念基础，是具体准则、应用指南和解释等的制定依据，地位十分重要。基本准则是在1992发布的《企业会计准则》的基础上，借鉴国际惯例，2014年7月23日财政部结合我国实际情况，根据形势发展的需要对《企业会计准则——基本准则》做了重大修订和调整，对于规范企业会计行为，提高会计信息质量，如实报告企业财务状况、经营成果和现金流量，供投资者等财务报告使用者做出合理决策，完善资本市场和市场经济将发挥积极作用。基本准则包括以下内容。

1) 财务会计报告目标

基本准则明确了我国财务会计报告的目标是向财务会计报告使用者提供对决策有用的信息，并反映企业管理层受托责任的履行情况。

2) 会计基本假设

基本准则强调了企业会计确认、计量和报告应当以会计主体、持续经营、会计分期和货币计量为会计基本假设。

3) 会计基础

基本准则坚持了企业会计确认、计量和报告应当以权责发生制为基础。

4) 会计信息质量要求

基本准则建立了企业会计信息质量要求体系，规定企业财务会计报告中提供的会计信息应当满足会计信息质量要求。

5) 会计要素分类及其确认、计量原则

基本准则将会计要素分为资产、负债、所有者权益、收入、费用和利润，同时针对有关要素建立了相应的确认和计量原则，规定会计要素在确认时，均应满足相应条件。

6) 财务会计报告

基本准则明确了财务会计报告的基本概念、应当包括的主要内容和应反映信息的基本要求等。

国际会计准则理事会、美国等在其会计准则制定中，通常都制定有"财务会计概念框架"，它既是制定国际财务报告准则和有关国家或地区会计准则的概念基础，也是会计准则制定应当遵循的基本法则。

我国基本准则类似于国际会计准则理事会的《编报财务报表的框架》，在企业会计准则体系建设中扮演着同样的角色，在整个企业会计准则体系中具有统驭地位。同时，我国会计准则属于法规体系的组成部分。根据《立法法》规定，我国的法规体系通常由4个部分构成：一是法律；二是行政法规；三是部门规章；四是规范性文件。其中，法律是由全国人民代表大会常务委员会通过，由国家主席签发。行政法规由国务院常务委员会通过，由国务院总理签发。部门规章由国务院主管部门部长以部长令签发。我国企业会计准则体系中，基本准则属于部门规章，是由财政部于2006年2月15日以第33号部长令签发的；具体准则、应用指南和解释属于规范性文件。

基本准则在企业会计准则体系中具有重要地位，其作用主要如下。

一是统驭具体准则的制定。基本准则规范了包括财务报告目标、会计基本假设、会计信息质量要求、会计要素的定义及其确认、计量原则、财务报告等在内的基本问题，是制定具体准则的基础，对各具体准则的制定起着统驭作用，可以确保各具体准则的内在一致性。我国基本准则第三条明确规定，"企业会计准则包括基本准则和具体准则，具体准则的制定应当遵循本准则(即基本准则)"。在企业会计准则体系的建设中，各项具体准则也都明确规定按照基本准则的要求进行制定和完善。

二是为会计实务中出现的、具体准则尚未规范的新问题提供会计处理依据。在会计实务中，由于经济交易事项的不断发展、创新，一些新的交易或者事项在具体准则中尚未规范但又急需处理，这时，企业不仅应当对这些新的交易或者事项及时进行会计处理，而且在处理时应当严格遵循基本准则的要求，尤其是基本准则关于会计要素的定义及其确认与计量等方面的规定。因此，基本准则不仅扮演着具体准则制定依据的角色，也为会计实务中出现的、具体准则尚未做出规范的新问题提供了会计处理依据，从而确保了企业会计准则体系对所有会计实务问题的规范作用。

2. 会计具体准则

具体准则是根据基本准则的要求，对经济业务的会计处理做出具体规定的准则。它的特点是操作性强，可以根据其直接组织该项业务的核算。从具体准则所规定的经济业务的内容来看，大体上可以分为3类。第一类是共性和通用的准则，即用来规范所有企业都可能发生的经济业务，如：存货准则，固定资产准则，长期股权投资、无形资产、资产减值、借款费用、收入、外币折算等准则。第二类是特殊行业的准则，即对一些业务活动上有一定的特殊性的行业加以规范，如：石油天然气会计准则，银行业务会计准则，生物资产、金融工具确认和计量准则，保险公司会计准则等。第三类是报告准则，主要规范普遍适用于业务报告、资产负债表日后事项、分布报告、金融工具列报等的准则。

3. 企业会计准则应用指南

具体会计准则又分为一般业务准则、特殊行业的特定业务准则和报告准则3类。而具体会计准则的应用指南类似于《企业会计制度》，主要对会计科目的设置、会计分录的编制和报表的填报等操作层面的内容做出示范性指导。

4. 企业会计准则解释

一方面，随着企业会计准则实施范围的扩大和深入，新情况、新问题不断涌现，客观上要求我们及时做出解释；另一方面，企业会计准则实现了国际趋同，可以更好地实现与国际会计接轨，因此国际会计准则理事会在发布新准则以及解释公告或者修改准则时，也要求我们做出解释。但是，在巩固企业会计准则已有实施成果和其实施范围不断扩大的背景下，企业会计准则体系应当保持相对稳定，不能朝令夕改。综合各方面因素，现阶段财政部采取了发布《企业会计准则解释》的方式，以期能够更好解决企业的实际问题。

《企业会计准则解释》与具体会计准则具有同等效力。目前最新的解释准则是财政部于2015年11月4日下发的《企业会计准则解释第7号》。

(二) 小企业会计准则

2011年10月18日，财政部发布了《小企业会计准则》，要求符合适用条件的小企业自2013年1月1日起执行，并鼓励提前执行。《小企业会计准则》一般适用于在我国境内依法设立、经济规模较小的企业，具体标准参见《小企业会计准则》和《中小企业划型标准规定》。

(三) 事业单位会计准则

2012年12月6日，财政部修订发布了《事业单位会计准则》，自2013年1月1日起在各级各类事业单位实施。该准则对我国事业单位的会计工作予以规范，共九章，包括总则、会计信息质量要求、资产、负债、净资产、收入、支出或者费用、财务会计报告和附则等。

(四) 政府会计准则

2015年10月23日，财政部发布了《政府会计准则——基本准则》，自2017年1月1日起，在各级政府、各部门、各单位施行。

我国的政府会计准则体系由政府会计基本准则、具体准则和应用指南3部分组成。

(五) 《企业会计制度》

《企业会计制度》的基本内容：
(1) 企业会计制度的制定依据和基本原则；
(2) 会计要素及有关事项的详细说明；
(3) 会计科目和会计报表的总说明；
(4) 会计科目的名称和编号；
(5) 会计科目的使用说明；
(6) 会计报表的格式；
(7) 会计报表的编制说明。

总结以上7点可以归纳为3个方面：会计核算一般规定、会计科目和财务报表、附录。会计核算一般规定部分主要对企业会计核算的总体原则以及会计要素和重要经济业务事项的确认、计量、报告等，以条款的形式做出原则性的规定。会计科目和财务报表部分，包括会计科目的使用说明、会计报表和报表附注两个方面。其中会计科目使用说明规定了经济业务事项应设置的会计科目的名称及其具体的会计核算方法，财务报表和报表附注规定了应对外提供的财务报表种类、格式、内容及编制方法。附录部分是主要会计事项分类举例，列举了主要会计事项的具体账务处理方法，以便于企业会计人员的实际操作。

(六) 《会计档案管理办法》

《会计档案管理办法》由财政部、国家档案局于1984年6月联合颁布，执行后后经修订于1999年1月1日起施行。《会计档案管理办法》由21条与两个附表构成，对会计档案的立卷、保管、调阅和销毁等问题做了具体的规定。其制定目的是加强会计科目档案的管理、统一会计档案制度,更好地为发展社会主义市场经济服务,制定依据是《会计法》和《档案法》,适用于国家机关、社会团体、企业、事业单位、个体工商户和其他组织。

第四节 会计职业道德规范

一、会计职业道德

会计职业道德是指在会计职业活动中应当遵循的,体现会计职业特征的,调整会计职业关系的职业行为准则和规范。会计职业作为社会经济活动中的一种特殊职业,其职业道德与其他职业道德相比具有自身的特征:一是具有一定的强制性;二是较多关注公众利益。会计职业的社会公众利益性,要求会计人员客观公正,在会计职业活动中,发生道德冲突时要坚持原则,把社会公众利益放在第一位。

会计职业道德规范是指从事会计职业的人们在共同的职业兴趣、爱好、习惯、心理基础上形成的思想行为方面的道德规范,如会计的职业责任、职业纪律等。

会计工作能否提供客观、公正的会计信息,能否对本单位经济活动的合法性、合规性、真实性进行监督,在很大程度上取决于会计人员在会计工作中是否遵守会计职业道德规范,按会计法律和会计准则的要求进行。会计职业道德规范贯穿于会计工作的所有领域和整个过程,着重点在于调整会计领域人与人之间、人与社会之间的关系,它的实现依靠人们内心的观念、惯例、传统、社会教育以及舆论的压力。

二、会计职业道德规范的主要内容

(一) 爱岗敬业

爱岗敬业指的是忠于职守的职业精神,这是会计职业道德的基础。爱岗就是会计人员应该热爱自己的本职工作,安心于本职岗位。敬业就是会计人员应该充分认识本职工作在社会经济活动中的地位和作用,认识本职工作的社会意义和道德价值,具有会计职业的荣誉感和自豪感,在职业活动中具有高度的劳动热情和创造性,以强烈的事业心、责任感,从事会计工作。

爱岗敬业的要求:

(1) 正确认识会计职业,树立职业荣誉感;

(2) 热爱会计工作,敬重会计职业;

(3) 安心工作、任劳任怨；

(4) 严肃认真、一丝不苟；

(5) 忠于职守、尽职尽责。

(二) 诚实守信

诚实是指言行和内心思想一致。不弄虚作假，不欺上瞒下。做老实人，说老实话，办老实事。守信就是遵守自己所做出的承诺，讲信用，重信用，信守诺言，保守秘密。

诚实守信的基本要求：

(1) 做老实人，说老实话，办老实事，不搞虚假；

(2) 保密守信，不为利益所诱惑。所谓保守秘密就是指会计人员在履行自己的职责时，应树立保密观念，做到保守商业秘密，对机密资料不外传、不外泄，守口如瓶。

(三) 廉洁自律

廉洁就是不贪污钱财，不收受贿赂，保持清白。自律是指自律主体按照一定的标准，自己约束自己、自己控制自己的言行和思想的过程。

廉洁自律的基本要求：

(1) 树立正确的人生观和价值观；

(2) 公私分明，不贪不占；

(3) 遵纪守法，尽职尽责。

会计人员不仅要遵纪守法，不违法乱纪、以权谋私，做到廉洁自律；而且要敢于、善于运用法律所赋予的权利，尽职尽责，勇于承担职业责任，履行职业义务，保证廉洁自律。

(四) 客观公正

对于会计职业活动而言，客观主要包括两层含义：一是真实性，即以实际发生的经济活动为依据，对会计事项进行确认、计量、记录和报告；二是可靠性，即会计核算要准确，记录要可靠，凭证要合法。公正就是要求各企、事业单位管理层和会计人员不仅应当具备诚实的品质，而且应公正地开展会计核算和会计监督工作，即在履行会计职能时，摒弃单位、个人私利，公平公正、不偏不倚地对待相关利益各方。作为注册会计师在进行审计鉴定时，应以超然独立的姿态，进行公平公正的判断和评价，出具客观、适当的审计意见。

客观公正的基本要求：

(1) 端正态度；

(2) 依法办事；

(3) 实事求是、不偏不倚；

(4) 保持独立性。保持独立性，对于注册会计师行业尤为重要。

(五) 坚持准则

坚持准则是指会计人员在处理业务过程中，要严格按照会计法律制度办事，不为主观或他人意志左右。这里所说的"准则"不仅指会计准则，而且包括会计法律法规、国家统一的会计制度以及与会计工作相关的法律制度。

坚持准则的基本要求：

(1) 熟悉准则。熟悉准则是指会计人员应了解和掌握《中华人民共和国会计法》和国家统一的会计制度及与会计相关的法律制度，这是遵循准则、坚持准则的前提。

(2) 遵循准则。遵循准则即执行准则。

(3) 坚持准则。敢于和违法行为做斗争。

(六) 提高技能

会计工作是专业性和技术性很强的工作，只有具有一定的专业知识和技能，才能胜任会计工作。提高技能就是指会计人员通过学习、培训和实践等途径，持续提高职业技能，以达到和维持足够的专业胜任能力的活动。

提高技能的基本要求：

(1) 具有不断提高会计专业技能的意识和愿望；

(2) 具有勤学苦练的精神和科学的学习方法。

(七) 参与管理

参与管理简单来讲就是参加管理活动，为管理者当参谋，为管理活动服务。

参与管理的基本要求如下。

(1) 努力钻研业务，熟悉财经法规和相关制度，提高业务技能，为参与管理打下坚实的基础。

(2) 熟悉服务对象的经营活动和业务流程，使管理活动更具针对性和有效性。

(八) 强化服务

强化服务就是要求会计人员具有文明的服务态度、强烈的服务意识和优良的服务质量。

强化服务的基本要求如下。

(1) 强化服务意识。会计人员要树立服务意识，为管理者服务、为所有者服务、为社会公众服务、为人民服务。

(2) 提高服务质量。

三、会计职业道德规范的特征

会计道德是从社会与经济生活之中的会计活动中提炼出来的，会计工作的特征必然对应于会计道德与职业道德的特征。具体来说，会计道德的特征具体体现在以下几个方面。

(一) 内容的一致性

在我国会计工作已成为社会经济工作的重要组成部分，会计人员的个人利益、职业利益和社会利益是一致的。会计人员的职业活动不是为了个人利益，他们受国家或集体的委托从事会计工作，其目的是为了满足社会和人民群众的需要，故个人利益能在社会和人民需要中实现。因此，会计工作的目的与会计道德对会计人员的行为要求是一致的。

(二) 法律的制约性

会计职业道德与会计法规有着诸多职能上的区别。前者要求会计人员"应该怎么做"，是一种道德意识的内心的信念。而后者要求会计人员"必须怎样做"，是一种对禁止性后果的确认，是一种外在的强制力量。但应该看到，会计道德主要通过《会计基础工作规范》等形式和其他规章制度被固定下来，从而也含有"必须这样做"的内在规定性，使会计道德具有一定的法律约束性。

(三) 稳定的连续性

会计道德在内容上与会计工作时间是紧密结合的。在长期的会计工作中，会形成一种比较成熟的职业品质，并且在一个较长时间内这些道德的性质和方向保持不变。如任何会计人员都希望自己正直廉洁，而这一点很少成为其他职业者的标准。会计人员这种行为方向的稳定性决定了会计道德的连续性，这种连续性表现为世代相传的会计传统、会计习惯和会计风格，正是这种稳定、连续性使会计实现由低级向高级、由不完善向完善方面的发展和演进。

(四) 广泛的渗透性

从纵向来看，会计道德随着会计行为贯穿人类社会的始终，渗透到人类社会的各个发展阶段。从横向来看，会计道德渗透到同一历史时期的各个国家和地区，渗透到各个工商企业、行政单位、事业团体以及每一个独立核算单位，对这些单位的会计工作产生重大影响。会计道德还渗透到每个公民，特别是渗透到会计人员的头脑中去，形成他们的会计道德意识，培养他们的会计道德习惯，从而达到规范他们行为的目的。

(五) 经济的实践性

与其他道德相比，会计道德与社会经济实践活动总是密切联系在一起的。有经济活动的地方，就存在会计道德。会计道德起源于总结与经济实践，又作用于、运用于会计实践。会计道德对于经济实践来说，是保证社会再生产过程有效运行的最有价值、最"经济"的工具。会计道德不必消耗物资材料，不必开展大规模活动，不必花费大量成本，只需武装人们的思想观点，即可自发约束人们的心灵。

四、会计职业道德规范的职能

(一) 调节职能

对于会计道德来说,调节是其基本职能。会计道德的调节指的是会计道德具有纠正人们的会计行为和指导社会经济实践活动的功能。目前,我国仍处于社会主义的初级阶段,会计工作仍然存在着复杂的关系和矛盾,突出表现在会计人员之间,会计人员与其他工作人员之间,会计人员与集体、国家之间的关系上;表现在会计管理部门和基层单位之间、会计工作的负责人和一般职员之间的关系上。以上如此众多的关系和矛盾,除了依照国家颁布的财经会计法规调解解决外,还必须运用会计道德进行调解解决,从而理顺会计工作中人与人之间的关系,建立正常的工作秩序。

(二) 导向职能

在社会经济生活中,会计道德就扮演着指导人们会计行为方向的"向导"角色。社会主义会计道德可以指导社会公民和会计人员自愿地选择有利于消除各种矛盾、调整相互关系的会计道德的行为,避免相互之间矛盾的产生与扩大,解决与缓和已产生的矛盾,改善会计领域内人与人之间、个人与国家之间的关系,促使会计人员协调一致、保质保量、及时地完成会计工作。同时,会计道德通过社会舆论和会计人员的职业道德表现,影响和引导会计科学发展的方向。会计领域中大量的事实表明,进步高尚的会计道德能够促进和影响会计科学研究沿着有利于社会的方向发展。

(三) 教育职能

会计道德教育职能是指会计道德能够通过造成社会舆论、形成会计道德风尚、树立会计道德榜样等方式来深刻影响人们的会计道德观念和会计道德行为,培养人们的会计道德习惯和会计道德品质。其重大意义在于,会计道德教育职能可以启迪人们的会计道德觉悟,培养人们实践会计道德行为的自觉性和主动性。

(四) 认识职能

会计道德认识职能是指能够通过会计道德判断、会计道德标准和会计道德理论等形式,反映会计人员与他人、与社会的关系,向人们提供进行会计道德选择的知识。会计道德认识职能的直接意义,是能够帮助人们提高对于会计、会计学、会计工作、会计地位、会计人员等一系列重大问题的正确认识水平,为实践会计道德行为做认识准备。

(五) 促进职能

会计道德对提高社会道德水准有着强大的能量,会产生积极的影响。这主要表现在以下方面。

(1) 会计道德通过会计人员参加各种社会活动直接影响社会道德。这是因为,会计人员确立了社会主义会计道德观念，并转化为自己的内心信念、义务感和职业荣誉感，这样，在职业生活和社会生活中就能正确处理个人与个人、个人与社会的关系，自觉约束自己的行为，避免和减少与他人、社会的矛盾冲突，而且还能通过道德活动，对社会公共生活中的道德行为加以褒奖，对非道德行为予以揭露，从而形成强大的社会舆论，影响社会公共生活。

(2) 会计道德通过会计人员与服务对象的接触和联系，间接地影响社会道德。会计人员在理财过程中讲究会计道德，就可以以高尚的、有利于他人与社会的态度和行为去待人接物、办事处世，以优质服务和严格管理取信于民，在广大人民群众中展现自己的好作风、好风格、好品德。这样一来，直接与会计人员发生工作联系的服务对象就可以从中受到教育和启迪，还会自然而然地将他们的高尚会计道德传播到社会中去。

五、会计职业道德规范与会计技术规范

会计技术规范与会计职业道德规范的关系：二者既有密切联系，又有明显区别。会计技术规范与会计职业道德规范的联系，主要表现为：会计技术规范是会计职业道德规范实现的基础和出发点，会计职业道德规范是会计单位和会计人员在会计工作中，具体运用会计技术规范的同时履行的；会计技术规范与会计职业道德规范在会计工作中，起着相互依存、相互促进、相互配合的作用。会计技术规范与会计职业道德规范的区别，主要表现在以下几方面。

1. 两者的产生方式不同

会计技术规范的产生主要有3种方式，本节已有论述，在此不再赘述。会计职业道德规范是一种非强制性的、以内心力量起作用的会计行为规范。会计职业道德通常存在于从事会计工作的人们的意识中，是通过社会舆论、政府、行业协会的倡导确立的。

2. 两者的实施保证不同

会计技术规范由专业要求和技术要求来保证实施，违反会计技术规范的行为会引起相应的技术和业务责任。会计职业道德规范依靠会计人员的信念、社会舆论以及习惯力量来维持。不道德的会计职业行为会受到社会舆论的谴责或者内心的自责。

3. 两者的性质不同

会计技术规范是会计技术行为规范，属于技术规则的性质。会计职业道德规范是具有意识形态性质的会计行为规范，属于意志行为规则的性质。

4. 两者调整的范围不完全相同

有些关系只宜由会计职业道德规范来调整，不宜由会计技术规范来调整，如工作态度关系、对会计职业的情感关系。有些问题必须由会计技术规范来规定，而不属于会计职业道德规范评价的范围，如建账、核算、监督等规定。

六、会计职业道德与会计法律制度的关系

1. 会计职业道德与会计法律制度的联系

会计职业道德是会计法律制度正常运行的社会和思想基础,会计法律制度是促进会计职业道德规范形成和遵守的制度保障。两者有着共同的目标、相同的调整对象,承担着同样的职责,在作用上相互补充;在内容上相互渗透、相互重叠;在地位上相互转化、相互吸收;在实施上相互作用、相互促进。

2. 会计职业道德与会计法律制度的区别

(1) 性质不同。会计法律制度通过国家机器强制执行,具有很强的他律性;会计职业道德主要依靠会计从业人员的自觉性,具有很强的自律性。

(2) 作用范围不同。会计法律制度侧重于调整会计人员的外在行为和结果的合法化;会计职业道德则不仅要求调整会计人员的外在行为,还要调整会计人员内在的精神世界。

(3) 实现形式不同。会计法律制度是通过一定的程序由国家立法机关或行政管理机关制定的,其表现形式是具体的、明确的、正式形成文字的成文规定;会计职业道德出自于会计人员的职业生活和职业实践,其表现形式既有明确的成文规定,也有不成文的规范,存在于人们的意识和信念之中。

(4) 实施保障机制不同。会计法律制度由国家强制力保障实施;会计职业道德既有国家法律的相应要求,又需要会计人员的自觉遵守。

第五节 会计档案保管

一、会计档案的概念

会计档案是指会计凭证、会计账簿和会计报表以及其他会计资料等会计核算的专业材料,它是记录和反映经济业务的重要历史资料和证据。

会计档案是国家档案的重要组成部分,也是各单位的重要档案,它是对一个单位经济活动的记录和反映。通过会计档案,可以了解每项经济业务的来龙去脉;可以检查一个单位是否遵守财经纪律,在会计资料中有无弄虚作假、违法乱纪等行为;会计档案还可以为国家、单位提供详尽的经济资料,为国家制定宏观经济政策及单位制定经营决策提供参考。

各单位(包括国家机关)必须根据财政部和国家档案局发布的《会计档案管理办法》的规定,加强对会计档案管理工作的领导,建立会计档案的立卷、归档、保管、查阅和

销毁等管理制度，保证会计档案妥善保管、存放有序、方便查阅，严防毁损、散失和泄密，切实把会计档案管好用好，发挥其应有的作用。各级人民政府财政部门和档案行政管理部门共同负责会计档案工作的指导、监督和检查。

二、会计档案的内容

会计档案的内容一般指会计凭证、会计账簿、会计报表以及其他会计核算资料4个部分。

1. 会计凭证

会计凭证是记录经济业务，明确经济责任的书面证明。它包括自制原始凭证、外来原始凭证、原始凭证汇总表、记账凭证(包括收款凭证、付款凭证、转账凭证 3 种)、记账凭证汇总表、银行存款(借款)对账单、银行存款余额调节表等内容。

2. 会计账簿

会计账簿是由一定格式、相互联结的账页组成，以会计凭证为依据，全面、连续、系统地记录各项经济业务的簿籍。它包括按会计科目设置的总分类账、各类明细分类账、现金日记账、银行存款日记账以及辅助登记备查簿等。

3. 会计报表

会计报表是反映企业会计财务状况和经营成果的总结性书面文件，主要有主要财务指标快报，月、季度会计报表，年度会计报表，包括资产负债表、损益表、财务情况说明书等。

4. 其他会计核算资料

其他会计核算资料是指属于经济业务范畴，与会计核算、会计监督紧密相关的，由会计部门负责办理的有关数据资料。如：银行存款余额调整表、银行对账单、会计档案移交清册、会计档案保管清册、会计档案销毁清册等。实行会计电算化的单位存储在磁性介质上的会计数据、程序文件及其他会计核算资料均应视同会计档案一并管理。

预算、计划、制度等文件材料，不属于会计档案，应当作为文书档案进行管理。

三、会计档案的归档

根据《会计档案管理办法》规定，各单位当年形成的会计档案，应由会计机构按照归档的要求，负责整理立卷，装订成册，编制会计档案保管清册。单位当年形成的会计档案，在会计年度终了后，可暂由本单位会计机构保管1年。期满之后，应由会计机构编制移交清册，移交本单位的档案机构统一管理；未设立档案机构的，应当由会计机构内部指定专人保管，但出纳人员不得兼管会计档案。

(一) 单位会计机构向单位档案部门移交会计档案的程序

(1) 编制移交清册，填写交接清单；
(2) 在账簿启用登记和经管人员一览表中填写移交日期；
(3) 交接人员按移交清册和交接清单所列项目核查无误后签章。

移交本单位档案机构保管的会计档案，原则上应当保持原卷册的封装，一般不得拆封。个别需要拆封重新整理的，档案机构应当同会计机构和经办人员共同拆封整理，以分清责任。

(二) 会计档案的保管期限

会计档案的保管期限，分为永久和定期两类。企业和其他组织会计档案中，年度财务报告、会计档案保管清册和会计档案销毁清册为永久保管会计档案，其他为定期保管会计档案。定期保管会计档案的保管期限分为3年、5年、10年、15年、25年5类。

会计档案的保管期限，从会计年度终了后的第一天算起。

《会计档案管理办法》规定了我国企业和其他组织、预算单位等会计档案的保管期限，该办法规定的会计档案保管期限为最低保管期限，具体规定如下。

(1) 需要永久保存的会计档案有：会计档案保管清册，会计档案销毁清册以及年度财务报告、财政总决算、行政单位和事业单位决算、税收年报(决算)。

(2) 保管期限为25年的会计档案有：现金和银行存款日记账、税收日记账(总账)和税收票证分类出纳账。

(3) 保管期限为15年的会计档案有：会计凭证类，包括原始凭证、记账凭证和汇总凭证；总账、明细账、日记账和辅助账簿(不包括现金和银行存款)；会计移交清册；行政单位和事业单位的各种会计凭证；各种完税凭证和缴退库凭证；财政总预算拨款凭证及其他会计凭证；农牧业税结算凭证。

(4) 保管期限为10年的会计档案有：国家金库编送的各种报表及缴库退库凭证；各收入机关编送的报表；财政总预算保管行政单位和事业单位决算、税收年报、国家金库年报、基本建设拨款年报；税收会计报表(包括票证报表)。

(5) 保管期限为5年的会计档案有：固定资产卡片于(固定资产报废清理后保管5年)；银行余额调节表；银行对账单；财政总预算会计月、季度报表；行政单位和事业单位会计月、季度报表。

(6) 保管期限为3年的会计档案有：月、季度财务报告；财政总预算会计旬报。

(7) 企业和其他组织会计档案保管期限。

四、会计档案的装订和保管

(一) 会计档案的整理立卷

会计年度终了后,对会计资料进行整理立卷。会计档案的整理一般采用"三统一"的办法,即:分类标准统一、档案形成统一、管理要求统一,并分门别类按各卷顺序编号。

1. 分类标准统一

一般将财务会计资料分成一类账簿,二类凭证,三类报表,四类文字资料及其他。

2. 档案形成统一

案册封面、档案卡夹、存放柜和存放序列统一。

3. 管理要求统一

建立财务会计资料档案簿、会计资料档案目录;会计凭证装订成册,报表和文字资料分类立卷,其他零星资料按年度排序汇编装订成册。

(二) 会计档案的装订

会计档案的装订主要包括会计凭证、会计账簿、会计报表及其他文字资料的装订。

1. 会计凭证的装订

一般每月装订一次,装订好的凭证按年分月妥善保管归档。

1) 会计凭证装订前的准备工作

(1) 分类整理,按顺序排列,检查日数、编号是否齐全;

(2) 按凭证汇总日期归集(如按上、中、下旬汇总归集)确定装订成册的本数;

(3) 摘除凭证内的金属物(如订书针、大头针、回形针),对大的张页或附件要折叠成同记账凭证大小,且要避开装订线,以便翻阅时保持数字完整;

(4) 整理检查凭证顺序号,如有颠倒要重新排列,发现缺号要查明原因,再检查附件有否漏缺,领料单、入库单、工资、奖金发放单是否随附齐全;

(5) 记账凭证上有关人员(如财务主管、复核、记账、制单等)的印章是否齐全。

2) 会计凭证装订时的要求

(1) 用"三针引线法"装订,装订凭证应使用棉线,在左上角部位打上 3 个针眼,实行三眼一线打结,结扣应是活的,并放在凭证封皮的里面,装订时尽可能缩小所占部位,使记账凭证及其附件保持尽可能大的显露面,以便于事后查阅;

(2) 凭证外面要加封面,封面纸用较好的牛皮纸印制,封面规格略大于所附记账凭证;

(3) 装订凭证厚度一般为 1.5 厘米，这样可保证装订牢固，美观大方。

3) 会计凭证装订后的注意事项

(1) 每本封面上填写好凭证种类、起止号码、凭证张数、会计主管人员和装订人员签章；

(2) 在封面上编好卷号，按编号顺序入柜，并要在显露处标明凭证种类编号，以便于调阅。

2. 会计账簿的装订

各种会计账簿年度结账后，除跨年使用的账簿外，其他账簿应按时整理立卷。基本要求如下。

(1) 账簿装订前，首先按账簿启用表的使用页数核对各个账户是否相符，账页数是否齐全，序号排列是否连续；然后按会计账簿封面、账簿启用表、账户目录、该账簿按页数顺序排列的账页、会计账簿装订封底的顺序装订。

(2) 活页账簿装订要求如下。①保留已使用过的账页，将账页数填写齐全，去除空白页和撤掉账夹，用质量好的牛皮纸做封面、封底，装订成册。②多栏式活页账、三栏式活页账、数量金额式活页账等不得混装，应按同类业务、同类账页装订在一起。③在账本的封面上填写好账目的种类，编好卷号，由会计主管人员和装订人(经办人)签章。

(3) 账簿装订后的其他要求如下。①会计账簿应牢固、平整，不得有折角、缺角、错页、掉页、加空白纸的现象。②会计账簿的封口要严密，封口处要加盖有关印章。③封面应齐全、平整，并注明所属年度及账簿名称、编号，编号为一年一编，编号顺序为总账、现金日记账、银行存(借)款日记账、分户明细账。④会计账簿按保管期限分别编制卷号，如现金日记账全年按顺序编制卷号；总账、各类明细账、辅助账全年按顺序编制卷号。

3. 会计报表的装订

会计报表编制完成及时报送后，留存的报表按月装订成册谨防丢失。小企业可按季装订成册。第一，会计报表装订前要按编报目录核对是否齐全，整理报表页数，上边和左边对齐压平，防止折角，如有损坏部位，修补后，完整无缺地装订。第二，会计报表装订顺序为：会计报表封面、会计报表编制说明、各种会计报表按会计报表的编号顺序排列、会计报表的封底。第三，按保管期限编制卷号。

(三) 会计档案的保管

《会计档案管理办法》规定："当年会计档案，在会计年度终了后，可暂由本单位财务会计部门保管 1 年，期满之后原则上应由财务会计部门编制清册移交本单位的档案部门保管。"根据上述规定，会计档案的保管要求主要包括以下几个方面。

1. 会计档案的移交手续

财务会计部门在将会计档案移交本单位档案部门时，应按下列程序进行：

(1) 开列清册，填写交接清单；

(2) 在账簿使用日期栏填写移交日期；

(3) 交接人员按移交清册和交接清单项目核查无误后签章。

2. 会计档案的保管要求

(1) 会计档案室应选择在干燥防水的地方，并远离易燃品堆放地，周围应备有相应的防火器材；

(2) 采用透明塑料膜作防尘罩、防尘布，遮盖所有档案架和堵塞鼠洞；

(3) 会计档案室内应经常用消毒药剂喷洒，经常保持清洁卫生，以防虫蛀；

(4) 会计档案室保持通风透光，并有适当的空间、通道和查阅的地方，以利查阅，并防止潮湿；

(5) 设置归档登记簿、档案目录登记簿、档案借阅登记簿，严防毁坏损失、散失和泄密；

(6) 会计电算化档案保管要注意防盗、防磁等安全措施。

3. 会计档案的借阅

(1) 会计档案为供本单位利用，原则上不得借出，有特殊需要必须经上级主管单位或单位领导、会计主管人员批准。

(2) 外部借阅会计档案时，应持有单位正式介绍信，经会计主管人员或单位领导人批准后，方可办理借阅手续；单位内部人员借阅会计档案时，应经会计主管人员或单位领导人批准后，办理借阅手续。借阅人应认真填写档案借阅登记簿，将借阅人姓名、单位、日期、数量、内容、归期等情况登记清楚。

(3) 借阅会计档案人员不得在案卷中乱画、标记，拆散原卷册，也不得涂改抽换、携带外出或复制原件(如有特殊情况，须经领导批准后方能携带外出或复制原件)。

(4) 借出的会计档案，会计档案管理人员要按期如数收回，并办理注销借阅手续。

五、会计档案的销毁

会计档案保管期满，需要销毁时由本单位档案机构会同会计机构共同提出销毁意见，会同财务会计部门共同鉴定、严格审查，编造会计档案销毁清册。

机关、团体、事业单位和非国有企业会计档案要销毁时，报本单位领导批准后销毁；国有企业经企业领导审查，报请上级主管单位批准后销毁。

会计档案保管期满，但其中未了结的债权债务的原始凭证，应单独抽出，另行立卷，由档案部门保管到结清债权债务时为止，单位抽出立卷的会计档案应当在会计档案销毁清册和会计档案保管清册中列明；建设单位在建设期间的会计档案，不得销毁。

销毁档案前，应按会计档案销毁清册所列的项目逐一清查核对；各单位销毁会计档案时应由档案部门和财会部门共同派员监销；各级主管部门销毁会计档案时，应由同级财政部门、审计部门派员参加监销；财务部门销毁会计档案时，应由同级审计部门派员参加监销；会计档案销毁后经办人在"销毁清册"上签章，注明"已销毁"字样和销毁日期，以示负责，同时将监销情况写出书面报告一式两份，一份报本单位领导，一份归入档案备查。

本 章 小 结

会计法规是国家规定的有关会计业务必须遵守的法律、法规。会计法规是规范会计工作的依据和标准。我国企业会计法规体系是由《会计法》为主法形成的一个比较完整的法规体系。主要包括会计法律、会计行政法规、会计规章制度等。

会计机构是从事和组织领导会计工作的职能部门，会计人员的任职资格是会计人员业务素质的基础。对不同层次的会计人员的任职资格要求不同。

会计人员应注重主要道德和行为。会计职业道德内容包括：爱岗敬业、诚实守信、廉洁自律、客观公正、坚持准则、提高技能、参与管理、强化服务。

会计档案是指会计凭证、会计账簿和财务会计报告等会计核算资料，它是记录和反映单位经济业务的重要资料和证据。会计档案在会计工作和企业管理中有重大的作用，它是会计事项的历史记录，是经济决策者进行经济决策的重要依据，同时也是进行会计检查的重要资料，会计档案还是国家档案的重要组成部分，是各个企事业单位的重要档案之一。

练 习 题

一、填空题

1. 会计档案的保管期限分为_____和_____。

2. 会计档案包括_____、_____和财务会计报告等会计核算资料。

3. 移交本单位档案保管机构保管的会计档案，原则上应当保持原卷册的封装，个别需要拆封重新整理的，应当会同原_____和_____共同拆封整理，以分清责任。

4. 各单位保存的会计档案不得借出。如有特殊需要，经_____批准，可以提供查阅或者复制，并办理登记手续。

5. 会计档案保管期满需要销毁时，_____提出销毁意见，会同_____共同鉴定和审查，编造会计档案销毁清册。

6. 会计档案的保管期限，从_____算起。

二、单项选择题

1. 按照《会计档案管理办法》的规定，原始凭证的保管期限是( )。
   A. 3年　　　　　　B. 5年　　　　　　C. 15年　　　　　　D. 永久

2. 计算会计档案保管期限的开始时间是( )。
   A. 每一月份的第一天　　　　　　B. 每一季度的第一天
   C. 每半年度的第一天　　　　　　D. 每一会计年度终了后的第一天

3. 银行存款日记账的保管期限是( )。
   A. 3年　　　　　　B. 5年　　　　　　C. 25年　　　　　　D. 永久

4. 企业年度财务会计报告的保管期限是( )。
   A. 3年　　　　　　B. 5年　　　　　　C. 15年　　　　　　D. 永久

5. 事业单位的各种会计凭证的保管期限是( )。
   A. 25年　　　　　　B. 15年　　　　　　C. 5年　　　　　　D. 3年

三、多项选择题

1. 我国的会计档案分为( )。
   A. 会计凭证类　　　　　　B. 会计账簿类
   C. 财务会计报告类　　　　D. 其他会计资料类

2. 下列各项中，属于会计档案的有( )。
   A. 银行对账单　　　　　　B. 银行存款余额调节表
   C. 会计档案保管清册　　　D. 会计档案销毁清册

3. 下列有关会计档案销毁的表述中，正确的有( )。
   A. 会计档案销毁时应由单位档案机构提出销毁意见
   B. 会计档案销毁时应当编制会计档案销毁清册
   C. 会计档案销毁时单位负责人应当在会计档案销毁清册上签署意见
   D. 会计档案销毁时应由档案机构和会计机构共同派员监销

四、判断题

1. 会计档案是记录和反映经济业务的重要史料和证据。( )
2. 会计档案销毁清册不属于会计档案。( )
3. 各单位每年形成的会计档案，应当由会计机构负责整理立卷，装订成册，并编制会计档案保管清册。( )
4. 为了加强会计档案的管理，企业当年形成的会计档案也必须由专门的档案管理机构管理，而不能由会计机构暂行管理。( )

5. 会计档案不得借出,如有特殊需要可以提供查阅或者复制,查阅或复制时,应办理登记手续。( )

6. 会计档案的保管期限,从会计年度终了后的第一天算起。( )